20세기 중국 가톨릭 교회사

CLAUDE SOETENS
L'ÉGLISE CATHOLIQUE EN CHINE AU XXe SIÈCLE

Copyright © 1997 Beauchesne Éditeur
All rights reserved

Translated by KIM Chung-Ok

Korean Translation Copyright © 2008 Benedict Press, Waegwan, Korea
Korean translation edition is published by arrangement with
Beauchesne Éditeur, Paris

20세기 중국 가톨릭 교회사
2008년 7월 초판
옮긴이 · 김정옥 | 펴낸이 · 이형우
ⓒ 분도출판사
등록 · 1962년 5월 7일 라15호
718-806 경북 칠곡군 왜관읍 왜관리 134의 1
왜관 본사 · 전화 054-970-2400 · 팩스 054-971-0179
서울 지사 · 전화 02-2266-3605 · 팩스 02-2271-3605
www.bundobook.co.kr

ISBN 978-89-419-0811-1 94230
값 11,000원

이 책의 한국어판 저작권은
Beauchesne Éditeur사와 독점 계약한 분도출판사에 있습니다.
저작권법에 의해 한국 내에서 보호를 받는 저작물이므로
무단 전재와 무단 복제를 금합니다.

L'ÉGLISE CATHOLIQUE EN CHINE AU XXᵉ SIÈCLE
20세기 중국 가톨릭 교회사

코타 산바허 레퍼, 1918

클로드 쇠텐스 Claude Soetens | 김정옥 옮김

분도출판사

□ 역자의 말 □

1950년대부터 굳게 문을 닫은 채 로마 교회와 상관없이 암암리에 명맥을 이어 온 중국 가톨릭 교회, 더구나 유럽에서 교회사 교수로 재직하면서 『20세기 중국 가톨릭 교회사』를 집필한다는 것은 여러 면에서 결코 쉬운 일이 아니었을 것입니다. 저자는 루뱅 가톨릭 대학교에서 중국 교회에 대해 지대한 관심을 가지고 평생 동안 연구하고 지도해 왔으며, 본토에 잠시 여행했을 뿐 그 나라 언어도 전혀 모르는 상태에서 기록된 자료들에 의거하여 본서를 집필했습니다.

이 책의 원서는 프랑스어로서 저자는 옛날 식으로 표기되어 있던 중국 인명과 지명, 모든 고유명사를 그대로 인용하였습니다. 그러나 특히 지난 반세기 동안 중국어는 수차례 변화를 거쳤으므로 프랑스어 본문을 한국어로 번역해야 하는 역자로서는 고유명사들을 일일이 한자로 복원하고 또 그것을 우리말 외래어 표기법에 따라 표기하는 과정에서 특별히 많은 어려움을 겪어야 했습니다. 이 분야에 관계된 여러 분의 도움을 받으며 최선을 다하려 노력했지만 아직도 미비하고 불완전한 본서를 출판해야 하는 역자의 한계를 양해하여 주시기 바랍니다.*

한자 복원 문제를 도와준 타이완의 친구들, 조광 교수님, 김정자 선생님과 중국인 왕건공王健空 신부님께 깊이 감사드립니다.

2008년 7월
김정옥

---

*중국어 고유명사 중 인명은 한국어 식으로 표기하였으나 지명은 현지 발음으로 표기했다. 주요 현지 발음의 대부분은 국립국어원의 『표준국어대사전』(1999)에 따랐다. 245쪽 '지명 표기 대조표' 참조.

□ 머리말 □

현 시점에서 20세기 중국 가톨릭 교회사의 개설서를 낸다는 것이 너무 야심찬 작업은 아닌지? 연구를 깊이 있게 하려면 로마와 중국에 관한 고문서들과 같은 수많은 문헌을 들춰 보고 거기에 의존하는 것만으로는 충분하지 않다는 것을 나는 알고 있다. 연구서들이 끊임없이 출간되고 있고 19세기 이래 중국에서 활동하던 남녀 선교 수도회에 관한 전문서적들도 이미 나와 있다는 것도 잘 알고 있다. 그런 유형의 연구들이 시작되고 있기도 하다. 이 면에서 하나의 모델이 되어 있는 와이스트J.-P. Wiest의 저서로 *Maryknoll in China*(Armonk, NY 1988)를 언급하지 않을 수 없다.

이 책에서 나는 아주 광범위한 주제를 다룰 계획이다. 그동안 뱅상 레브 신부Père Vincent Lebbe에 관해 연구하면서 나 스스로 재확인한 것은 진정 중국적인 이 교회의 장인匠人에 대한 가장 정확한 이해는 중국 선교의 배경에 대한 명확한 인식, 즉 레브 신부가 깊이 동화되어 살아왔고, 그로 하여금 혁신적 태도를 취하게 했던 역사적 배경에 대해 명확한 인식이 있어야겠다는 것이다. 따라서 나는 19세기부터, 때로는 그전부터 주시되었고 또 선교지에서 활동한 당사자들과 교회 당국자들의 관점에서 감지되었던 중국 가톨릭의 발전과 연관시키면서 최대한의 자료들을 탐구하였다.

중국 가톨릭 공동체가 외국 선교지들의 제도적·양적 발전을 초월하여, 우여곡절 끝에 진정한 지역교회를 형성했던 발달 과정을 추적하고 이해하려 시도했다. 이와 같은 연구 과정이 주된 연구 전개에 영감을 주었고, 중국인과 선교사들에게 활기를 불어넣은 심성과 갈망의 윤곽을 잡는 길잡이가 되었다.

나는 중국과 그리스도교의 만남에서 문화적이고 심리적인 면을 소홀히 할 수 없었다. 선교사들은 정복의 복음화와 정치적 불확실성으로 고전했지만 역사가는 다른 엄연한 사실도 고려해야 한다.

이 책 제3편의 유일한 목적은, 지난 50여 년 동안의 주요 사건의 진상에 관한 정보를 독자들에게 제공하는 것이다. 그 고통의 시기에도 중국 신자들은 성숙한 신앙을 증거하고 있었다.

고려해야 할 또 다른 한 가지는, 중국 가톨릭이 중국의 모든 그리스도교를 대표하고 있지 않다는 점이다. 개신교 선교회들은 19세기 초부터 중요한 활동을 전개해 왔다. 특히 학교 교육과 보건복지 분야에서 활동해 왔는데 처음에는 도시민들을 대상으로 하다가 점차 시골 지역 복음화로 확대해 나갔다. 다양한 그리스도교적 기획에 대한 방법론적 연구, 그들 상호간의 경쟁에 대한 연구, 실제적 협력과 결실에 대한 비교 연구 등은 그리스도교 전체가 중국에 어떻게 기여했는지 이해하는 데 큰 도움이 될 것이다.

이 책은 1900년부터 1990년까지의 중국 가톨릭에 대한 연구서다. 여기에 소개된 여러 자료와 해설, 연구 방향들이 더 중요하고 진지한 연구에 자극제가 된다면 더없는 기쁨이 될 것이다.

□ 차례 □

□ 역자의 말   5
□ 머리말   7
□ 저자 일러두기/약어표   14

서론_17세기 이후 가톨릭 선교의 변화   15

1. 가톨릭의 선교 모델   16
   1.1 트렌토 공의회 이후의 교회론   16
   1.2 선교는 교황청 소관   16
   1.3 교회 조직   20
2. 포르투갈의 선교 보호권 논쟁   22
3. 중국 문화에 대한 가톨릭의 토착화 노력과 난점   23
4. 중국 그리스도인들의 불편한 상황   30
   4.1 제사 의례의 단죄   32
   4.2 선교지에 대한 프랑스의 호교권   36
   4.3 의화단의 난: 적대감에서 거부로   39
5. 선교 조직과 수도회의 증가   43
   5.1 19세기 로마의 개입: 지역 교회의 신설   47

1
호교권 제도하의 선교 성과와 문제점
(1900~1920)

제1장_그리스도교 공동체의 비약적 발전   53

  1. 선교지에 사용된 중국의 보상금   56
  2. 선교 인원 확충   58
  3. 복음화 방법론 논쟁   61
      3.1 첫 번째 비판   64
      3.2 모호한 성장   67
      3.3 선교 사업의 번창   72
  4. 1920년경의 상반된 평가들   84
      4.1 중국의 오해   87
      4.2 빛과 어둠   89
      4.3 선교 활동의 조정과 로마의 시도   94

제2장_중국 선교 운동과 제1차 세계대전의 후유증   97

  1. 중국인 사제단 문제에 관한 오랜 논쟁   98
  2. 위축된 뱅상 레브 신부의 직관   102
  3. 앙토완 코타 신부의 중국인 지위 향상 지원 활동   105
  4. 제1차 세계대전의 후유증   111
  5. 게브리앙 주교의 공식 방문(1919~1920)   114
  6. 새로운 선교 회칙 「막시뭄 일룻」(1919)   118

2
중국 교회를 향하여
선교 쇄신 작업(1920~1937)

제1장_새로운 선교 정책   131

    1. 선교의 교황 비오 11세   131
    2. 중국 교회의 호기   137

제2장_교황청 중국 대표부 설치(1922)   141

    1. 무한 지연   141
    2. 로마의 결정   143
    3. 초대 교황 사절 첼소 코스탄티니   144
    4. 비전문가의 새로운 시각   149

제3장_상하이 주교회의(1924): 하나의 개혁?   153

    1. 주교회의 개최 동기   153
    2. 로마의 영향   155
    3. 토의와 결정   160

제4장_새로운 노선의 실현: 중국인 주교단　　167

   1. 현실적 장애와 선교사들의 저항　　168
   2. 로마의 결정　　173
   3. 첫 중국인 주교 6명　　176
   4. 중국 교회를 향하여　　180

제5장_1930년대의 진척과 답보　　183

   1. 선교사들의 부정적 반응　　184
   2. 의례 금지법 폐지　　190

3

전쟁에서 공산주의까지
혼란 속의 중국 교회

제1장_12년 전쟁(1937~1949)　　199

   1. 일본의 침략에서 세계대전까지　　199
   2. 바티칸과 수교　　201
   3. 선교 발전　　202

제2장_공산주의 체제하의 중국 교회(1949~1990) 205

1. 선교의 종말과 중국 국가 교회 205
2. 선택의 기로에서 212
3. 고뇌와 희망 216
4. 자유화를 향하여? 220

결론 225

【부록】

- 지도_1950년경 중국 교회 조직 분포 상황 234
- 교회 사업체 통계표(1924~1948) 236
- 중국 가톨릭 교육기관(1922~1948) 237
- 참고문헌 239
- 지명 표기 대조표 245

▫ 저자 일러두기 ▫

중국 단어들을 알파벳 문자로 표기한다는 것이 얼마나 복잡한 문제인가는 너무나 잘 알려진 사실이다. 이 책에서 사용된 표기법은 우리가 자료를 연구하던 당시 유럽에서 보편적으로 흔히 사용되고 있던 '앵글로 색슨 Wade-Giles' 체계에 의거하였다.

  과거의 단어들을 1979년부터 중국에서 공식적으로 사용되고 있는 변음으로 옮겨쓰기 위해서는 문자 공부에 몰두해야 했고, 또 지리도 연구해야 했다. 그동안 철자법만 수정된 것이 아니라 때로는 지명들까지 바뀌었기 때문이다.

▫ 약어표 ▫

AAS	*Acta apostolicae sedis*
AEP	Archives du ministère des Affaires étrangères (Paris)
AVL, *DG*	Archives Vincent Lebbe, *Documentation générale* (Louvain-la-Neuve)
BSVP	Bibliothèque du séminaire épiscopal de Pordenone (Italie)
DHGE	*Dictionnaire d'histoire et de géographie ecclésiastique*

서론_17세기 이후 가톨릭 선교의 변화

20세기 중국 가톨릭의 역사는 근대 초에 시작된 가톨릭 선교지들의 전반적인 발전을 통해서만 이해될 수 있다. 16~17세기 선교의 특징은 대략 네 차원에서 분석된다. 첫째는 교회론적 차원이다. 선교는 잠정적으로나 표면적으로 교회의 명시적 개념, 즉 가톨릭적 쇄신 개념에서 발상되었다. 둘째는 로마적 차원으로, 교황청은 근대화와 세계 선교를 표방하고 있었다. 셋째는 정치적 차원으로, 복음화의 동인들은 원하든 원치 않든 유럽 국가들의 정복 계획과 연루되어 있었다. 넷째는 문화적·종교적 차원인데, 선교사들과 미지의 민족들과의 만남은 복잡한 상호 개념들로 규정되고, 비교적 의식적이고 치밀하게 짜여진 실천적 전략과 방법으로 유도되었다.

1. 가톨릭의 선교 모델

1.1 트렌토 공의회 이후의 교회론

트렌토 공의회에 의거하는 가톨릭 교회는 군주제에 따라 견고하게 계급화된 교회이다. 교계 제도는 모든 수준에서 상세한 법적 규칙과 교의적 결정뿐 아니라 평신도 활동을 조정하는 데도 큰 관심을 두었다. 그렇게 견고한 조직 속에서 교회는 19세기부터 점차 로마를 중심으로 구체화되었고 오로지 법적 관점에서 이해되었다. 즉, 교회는 완전한 하나의 사회로서 그 내부 조직의 흐름은 위에서 아래로 내려가는 하향식으로 될 수밖에 없었다. 가르치는 교회는 모든 권한을 가지고 모든 것을 조직하거나 아니면 최소한 종교적 기초들을 조정하는 일을 담당했다.

종교개혁을 통해 맹렬히 공격받은 그리스도교 사회의 총체적 목표는, 비록 교황권이 정치적인 면에서 그 방법의 일부를 상실하기는 했으나 아직 관심의 대상이 되고 있었다.

1.2 선교는 교황청 소관

15세기 말, 교황 알렉산델 6세는 '식민지' 백성에 대한 복음화의 전권을 스페인 왕에게 부여했다. 이 '선교 보호권'padroado은 스페인에 이어 포르투갈에도 부여되어, 이들 국가는 해외 주재 주교 임명권을 가지게 되었다.

한편 교황청은 점차 교회의 모든 선교 활동 방향을 직접 관리하게 되었다. 그러한 관심은 이베리아 국가들에 대한 독점권 장악에 국한되지 않고 교회 내부에서도 행사되었다. 16세기부터 벨라르맹R. Bellarmin과 수아레즈 Fr. Suarez 같은 예수회 회원들을 비롯한 여러 신학자가 선교 사업은 교황에게 위임되어야 한다는 사실을 증명하고 나섰다. 즉, 주교들의 사법권은 지역에만 국한되어야 하므로 로마 교황의 사법권만이 범세계적 권한으로서 교회의 '신비체' 전체의 일치도 함께 유지할 책임이 있다는 것이었다.

같은 시기에 로마 교황청의 최종 조직이 갖추어져(1588), 교황청이 인정하는 선교 책임missio pontificis(missio는 특별한 법적 지위를 나타냄)은 1622년 창설된 특별 부서인 포교성布敎省에 위임되었다.

선교지의 핵심 조직은 해외 복음화를 위한 교황의 감목 대리Vicaires apostoliques 임명권을 가지게 되었다. 훗날 여러 수도회에도 복음화의 권리가 부여되었다(ius commissionis, 1830년경 영구 확정된 체제). 선교사 파견은 유럽 어느 한 국가의 이름이 아니라 로마 교황청의 이름으로 통일되었다(missionnaires apostoliques이라는 명칭으로 1924년까지 유지).

18세기, 이 정책은 예수회 해산(1773)과 중국과 동북아에서의 의례 논쟁으로 약화되었다. 교황령으로 재개된 선교 활동은 중국 선교지들을 조직한 전前 포교성 장관 그레고리오 16세 교황(1831~1846)에게 결정적 자극을 받게 되었다.

선교지에 대한 관심은 제1차 바티칸 공의회(1869~1870)에서 완전히 배제된 것은 아니었다. 여기에 관해서는 다음에 재론한다. 이 선교지들에 대한 관심은 로마 중심화라는 일반적 방침의 일환이다.

재위 기간(1878~1903) 중의 문헌을 살펴보면, 교황 레오 13세의 선교 관심은 중동을 제외하고는 편협했던 것이 사실이나, 신앙 전파를 위한 정치적 개방 열의도 있었고 외교 수단도 상당했음이 두드러진다. 사실 그는 반신론과 혁명 정신에 대항하여 보수 세력을 규합하려는 관심에서 그런 시도를 했다. 하지만 선교지들을 식민지 세력으로부터 해방시킬 방안도 강구하고 있었다. 그에 의하면, 교회와 유럽 평신도 국가들 간에 가장 좋은 이해 관계는 선교사 활동을 통해 실현될 수 있다는 것이다. 즉, 선교지 개화의 역할은 교회의 영향력을 사회적으로 행사하는 데 이용되었다. 그리스도교 공동체의 계획은 수평선상에 있었다. 다시 말해서 교황 레오 13세 재위 기간의 일반적 경향에 관한 한 '개방적 강경주의', 즉 정복¹을 빼고는 언급할 수 없었다.

교황 레오 13세는 재위 초기 수년간 러시아 황제, 오스만 투르크 황제, 페르시아 왕, 일본 천황, 중국 황제 등과 교류했다. 그는 그들이 자국의 가톨릭을 보호하고 선교사들에게 베푼 호의에 감사를 표하거나 협조를 요청했다. 비유럽계 선교지들은 식민지 세력의 비호에도 불구하고 선교를 금지당하는 경우가 흔했다(프랑스, 영국, 러시아, 특히 이슬람권에서).

포교성은 복음화와 식민화가 동시에 전개된 아프리카 내륙을 제외하고 인도와 중국(순수한 의미에서의 선교 지역)에 대한 선교 책임을 맡고 있었다. 1884년 교황 레오 13세는 영국령 인도에 1개의 교황 특구와 고아의 포르투갈 대교구에서 분리된 6개의 감목 대리구를 창설했다. 그는 고아의 교회 분열을 해소시키고,² 파드로아도padroado, 즉 선교 보호권의 적용을 받는 지역에서 점차 이탈시키면서 현지 대주교를 총대주교로 승격시켰다. 1896년에는 시리아말라바르에 현지 주교들로 이루어진 3개 감목 대리구를 신설했다. 그는 특히 1893년 6월 24일에 지역 신학교 창설에 관한 회칙 「동인도의 신학생들」*Ad extremas Orientis oras*을 발표함으로써³ 사실상 선교국 현지 사제단을 발족시켰다. 대단히 중요한 이 회칙에서 교황 레오 13세는 현지 사제단의 필요성을 네 가지 근거로 역설했다: 성 프란치스코 하비에르

---

¹ R. Ladous, *Monsieur Portal et les siens*, Paris 1985, 491. 특히 참조할 것은 Cl. Prudhomme, *Stratégie missionnaire du Saint-Siège sous Léon XIII (1878~1903). Centralisation romaine et défis culturels* (Coll. de l'École française de Rome, 186), Rome 1994.

² 1838년, 교황 그레고리오 16세는 고아(Goa) 관할 지역을 인도의 포르투갈 영토의 하나로 국한시키는 동시에 선교 보호권에 속해 있던 인도 교구들을 폐쇄시켜 버렸다. 고아의 대주교는 그 결정을 무시하고 전국을 돌며 계속 활동했다(예: 사제를 서품하고 교회 직책을 배정함). 1857년 로마와 포르투갈 사이에 맺은 조약은 선교 보호권에 속하는 교구들을 회복시켜 주었다. 포르투갈의 감목 대리구 수락은 1886년에야 이루어졌다. 포르투갈은 관할권 밖 일부 교회 주교 임명권을 1950년에 가서야 포기한다.

가 이 목표를 지향했다. 즉, 현지 사제들은 복음화 대상국 백성을 가장 잘 알고 선교사 수는 제한되어 있는데 그 나라에서 언제 쫓겨날지 모른다는 것이다. 그것은 신학적 이론이 아니라 현실적 배려였으나 그렇다고 통찰력이 전혀 배제된 것은 아니었다.

포교성은 교황 레오 13세 재위 기간 중 중국 선교지에 새로운 자극을 주려 노력했다. 교황 스스로도 '중화제국'(中國)과 직접 접촉할 수 있는 기회를 찾으려 했다.

로마는 19세기 후반 20년 동안 결정적 전환기에 접어들었다. 선교의 본질적 두 요소가 장기 발전에 고려되었다:

- 아프리카의 분할은 현실적으로 불가피하다. 이에 따라 국내 선교지들을 강화함에도 불구하고 식민지 세력에 관련한 복음화로부터는 탈피한다 (레오폴드 2세 치하의 콩고의 경우).
- 교회생활과 일정 교회 조직 내에서 선교 지역을 통합한다.

이 방향 전환에 대한 협상은 빠른 시일 내에 이루어지지 못했다. 방향 전환은 교회의 내적 가능성과 정치 정세에 따라, 무엇보다 먼저 비식민지화의 정세에 따라서만 시작될 수 있었다.

16세기 이래 교회 지도부는 점차 해외 선교의 책임을 강조했다. 해외 선교는 그 어느 때보다 풍성한 교회론에 의거하여 19세기 중반까지 별도의 특수 영역으로 남아 있었다. 교회 운영에 대한 신학적 관심에서, 그리스도교 공동체 밖의 부속물로 머물러 있었는지도 모르겠다. 그러한 배경에서 교황권-선교 2항식은 특히 19세기에 대대적인 선교 확장의 발단이 되었다. 교황 레오 13세 재위부터는 구체적으로 일정한 교회 조직과 중앙집권화된 로마 가톨릭에 의해 선교지 통합 체제로 방향을 잡아가기 시작했다.

---

[3] 참조: *Le Siège apostolique et les missions*, 3 vol., Paris - Lyon, 1956~1959, t.I, 20-3.

교황 비오 10세 재위 기간(1903~1914)에는 선교에 대한 관심이 거의 공백 상태였다. 어린이 영성체를 허용하고 근대주의에 파문을 선고한 이 교황은 자신의 저력을 최대한 활용하고 내적 삶을 심화시키려 고심한 목자이기도 했다. 교황 교서 「인 아포스톨리쿰」*In apostolicum*(1904년 3월 25일 자)에는 역할 분담을 명확히 하려는 의지가 드러났고, 거기에 따라 성 프란치스코 하비에르는 신앙 전파의 수호자로 선포되었다.

> [⋯] 하느님의 섭리 면에서 그리스도교 직접 선교의 책임을 맡고 있지 않은 그리스도 사회의 신자들은 헌금과 구호를 통해 복음의 선구자들을 돕는 것이 합당하다. [⋯] 아주 현명하게 조정되었던 것처럼 신자 분포를 10여 명으로 구성하는 것이 더없이 좋을 것이고, [⋯] 함께 행동한다는 것은 곧 요구된 대로 행동하는 것이다.[4]

1908년 로마 교황청의 쇄신 배경에서, 포교성은 동방 그리스도교 지역(1917년 동방성이 창설됨)을 제외한 비그리스도교 지역인 영국·스코틀랜드·아일랜드·네덜란드·룩셈부르크를 책임졌고, 미국과 캐나다는 그 권한에서 배제되었다. 뿐만 아니라 선교 회칙 발표를 목적으로 이탈리아의 4개 선교회 원장들이 교황 비오 10세에게 보낸 요구 사항은 끝내 응답을 받아 내지 못한 상태에 있었다.

1.3 교회 조직

교황 레오 13세 재위 때 교회 관구들은 계속 증설되었고 선교사 수는 절정에 달했다. 선교 보조회들은 혁명기 이후 유럽의 종교쇄신의 배경에서

---

[4] 참조: *Le Siège apostoilque et les missions*, t.I, 24와 26.

탄생한 가장 오래된 4개 연합체의 활동을 보강하기 위해 도처에 신설되었다. 1822년 프랑스에서 창설된 신앙포교회Œuvre de la Propagation de la foi, 1828년 오스트리아에서 창설된 레오폴드 재단Leopoldinenstiftung, 1834년 바이에른에서 창설된 하비에르회Xaveriusverein, 1843년 프랑스에서 창설된 성영회聖嬰會(Œuvre de la Sainte-Enfance) 등이 이 시기에 해당된다.

교회 관구들로는 1850년부터 1900년까지 사하라 남부 아프리카가 2개 감목 대리구에서 61개 지역으로 증가했다. 중국은 16개에서 41개로, 인도는 4개에서 27개로 증가했다. 선교 종사자들은 과반수 이상이 프랑스인들이었다. 1900년 유럽 밖에서 활동하는 6,100명의 사제들 중 4,500명이 프랑스 국적자였다. 당시 선교 지역의 수녀 수는 44,000명을 헤아렸다.[5] 1820년경 아시아에 30여 명의 선교사를 파견한 파리 외방 선교회도 1817년부터 1910년 사이에 2,013명을 파견했는데 1910년 한 해에만 1,400명의 회원이 선교 지역으로 떠나갔다. 새로운 '후원회'Associations d'aide들 중에서 꼭 지적해 두어야 할 중요한 단체는 독일 가톨릭 신자로 구성된 '아프리카회'Afrika-Verein(1888)와, 다른 회들과 연합하여 중국 사제단을 지원하는 '베드로 사도회'Œuvre de Saint-Pierre-Apôtre(프랑스, 1889)가 있었다. 1818년과 1924년 사이에 유럽과 아메리카 여러 나라에 창설된 271개 선교 후원회가 있었고, 그중 140개는 1881년과 1914년 사이에 창설되었다.[6] 1822년부터 1923년까지 100년 동안에 포교회Œuvre de Propagation de la foi에서 가톨릭 선교지 지원금으로 보낸 기금만도 거금 498,449,467 프랑(금화)에 달했다.

이는 교황청이 선교 책임을 직접 담당하기를 원했음에도 선교 활동 자

---

[5] 1850년부터 1870년까지 남녀 선교사 수는 25,000명으로 집계되었다. 이 선교사들은 400개 이상의 수도회 소속이었다.

[6] 선교 후원회가 가장 많이 창설된 10년은 1891~1900년이었다. 참조: B. Arens, *Manuel des missions catholiques* (coll. "Museum Lessianum" sect. missiologique, 3), Louvain 1925, 288-9; 좀 더 일반적으로는 278-351.

원의 출처와 분배에 대해서는 아무 권한이 없었음을 보여 준다. 이런 상황은 1922년 주요 재정 사업체들의 로마 중심화와 함께 변했다. 다른 편에서 보면, 이 사업체들은 선교지에 보조금만을 지원하는 것이 아니었으니 여러 잡지 발간을 통해 선교사들의 서신과 보고서들을 발표했다. 선교지 소식들은 후원금 조성에도 크게 기여했고 가톨릭계에 선교 의식을 심어 주는 좋은 계기도 되었다.

2. 포르투갈의 선교 보호권 논쟁

19세기 중반까지 로마의 선교 정책은 특별히 포르투갈 선교 보호권의 발호로 제한을 받아 왔다. 그때부터 교황청은 영국과 프랑스, 독일의 식민지화를 고려해야 했다. 종전의 선교 보호권만큼 분명한 법적 체계를 구축하지 못했던 호교권護敎權(Protectorat), 특히 프랑스의 선교 보호권은 로마 당국자들로 하여금 그 상황을 받아들이도록 암암리에 강요했고, 식민지 지배국 또는 일부 반半식민지 국가들의 정부와 협조 체계를 구축하도록 강요했다. 그것은 복음화 장애 요소들을 제거하거나 식민지 국가들 간에 경쟁을 부추기기 위한 방편이었다. 이런 활동 양식은 중국 선교에서도 관찰된다.

  복음화의 주체들은 선교 지역 자체 내에서 외교적 보호 조건이나 식민지 체제와의 연합 조건에 복종하도록 되어 있었다. 그런 상황에서 그들은 나름대로 선교 활동의 자유를 얻어 내거나 최소한 안전을 보장해 주는 가장 좋은 방법을 항상 찾아내는 동시에, 종종 의심받는 조국에 대한 충성심을 증거할 방법을 찾아내기도 했다. 일부 열성파는 정치적 정복에 봉사하거나 협조하는 지경에까지 이르렀다. 간혹 선교사들이 주민보다 더 우월해 보이거나 정복 국가의 사절로 보여지기도 했으나 대부분의 선교사는 존재 양식이나 태도에서 별다른 정치의식이 없었음이 분명하다.

그럼에도 1659년 포교성이 초대 극동 감목 대리들에게 내린 훈령들이 19세기 새로운 상황에 제대로 적용되었는지에 관해서는 단정할 수 없다.

> 그 지역에 스페인이나 프랑스, 터키, 페르시아와 그 어떤 다른 파벌의 씨도 뿌려서는 절대 안 될 것이다. 여러분은 될 수 있는 한 그런 유형의 모든 적대 관계를 뿌리째 뽑아 버려야 한다. 혹여 어느 선교사가 사전 예고를 받았음에도 계속 그런 불화를 뿌리고 다닌다면 그의 무분별한 행동이 종교문제를 파멸로 이끌어 갈 위험이 있으니 즉시 유럽으로 소환해야 할 것이다.[7]

19세기 유럽 군대의 중국 침략과 관련된 여러 사건은 바로 그런 요구에 위배되는 사건들이었다. 예를 들면 1859년 3월, 홍콩에서 열린 영국과 프랑스 연합군의 제2차 아편 전쟁 승전 축하식장에는 감사가 「테 데움」Te Deum이 울려 퍼졌다.[8] 그런데 1659년도 같은 훈령에는 미래 동양의 그리스도교 공동체 선교사들에게 로마와의 결속을 강력하게 강조했다. 19세기 말, 로마가 그 훈령을 인용할 때도 바로 그 측면을 부각시켰다. 한편 정치 현안에 대해서는 선교사의 독립을 엄격히 규제했으나 막연했고, 문화적 토착화는 생존을 도모하느라 거의 배제된 상태였다.

3. 중국 문화에 대한 가톨릭의 토착화 노력과 난점

현대 초, 중국은 문화적 · 종교적 가치에 대한 가톨릭의 경험을 축적할 수 있는 일종의 시험장이었다. 그리스도교의 배타적 참여와 문화적 관용(최근

---

[7] *Le Siège apostolique* ···, t.I, 15.

[8] K.S. Latourette, *A history of christian missions in China*, 2ᵉ éd., New York 1932, 306.

에는 존중이라는 말을 많이 쓴다)를 조화시키는 것이 어느 정도 가능한지는 5세기 동안 끌어 온 신학적 질문이었다.

두 극단적 입장이 있다. 하나는 문화 적응의 다양한 단계와 형식에 호의적인 입장이고, 다른 하나는 '백지'tabula rasa로 규정된 비그리스도적 세계의 가치 자체를 인정하지 않는 입장이었다. 이 두 극단적 입장 사이에는 많은 차이점이 있다.

첫째 경향은 중국에 파견된 최초의 선교사인 이탈리아 예수회 회원 마테오 리치 신부P. Matteo Ricci의 노력에서 그 기원을 찾을 수 있다. 리치 신부는 1582년부터 1610년 사망할 때까지 중국에 머물러 살았다. 최근 연구에서 보듯이 리치 신부는 만년에 다소 소외된 그리스도인 소집단을 구성할 수밖에 없다고 믿었다. 그래도 그 선각자는 대화의 가능성을 직감적으로 알았고, 실제로 일부 유교사회와 대화를 시도했다. 다만 많은 상충점 때문에 지속적인 시도가 실패했을 뿐이다. 제사와 관련된 의례 논쟁은 다음 장에서 정리한다.

1659년도 포교성 훈령은 다음과 같은 지시를 내린다.

> 이 민족이 종교적·윤리적으로 명백히 대립되지 않는 한 그들의 제사 의례와 풍속, 도덕 등을 무조건 변화시킬 방법을 모색하지 말아야 하거니와 그럴 생각도 하지 말 것이다. 프랑스, 스페인, 이탈리아 또는 어떤 다른 유럽 나라를 중국에 옮겨다 놓으려 한다는 것은 얼마나 모순된 일인가?[9]

이 지시는 훈령의 다른 많은 내용처럼 현지 선교사의 태도나 로마의 후속 조치를 고려해야 할 여러 이유 때문에 실제로는 별 성과를 거두지 못했다.

---

[9] *Le Siège apostolique* …, t.I, 16.

19세기에 라자로회Lazaristae 회원 가베 신부Père Gabet는 1844년부터 1846년까지 동료 위크R.-É. Huc 신부와 함께 중국, 몽골, 티베트 횡단한 후 비망록을 작성하여 로마에 제출했다. 1848년에 그는 비망록「중국 가톨릭 선교지 상황」État des missions catholiques en Chine에서 이렇게 전한다.

> 중국인들은 4천 년 전부터 그들의 제국을 보존해 오고 있다. 유럽이 근대 몇 세기 동안에 창출해 놓고 경탄해 마지않는 기술들을 그들은 이미 수천 년 전부터 간직해 오고 있다. 인쇄술, 화약, 나침반, 실크 방직 기술, 도량형에 적용한 십진법 등, 이루 다 열거할 수조차 없다. 그런데 어떻게 유럽인이 그들을 지적으로 열등한 민족이라고 비난할 수 있단 말인가? 중국인에게는 경서經書처럼 깊은 지혜와 고귀한 고대 문명이 담긴 문헌이 있다. 존경받을 만한 전통 중 하나인 이 문헌에서 이교 문명이 잉태한 모든 유럽 산물과는 거리가 먼 철학이 발전해 온 모습을 발견한다.[10]

이 주장은 중국 사제단 증가의 필요성을 역설하는 논문에 들어 있다. 이 문제에 관한 가베 신부의 비망록은 차후에 다룰 것이다.[11]

그리스도교가 타 문화를 보존·수용·활성화시켜야 한다고 믿는 사람들을 만나려고, 또 오늘날 현지문화화inculturation 연구로 귀결되는 토착화adaptation 선교가 출현하는 것을 보려고 우리는 20세기까지 기다려야 했다.

개방적 태도를 지닌 현지 선교사들은 드물었다. 중국에 베네딕도 수도회를 처음으로 창설하고 훗날 솔렘 수도회Solesmes의 수사가 된 제앙 졸리

---

[10] 인용: G.-B. Tragella, "Le vicende d'un opusculo sul clero indigeno e del suo autore", in *Der einheimische Klerus in Geschichte und Gegenwart*, Schöneck-Beckenried 1950, 198-9: 비망록 제5장 전체를 전재했다.

[11] Tragella 신부는 "선구자, 앞서 가는 레브"라는 표현으로 중국 사제단에 대해 긍정적인 평가를 내리고 있다(*op. cit.*, 195).

에Jehan Joliet는 1891년 극동 해군 장교로 복무할 무렵 이렇게 썼다.

> 중국인들은 올바른 윤리와 고도의 예의범절을 지니고 있으며, 그것을 삶의 근본이자 교육과 훈육의 기반으로 삼고 있다. 그리스도인이 없는 나라에서 그리스도교적으로 여행하는 데는 아주 큰 겸손이 필요하다.[12]

그 후 선교사가 되어 중국에 돌아와 생활한 지 9년 후인 1936년, 졸리에는 다시 이렇게 썼다.

> 모두가 지향해야 할 유일한 문명이 유럽 문명이라는 확고한 소신을 가지고 내가 여기에 왔더라면, 또 중국 문화가 근본적으로 열등하고 일시적인 것으로 내게 비쳐졌다면, 나는 희망을 품고 생애를 보내야 할 이곳에서 어떻게 지내야 할지 난감했을 것이다.[13]

이 새로운 방향은 일부 선교사들에 국한되지 않고 교회일치 운동의 개화를 가능케 했던 가톨릭 교회의 주요 인사들에게서도 발견되었다. 포르탈 신부Abbé F. Portal(1855~1925)는 세속에서 그리스도교를 복원하려는 포부를 가졌던 사람이다. 그는 특수한 그리스도교적 사회 프로젝트에 가담하기를 거부하면서 보편성을 살리기 위해서는 가톨릭도 다른 교회의 존재를 필요로 한다는 것을 이해시키려 했다.[14] 베네딕도 수도회 랑벨 보두앵Lambert Beauduin(1873~1960) 신부도 "모든 문화와 문명에 동화될 수 있는" 그리스도

---

[12] 여동생에게 쓴 1891년 9월 19일 자 편지. H.-Ph. Delcourt, *Dom Jehan Joliet* (1870~1937) 28.

[13] *Bull. Joseph Lotte*에 실린 기사 (1936. 11), H.-Ph. Delcourt, op. cit., 245.

[14] R. Ladous, op. cit., 특히 264와 313.

교가 되기 위해 "모든 사상과 종교 생활의 토착화 작업"을 요구했다.[15]

둘째 경향은, 대체적으로 모든 문화는 이교적이라 그리스도교에 접근할 수 없다고 여기는 것이었다. 이 경향은 수세기 동안 지배적인 현상이었고, 19세기 말까지도 그들의 그리스도교 소공동체들을 주변 이교들로부터 "보호해 주도록" 선교사들에게 요구한 로마의 확고한 입장과 일치되었다. 1889년 중국 문명에 관해 파리 외방 선교회 오브리 신부가 쓴 것과 유사한 문헌들에서 그런 생각을 읽을 수 있다.

> 거의 모든 점에서 반그리스도적일 뿐 아니라 반인륜적이다. […] 중국인의 종교들은 기괴하고 무의미하며, 세상에서 가장 괴팍하다.[16]

20여 년 후, 오브리 신부에게서 영감을 받은 벨기에 성모 성심회Scheutistes의 케르빈 신부는 이렇게 썼다.

> 우리가 얼마 전 중국에서 연구한 지적·도덕적·정신적 힘의 약화 현상은 우리가 '현저하게 열등한 본성'을 지닌 중국에 와 있음을 믿게끔 하고 있지 않은가! 누가 여기에 이의를 제기할 것인가? 중국인은 유럽 그리스도인에 비해 본성적으로 열등하고 참으로 한심스러운 자질을 지니고 있어 아마 가능했다면 교회까지도 실망시켰을 정도다. 오, 불행한 중국인의 본성이여! 그 빈약한 정신, 마음속에 가득 차 있는 이기심에다 우매한 자만심, 괴팍한 감수성과 과장스런 감정을 지닌 이 가련한 백성을 어이할까? 게다가 열등

---

[15] "Notre travail pour l'Union", *Irénikon*, 1930, t.5, 394.

[16] 참조: J.-B. Aubry, *Les Chinois chez eux*, Tournai, DDB 1889, 140; A. Aubry, *Une âme d'apôtre. Vie de Jean-Baptiste Aubry*, 2ᵉ éd., Compiègne 1928, 654-5: "O peuple vil, vénal, taré! Le plus triste animal de la Chine, c'est l'animal humain!"

한 본성의 마지막 판단 기준, 중국적 이교는 빈약한 정신의 결실이고 마음과 고결함이 결여된 고지식함의 결실이며 모든 차원에서 열등성을 드러내는 중국인 특유의 원죄의 결실이 아니던가!17

그렇게 과격하게 표현하지 않아도 선교사들을 지배하는 사고방식은 구체적으로 두 활동 노선으로 드러난다: 타락한 세상을 피하게 하기 위해 더 많이 세례를 베풀려는 고심과, 울타리 밖 잃어버린 그리스도인들의 소공동체를 구성하려는 노력이다.

1) '교회 밖에 구원 없다.' 모든 비그리스도 세계를 지배하는 인간적 공허의 의미에 못지않게 개인의 구원에 필요한 세례의 의미에서 이해되었던 이 경구 덕택에 19세기와 20세기 초반까지 모든 관심은 양적 복음화에 치중되었다. 정치적 보호책과 두드러진 선교 인원의 증가와 더불어 1920년 전후로 '현대의 세계 복음화'the evangelization of the world in this generation(미국 감리교도 John Mott의 인용문)가 가능함을 믿게 되었고, 교황 베네딕도 15세는 선교 회칙 「막시뭄 일룻」*Maximum illud* (1919)에서 개종시켜야 할 "수억의 이방인들"에 관해 언급했다. 세례자 수의 중요성이 더욱 강조되었다. 세례는 구원을 보장하고 그리스도인 군단을 증강하는 데만 기여하는 것이 아니었다. 세례는 이교도에게 어떤 인간적 가치를 부여할 수 있다고 여겨졌다.

2) 극단적으로, 공동체의 수적 증가를 위한 노력은 그리스도교 사회의 구성으로 귀착되어야 한다. 당대 선교사들은 이 방대한 계획이 실현될 가

---

17 참조: L. Kervyn, *Méthode de l'apostolat moderne en Chine*, Hong-Kong 1911, 366. 이 책에서 강조 어구는 이탤릭체로 되어 있다. 이 저서는 금서 목록에는 들어 있지 않았으나 반대파 선교사들의 요구에 따라 판매 금지를 당했는데, 보편적 사상의 대표성을 지녀 절대다수의 유럽인들이 받아들이는 추세라는 이유에서였다. 참조: *Recueil des Archives Vincent Lebbe. Pour l'Église chinoise*, I: *La visite apostolique des missions de Chine. 1919~1920* (coll. "Cahiers de la Revue théologique de Louvain", 5), Louvain-la-Neuve 1982, 31-2.

능성이 점점 희박해짐을 보았고 여러 이유에서 엘리트들과의 접촉을 자주 포기해야 했다. 그들은 최선의 토착화 방법은 장기간 그 사회에 영향을 줄 수 있는 여러 소공동체를 구성하는 것이라고 믿었다. 파라과이에서 성공한 예수회 회원들의 '축소지'(그리스도교 공동체 마을 — 역자 주) 경험은 19세기 말 몽골에서 성모 성심회 회원들에 의해 재개되었고 적용되었다. 그리고 20세기 초, 후에 벨기에의 식민지가 된 콩고에서 활동한 예수회 회원들에 의해서도 다시 재개되었다.

선교지에서의 그리스도교 공동체 계획은 19세기에 강화되었는데 그것은 자유주의의 출현으로 유럽 교회 안에 형성된 상황에 따른 것이었다. 교황 레오 13세는 프랑스 혁명에서 빚어진 분열을 거부하면서 '사회 통합에 대한 종교적 조정'에 희망을 걸었다. 현지 선교사들의 사회적 배경은 대부분 자유주의에 적대적이었으므로 그들은 자유사상을 따르지 않았고 식민지 보호하의 그리스도인 공동체에서 힘을 얻고 있었다. 자유주의와 반성직주의 교의에 맞서 투쟁하면서도 프랑스와 같은 국가들로부터 지지와 혜택을 얻어 보려는 기이한 역설이었다. 그래서 1880년경, 페리J. Ferry 장관은 "반성직주의는 수출 품목이 아니다!"라고 공언하기도 했다.

1900년경 중국의 상황을 종합하면 이렇다: 제사 의례가 금지된 후 영향력 있는 사회 계층과의 접촉 가능성이 사라졌다. 프랑스의 호교권은, 현대적 교회론과 세례를 통한 현대적 구원론을 기반으로 중국 가톨릭을 형성한 농촌 그리스도교 공동체의 발전을 도왔다.

제1차 바티칸 공의회 기간 중 로마에서 열린 중국 감목 대리 모임에서, 드라플라스 주교Mgr. Delaplace(저장浙江)는 과거시험 응시자 가운데 그리스도인들에게는 공자 경배를 면해 주어야 한다고 주장했다. 그 제의는 호응을 얻지 못했다. 공자 경배 면제를 포함한 과거시험의 간소화는 1905년에 가서야 제국 정부에 의해 실현되었다.

그리스도교와 중국 문화가 진정으로 만날 가능성은 더욱 요원해 보였다. 정치적 요소들도 그 만남을 조성할 만큼 좋은 상황이 아니었다.

4. 중국 그리스도인들의 불편한 상황

중국에서 가톨릭 신자들은 다른 그리스도인에 비해 어떻게 인식되고 있었는가? 신자 수는 어떻게 증가했는가? 우리는 여기서 이중적 배경에서 그리스도인의 신분 문제를 검토하고 있다: 1) 19세기 중반부터 가톨릭 신자들에게 금지된 제사 의례 문제와 더불어 19세기 후반 중국의 내적 발전 배경, 2) 1860년부터 발효된 프랑스 호교권의 배경.

1840~1900년 사이의 중국사를 전부 되새기기란 불가능하다.[18] 19세기 후반 30년 동안 대변환의 방향을 고려하면서 세 가지 근본 특성을 부각시키고자 한다. 중국 지도층은 제국주의로부터 나라를 해방시키려던 민족적 각성기를 체험했고 넓은 국토를 강점당하는 수모를 겪었다. 중국은 훗날 의화단義和團의 난亂을 지지한 서태후西太后의 보수파와 민주개혁 지지자들의 대결 구도에 따라 정치적·이념적 위기의 무대가 되었다. 19세기 말부터 수년간 몇몇이 개혁을 꿈꾸고 있었다. 일부는 서양 과학기술 도입에 호의적이었다. 지식인들과 '진신층'縉紳層(gentry) 인사들이 수용한 방식은 '이이제이'(以夷制夷: 오랑캐로 하여금 오랑캐를 제압하게 한다)와 '중체서용'(中體西用: 서양 지식은 이용 가치가 있을 뿐, 중국의 지혜가 사회의 기초를 형성한다)이었다. 따라서 서양 윤리, 즉 그리스도교를 도입한다는 것을 중국 지식인들은 생각할 수도 없었다. 유교 윤리가 다른 어떤 윤리보다 우월해 보였기 때문이다.

---

[18] 이 시기에 관한 문헌: *Histoire générale de la Chine et de ses relations avec les pays étrangers*, de H. Cordier, t.IV, Paris 1921; A. Chih, *L'Occident "chrétien" vu par les Chinois vers la fin du XIXe siècle (1870~1900)*, Paris 1962.

당대의 혁명적 사상가 엄복嚴復(1853~1921)은 1895년 4개의 성명서를 발표하여 백성의 얼을 변화시키려 했다. 그는 불가역적 진보 개념을 중국사의 순환 사상에 대비시켰다. 전통적 도량度量의 의미에 투쟁 정신을 대비시켰고, 복고적·특권적 지식 계급의 유교사상에는 과학적 연구와 그 효력을, 군주적 보수주의에는 자유 민주주의에 대한 갈망을 대비시켰다. 그는 일반 여론은 물론 개혁가들까지 초월하였다.[19]

선교지들은 그렇게 시작된 물질적 현대화 과정에서 직접적인 역할은 하지 않은 채[20] 중국을 그리스도교 윤리와 영성과 접촉시키면서 전반적 변화에 영향을 주고 있었다.[21] 이런 경향은 주로 개신교 선교사들에서 볼 수 있었고 중국 정치 체제의 개혁을 꾀하는 일부 운동에서 나타났다. 1851년 태평천국太平天國의 난을 일으킨 개혁 주체들은 성경을 인용하면서 모든 인간이 유일한 천상 아버지의 자녀로서 동등하다는 것을 선포했다. 19세기 말 개혁가들은 사상을 변화시키기 위해 윤리적 이상과 본성의 진보 개념을 그리스도교에서 이끌어 냈다. 1911년, 개신교 세례를 받은 개혁의 대부 손문孫文(孫中山, 1866~1925)은 그리스도교의 애덕 실천을 수용했다.

18세기부터 중국 그리스도인들은 불순하고 반항적인 사교邪敎 신봉자로 간주되었다. 다음은 상하이 주재 프랑스 공사 다브리 드 티엘상Dabry de Thiersant이 베이징 주재 프랑스 대사에게 보낸 1869년 12월 26일 자 보고서의 일부다.

---

[19] 참조: *Les manifestes de Yen Fou*, Fr. Houang이 중국어에서 번역, Paris 1977.

[20] 현대화 단계: 무역 발전, 최초 전기 설비와 철도 건설, 상하이에서 최초의 면직공장(1882), 한양 철공업 시작(1894). 그러나 이 현대화는 부분적으로 이루어졌다. 1714년부터 유럽에 파견된 중국 유학생은 나폴리 중국인 학교를 제외하고는 주로 신학생들이었다. 1880년에 제1차 그룹이 영국으로, 1896년에 미국으로 갔다. 유럽과 미국으로의 대이동은 1906년부터 시작되었다.

[21] K.S. Latourette, *op. cit.*, 304-5.

대사님께서는 로마 교황청이 이 제사 의례를 미신이요 우상 숭배라고 […] 단호히 금하고 있음을 잘 알고 계십니다. 교회의 문이 상류층에게는 닫혀 있고, 고작 소상인·수공업자·농부들에게만 열려 있을 따름인데, 그들은 세례를 받으면서 자신이나 자식의 명예와 존엄성을 영원히 포기해야 합니다. 그로 인해 그들은 중국 사회에서 인정도 못 받고 영향력도 상실하거니와 그것이 끝이 아닙니다. 그들은 당국으로부터 끊임없이 의심받는 천민 집단을 이루고 살아야 할 형편입니다. […][22]

공사가 암시하는 의례 논쟁은 그리스도교와 중국 지식층 간의 교류가 중단되었음을 시사한다. 프랑스의 호교권은 선교의 관점에서는 분명히 이점이 있지만, 프랑스 공사가 이 글을 쓰고 있는 순간 중국의 관점에서는 차단을 강화하는 것이다. 중국 의례 논쟁에 관해 간략하게 상기해 보자.[23]

4.1 제사 의례의 단죄

제사 문제는 상호 무지한 두 문명의 갈등을 배경으로 전개된 중요한 사안이다. 프란치스코 하비에르(✝1552) 시대 일본 선교에서 비롯된 이 문제는 중국에서 먼저 소요를 일으켰고, 그다음 인도차이나 반도와 필리핀, 그리고 극동 전역에서 야기되다시피 했다. 또한 이 문제는 유다–그리스–라틴 사회에 속하지 않는 다른 문화권에 대한 가톨릭의 대표적인 태도로서 중대한 문제였다.

---

[22] L.Wei Tsing-Sing(衛淸興)이 인용한 논문: "Le Ier Concile du Vatican et les problèmes missionnaires en Chine", *Revue d'histoire ecclés.*, 1962, t.57, 500-23 (citation 514, n.1).

[23] 참조: la notice "Chinois (rites)", de H. Bernard-Maître, *Dictionnaire d'hist. et de géogr. ecclés.*, t.XII, col.731-41; J. Gernet, *Chine et christianisme. Action et réaction*, Paris 1982; G. Minamiki, *The Chinese Rites Controversy from its beginning to moderne times*, Chicago 1985.

이 제사 문제는 근본적으로, 이탈리아 예수회 회원과 도미니코회 회원, 프란치스코회 회원, 특히 첫 그룹이 진출한 후 수십 년 후에 도착했던 스페인 프란치스코회 회원들 사이의 알력과 함께 시작되었다. 17세기 중반, 선교회들은 그들의 주요 사도직 방법을 변호하기 위해 로마로 밀사를 파견했는데, 예수회 회원들은 중국 사상에 대한 토착화에 호의적이었지만, 다른 회들은 그 방법이 순수하고 단순한 복음 설교에 장애와 위험 요소가 될 거라고 보는 편이었다. 사실 17세기 초, 마테오 리치는 일본에서 활동하던 예수회 회원들과는 다른 방법으로 유교사상에 침투하여, 궁극 실체에 대한 유교적 의미와 그리스도교 교의의 본질에 상응하는 요소들을 쉽게 정립했다. 사도직 수행이 목적이었던 그는, 「우리의 의견에 따라 공자에게서 교훈을 얻다」tirare Confucio alla nostra opinione라는 자신의 글을 구현시키고자 했다. 그는 자연의 원동력과 그 질서의 권능을 혼동한 유교의 '상제'上帝 개념과 성경의 하느님 사이에 있는 실제적 상이성을 축소시켰다. 그는 비종교적인 사안은 괜찮다고 생각했다. 공자 배례와 중국 제사는 죽은 이에 대한 그리스도교의 신심에 가까운 비종교적 숭배였다.

중국과 교회 사이의 모호함은 처음부터 존재했다. 그래서 마테오 리치의 일부 후계자들은 두 교의의 합치될 수 없는 본질적 특성을 강조하면서 마테오 리치의 노력을 위험시하며 거부했던 것이다. 이 논란은 다른 여러 수도회에 의해 로마에 알려지고 또 유럽의 정치적 이해관계 때문에 복잡해졌다. 특히 의례 논쟁은 프랑스에서 예수회 회원과 얀센파 간의 논쟁 같은 여러 신학적 논쟁으로 더욱 악화되어 유럽인에게는 큰 문제로 대두되었다. 중국 지식인들은 이 문제를 거침없이 다루었는데, 그것이 현지 선교사들에게는 고통이자 과오의 원인이 되었다.

1662년부터 1722년까지 통치했던 강희제康熙帝는 예수회 회원들에게 각별한 호의를 보였다. 1692년의 황제 칙령은 중국 그리스도인들에게 종교의 자유를 보장해 주었다. 궁정 예수회 회원들에게서 자극받은 강희제는 불교의 영향을 받은 소수민족의 미신적 요소들을 배제한 유교식 제사에 공적이고 올바른 해석을 내렸다. 당시 가톨릭 신학은 그 해석을 수용할 수 없었다. 하지만 그것은 훗날의 발전을 도모하는 데 민감한 사항인 '삶의 양식'modus vivendi을 허용해 주는 것이었다.

    1705~1706년, 교황 클레멘스 11세는 교황 사절 샤를르 매야르 드 투르농Charles Maillard de Tournon을 강희제에게 파견하여 교황청과 중국 제국 사이에 외교 관계를 수립할 가능성을 타진하고 제사 문제 같은 민감한 현안들을 조정하게 했다. 강희제는 선교사들에게 마테오 리치의 방법을 따르겠다고 서약하도록 강요하며 몇 명의 사절을 교황에게 파견하는 데 급급했으나(그중 아무도 황제에게 서약하러 가지 않았다) 교황 사절은 1707년 초 제사 의례에 반대 입장을 취했다. 그는 선교사들에게 황제가 강요하는 그 서약을 거부하라고 지시했다. 순명한 선교사들은 추방당해 마카오로 피신했다. 1715년, 클레멘스 11세는 1704년과 1710년에 시행된 칙서 「엑스 일라 디에」Ex illa die를 거듭 확인했다. 그러나 시행에 난점이 있자 1720~1721년 제2대 교황 사절 메차바르바Mezzabarba(嘉樂)를 중국에 재파견했다. 이 사절은 1715년의 칙서에 동의했다. 그것은 상황에 따라 광범위하게 해석될 수 있는 허락이었다. 베이징 주교는 그 허락이 자기 교구의 일반 법규인 양 시행령을 하달했다. 반대파는 로마에 소송을 제기했고, 로마는 베이징 주교의 결정을 파기하는 동시에 모든 제사 문제를 새삼 검토하기 시작했다. 교황 베네딕도 14세는 칙서 「엑스 쿠오 싱굴라리」Ex quo singulari에 의거, 1742년 7월 11일 허락을 철회하고 시행 세칙을 강화하면서 1715년의 칙서를 원상복귀시켰다. 그전에 로마가 선교사들에게 요구하던 서약이 재개되었고, 반대자에게는 엄중한 판결이 내려졌다. 이 제사 의례 반대 서약은 1939년 포교성이 제사 의례 단죄를 철회할 때까지 강요되었다.

17~18세기 중국 복음화의 역사와 선교사들의 문화적 영향사에서 의례 논쟁이 결정적인 화제가 되기는 했으나 서로 혼동되지는 않았다. 강희제의 사망부터 1840년까지 선교사들은 끊임없는 박해 속에 살아왔다. 박해의 이유는 예수회 회원들이 축출된 후 31년 동안 계속된 제사 금지령에 기인된 것이 분명하나 중국이나 유럽의 정치적 요인에 내재된 문제들, 특히 문화적 차원에서 제기된 문제들에 관해서는 밝혀지지 않았다. 1742년의 제사 금지 판결문은 전적인 불가론이었고, 바로 그 불가론 안에서 선교사들은 중국 사회의 상류층과 접촉을 계속해야만 했다.

19세기에 접어들자 중국 가톨릭은 점차 촌스러워지기 시작했다. 1869년 상하이 주재 프랑스 공사는 모종의 소외 현상까지 감지했다. 1851년 상하이 주교회의가 중국 사제단 양성에 관해 결정을 내릴 때 선교사들은 다음과 같은 태도를 취할 수밖에 없었다.

> 교회가 금하는 제사 의례에 관한 한, 학자에게는 유혹과 교만이 우려되므로 현지 출신 젊은 중국 사제들은 학위를 취득하지 않는 것이 좋다.[24]

그리스도인의 소외를 부추긴 방법을 반대편에서 이해하려면, 1869년 후난 湖南에서 공시된 후 제국 전역에 파급된 광고문을 상기해 볼 수 있다. 그리스도인의 제사 의례에 대한 해석에서 그 광고문은 "그리스도교 신봉자들은 조상을 섬기지도 않거니와 조상의 정신적 능력을 믿지도 않는다"고 강조한다.[25]

---

[24] J. de la Servière, *Histoire de la mission du Kiang-nan*, 2 vol., Shanghai 1914, t.I, 192.
[25] 인용: C. Cary-Elwes, *La Chine et la Croix*, 271.

4.2 선교지에 대한 프랑스의 호교권

프랑스 호교권은 앞서 본 상황을 현저히 변화시켰다.[26] 영국이 선포한[27] 아편 전쟁(1840~1842)은 결국 '불평등 조약'으로 귀결되는데, 중국이 종주권의 일부를 양도해야 했기 때문이다. 1842~1887년까지, 중국과 유럽 11개국과 미국이 서명한 조약만도 17개나 되었다. 거기서 영국은 무역에 필요한 홍콩의 양도를 이끌어 내는 동시에 다른 4개 주요 항구(광둥廣東 항구는 제외)의 개방을 얻어 냈다. 얼마 후 프랑스도 무역에서 같은 유리한 조건을 획득하면서 선교사 활동도 다소 활발해졌다(1844년 황푸黃埔 조약). 프랑스 측 협상가 라그르네Lagregné의 압력에 못 이긴 도광제道光帝는 1844년 가톨릭 신앙에 자유로이 입문할 수 있게 하는 법령도 반포하였다. 종교의 자유를 확인하는 새 공식 문서는 2년 후에 발표되었다. 1851년 도광제가 사망한 후 선교사들과 그리스도인들은 다시 박해받았다. 1856년 광시廣西에서는 한 프랑스 선교사가 참수되었다. 그것은 광둥에서 중국 관리들이 영국 배를 나포한 것과 때를 같이하여 발발한 제2차 아편 전쟁(1857~1860)의 발단이 되었고, 결국 프랑스·영국 군대의 베이징 침략과 약탈로 끝나면서 다시 조약은 두 서양 국가에게 유리한 조건으로 체결되었다. 이 두 국가는 중국의 수도에 외교 대표부를 설치하게 되었다. 톈진天津 프랑스-중국 조

---

[26] 프랑스 호교권에 관하여: L. Wei Tsing-Sing, *La politique missionnaire de la France en Chine. 1842~1856. L'ouverture des cinq ports au commerce étranger et la liberté religieuse*, Paris 1960. 이 주제와 관련하여 사료적 가치가 있고 섬세한 분석으로 유익한 두 논문: H. Cordier, "La France, La Chine et le Vatican", *Le Correspondant*, 90ᵉ année, n.s., t.236 (1918), 479-502; R. Gérard, "La protection des missions catholiques en Chine et la diplomatie", *Bull. de l'Union du clergé pour les missions* (UMC belge), 7ᵉ année (1972), 137-67.

[27] 1729년부터 중국이 금지했음에도 영국인들은 중국에서 인도산 아편을 중국 차와 비단과 교환했다. 1820부터 1835년까지 밀수입된 아편의 분량은 연평균 640~2,340톤이나 되었다. 1839년 황국 고관 임칙서(林則徐)의 지휘 아래 광둥에서 20,000상자의 아편을 폐기시켜 버린 것을 기화로 전쟁이 발발되었다. 18세기 말, 영국에 대한 중국의 강력한 판매 금지법 유지는 건륭제(乾隆帝) 아래서 실패한 Macartney 대사에 의해 예증되었다. 참조: A. Peyrefitte, *L'empire immobile ou le choc des mondes*, Paris 1989.

약(1858)은 모든 나라 선교사들의 안전을 보장했고, 프랑스 외교관들은 그들에게 여권을 발부했다. 중국의 사법권에서 자유로워진 종교인들은 중국 깊숙이 침투할 수 있었다. 1860년 베이징 협정은 박해 시기에 압수한 종교 시설물들을 중국 주재 프랑스 대사의 중재로 원 소유주에게 반환한다는 규정을 제시했다. 1865년과 1895년에 체결된 프랑스-중국 협정들은 난항 끝에[28] 선교지를 통한 부동산 취득 양식을 결정했다. 이제는 더 안전하게 보장받게 된 것이다.

그 후 독일과 이탈리아가 유사한 보호권을 요구했지만, 그 어느 유럽 국가도 프랑스만큼 명백한 보호권을 얻어 내지 못했다. 프랑스는 같은 시기에 중동에서 한 것처럼 극동에서의 보호권을 그 나라 조건에 근본적인 부분으로 재빨리 획득했다. 외무 장관은 1880년 베이징 주재 프랑스 대사에게 이런 글을 보냈다.

> 우리가 선교사들에게 부여하는 보호권의 성격에 대해 착각하지 않는 것이 중요합니다. […] 우리는 다만 프랑스의 이름으로 외교 관계를 활용하고 선교사들을 통해 중국 백성들 가운데서 실현된 끊임없는 발전을 활용해 줄 것을 제의하는 바입니다.[29]

달리 표현하면, 프랑스에서 수도회들에 반대하는 첫 법안을 투표로 통과시켰던 바로 그 시기에 선교지 지원 기관들을 왜 국가가 보호하고 있었는지 이해하는 것이 중요했던 것이다. 교회와 국가가 분리(1903~1905)된 그때

---

[28] 프랑스 대사관 통역사들(두 명의 프랑스인, 그중 한 명은 선교사)이 베이징 협약 제6항, 중국어 원문 안에 비밀리에 삽입한 문항이 있었는데 선교사들은 토지를 매입할 수 있다는 내용이었다. 그 문항에 동의하지 않았던 중국 정부는 즉시 항의했다(L. Wei Tsing-Sing, *La politique missionnaire* …, 456-9 참조).

[29] 인용: L. Wei Tsing-Sing, *La politique missionnaire* …, 549.

부터 선교 수도회들이 프랑스령에 진출하는 것도 오직 선교사들의 정치적 '수익성'에 따라서 허용되었다.

복음화 관점에서 볼 때, 세례자가 증가한 것은 배고픈 주민들을 도운 것 말고도 선교지에서 피신처를 찾을 수 있다고 생각하고 찾아온 농민들을 선교지가 보호해 주었기 때문이다. 이는 호교권의 큰 장애였다. 가령 만주에서는 최근 조약으로 가톨릭 신자들이 얻는 이득이 너무 명백하여 1863년에는 그 지방 사람들이 도적 떼를 피할 수 있게 해 달라고 교구 감목 대리에게 도움을 청할 정도였다. 그때 주교는 프랑스 국기를 들고 나가서 탄원자들의 환영을 받았고 그들은 세례를 청했다.[30]

게다가 몇몇 선교사는 송사를 가톨릭 신자들에게 유리한 방향으로 유도하기 위해 자신들의 새로운 입장을 부적절하게 악용하기도 했다. 가톨릭 신자 수는 1850년 이전에 2,875명에서 1900년에는 7,810명으로 늘었는데 그것은 1900년부터 1910년까지 7배로 늘리기로 한 목표에 따른 것이었다. 이 증가수는 물질적인 면에 기인하여, 이득이 상실되자 냉담자가 발생했다. 이 문제도 은폐해서는 안 된다.

교황청은 프랑스 외교가 비프랑스계 수도회들로 하여금 도움을 청하도록 유도하면서 선교지들에 행사한 유효한 역할을 사실상 인정하고 있었다. 1881년 베이징 대표부 설치를 교황에게 건의하는 데 주도적 역할을 한 것도 중국 정부였다. 한동안 뜸하다가, 프랑스 호교권 문제는 1885년 교황 레오 13세가 광서제光緒帝에게 보낸 서한을 통해 재개되었다. 교황 사절이 임명되었다. 그러나 베이징 감목 대리구 재무담당 파비에A. Favier 신부의 지원을 받은 프랑스가 호교권 명목으로 그 사이에 끼어들자 교황은 후퇴해야 했다.[31] 그 후 1890년, 1894년, 1899년, 1914년 계속 시도했지만 만

---

[30] K.S. Latourette, *op. cit.*, 324.

족할 만큼 좋은 결과를 내지 못했다.[32] 그 사이, 교황청은 1890년 독일의 호교권을 탄원한 산둥山東의 베르비스트 회원들과 1902년 이탈리아의 보호 아래 있었던 산시山西의 프란치스코 회원들처럼, 비프랑스계 선교지들도 자유로이 그들의 외교적 보호를 택하도록 허용하면서 그 제도를 시행에 옮기게 할 수밖에 없었다.

4.3 의화단의 난: 적대감에서 거부로

1892년, 5년 후에 베이징 감목 대리구의 감목대리보좌로 임명되었던 파비에 신부는 교계 제도의 승격을 목적으로 중국의 외교각서를 지지했다. 주교들은 교황 사절이 베이징에 파견되기를 기다리는 동안 (중국 정부가 기대했던 대로) 중국 현지 관료들과 공식적으로 그렇게 할 수밖에 없었을 것이다. 그 후 파비에 신부는 1898년 바오딩保定 선교지에서 갑자기 발생한 사건을 중국 관료들과 직접 처리해 버렸다. 중재 없이 분쟁들을 직접 처리하는 계획과 관련하여 프랑스 외교관들의 신랄한 탄핵에 시달리고 있던 파비에 선교사는 1897년 중국에 도착한 신임 프랑스 대사 피숑S. Pichon[33]▶의 지지를 얻어 1899년 3월 15일 자 '파비에 법령'Décret Favier이라

---

[31] 참조: L. Wei Tsing-Sing, "Le Saint-Siège, la France et la Chine sous le pontificat de Léon XIII", *Neue Zeitschrift für Missionswissenschaft*, 1965, Bd.21, 18-36, 81-101, 184-212, 252-71; A. Sohier, "La nonciature pour Pékin en 1886", *ibid.*, 1968, Bd.24, 1-4와 94-110. 이 두 저자는 교황청 계획의 실패 원인을 오로지 프랑스의 반대에 전가시켰다. 앞서 인용한 그의 저서에서 Cl. Prudhomme은 다른 요인들을 개입시키면서 자세하게 설명하고 있는데, 주로 그리스도교 선교지들의 자유 면에서 중국 정부의 불분명한 태도 앞에 또다시 교황청의 망설임이 작용했다는 설명이다(*Stratégie missionnaire* …, 465-84).

[32] 1892년 말, 교황 레오 13세는 터키 주재 프랑스 대사 Paul Cambon이 협상에서 다음과 같이 말한 데 불만을 표했다: "사람들은 내가 중국과 이해관계를 맺는 것을 방해했다. 내가 중국 정부와 교섭에 들어가는 것을 수락했을 때, 그것은 곧 섭리의 개입이라고 나는 생각했다; 나는 우리 극동 선교지들이 그렇게 고통스럽고 파멸적인 상황에서 막을 내리게 하는 방법을 알고 있었다. 프랑스가 반대 공작에 나섰다; 결국 나는 체포당했고, 내게 단절을 요구하며 위협했다 — 단절! 그게 가능한가? 그 어떤 식으로든 나는 프랑스와 단절하고 싶지 않다" (P. Cambon이 1892년 12월 2일 문교부 장관 A. Ribot에게 보낸 글, AEP, *Turquie*, 508).

명명된 제령帝令을 통해 일부나마 만족스런 결실을 얻어 냈다. 이 법령은 선교사들과 각급 중국 관리들을 동등하게 대우하는 것을 골자로 한다. 주교들은 부왕副王과 각 성省의 순무巡撫와 동등한 대우를 받고 부주교와 관구장(수도 장상)은 재무관, 지방 판사, 행정 감독관과 동등한 대우를 받는다는 것이다. 다른 유럽 사제들은 도지사나 부지사와 동등한 대우를 받게 되었다. 이제부터는 많은 일을 지역 차원에서도 처리할 수 있게 되었다. 다만 민감한 사안들은 프랑스 대사에게 최종 귀결될 것이었다. 코르디에H. Cordier에 의하면, '파비에 법령'이라는 문서는, 의화단의 난을 주도한 동기들 중 하나로 작용했다. 그 법령이 1908년 초 취소된 후에도 선교지들은 오랫동안 그 법령을 행사해 왔는데, 그것은 법령의 주목적이 아니라 고의적으로 별도 취급해 왔던 것으로서, 중국 사제들이 지도적 위치에 오르지 못하도록 하기 위한 방편에서였다.[34]

비밀결사인 의화단은 1898년부터 산둥에서 소요를 일으켰는데 그곳은 바로 일 년 전 두 명의 독일인 베르비스트 회원이 암살된 곳이다. 서태후

---

[33] 참조: A. Thomas, *Histoire de la mission de Pékin*, t.II, 662-5 et 695-707. 파비에 주교의 복잡한 성격은 그의 '술책'에 관해 언급하고 있는 Cl. Prudhomme의 지적대로 깊이 연구할 만한 가치가 있다. 파비에 주교는 상대에 따라 말을 쉽사리 바꾸고 개인 카드를 사용하며, 교황 사절의 임명을 제의했다(*op. cit.*, 483).

[34] 법령 본문 기재: H. Cordier, *Histoire des relations de la Chine avec les puissances occidentales*, t.III, 469-71. 저자는 피송 프랑스 대사를 통해 수용된 법령은 프랑스의 불합리한 행위이기 때문에 실수이고, 중국 관리들에게는 불쾌한 일이며, 의화단 봉기의 동기를 부여했다고 생각한다(468-9). 파비에 법령에 관해서는: A. Sohier, "Mgr. Alphonse Favier et la protection des missions en Chine (1870~ 1905)", *Neue Zeitschrift für Missionswissenschaft*, 1969, Bd.25, 90-1. 1899년 5월 20일, 교회의 일치를 위한 추기경 위원회 회의에서 교황 레오 13세는 파비에 주교에게 보상하고 그의 명성을 더해 주기 위해 중국에 가톨릭 주교단을 설정할 것을 제의했다. 포교성 장관은 반대 입장을 취했는데, 그 이유는 중국이 강하게 반발하고 있고 많은 지역이 유럽인들에 의해 점령되어 있기 때문이라 했다(프랑스 외교단에서는 교황 대사관 설치의 전주곡으로 간주되었던 이 중국인 주교단 설정에 대해 반대했다는 것은 다 알려져 있다). 포교성 장관은 파비에 주교를 교황 사절로 임명할 것을 제의했고, 교황은 그 제의를 수락했다. 그러나 중국 본토 여기저기에 내란이 일어난 데다가 파비에 주교의 질병으로 인해 그 계획은 수포로 돌아갔다.

가 '백일천하'百日天下(1898)의 개혁을 시도한 끝에 절대 군주제를 회복시키고 의화단을 지지함으로써 그들은 머지않아 "왕국을 보호하고 외국인들을 전멸시킨다"는 격문으로 즈리直隷에까지 확산되었다. 매국노로 몰린 중국 그리스도인들은 선교사들과 함께 박해받았다. 어떤 마을에서는 전 주민이 집단 학살 당하기도 했다. 프랑스군이 치안을 도모했으나 허사였다. 1900년 6월 20일 베이징 주재 독일 대사 암살 사건은 외국 공관에 대한 공격의 도화선이 되었다. 그 6일 전부터 베이당北堂 선교 본부도 같은 운명에 처해 있었고, 그런 상황은 2개월간 지속되었다. 중국 전역에 파급된 소요 사태로 30,000명 이상(그중 6,000명이 베이징 교구 신자)의 중국인 신자, 100명 이상의 중국 사제와 수도자, 그리고 5명의 외국인 주교와 45명의 수도자가 생명을 잃었다. 베이당과 공사관 구역을 해방시켰던 유럽과 일본 원정군은 극렬하게 저항했다. 그 후 중국에 강력히 보상금을 요구한 베이징 선교지는 (그리고 다른 선교지들도) 보상금을 받았는데 그 일부는 외국 군인들이 가톨릭 선교지에서 가져가 그때까지 보관했던 약탈의 산물이었다.[35]

얼마 후 파비에 주교Mgr. Favier는 프랑스 잡지에 이런 글을 실었다.

> 원정군이 부정적인 결과만 낸 것은 아니었다. 군의 원정은 (중국인들의) 나쁜 감정을 가중시켰을지도 모르지만 그래도 지혜의 시작인 두려움을 자아내기도 했다. [⋯][36]

제앙 졸리에 신부는 1900년 11월 2일 솔렘 수도원에서 다음과 같이 토로했다.

---

[35] 증언을 토대로 한 상세한 논의: A. Cotta dans sa lettre du 26 décembre 1917 au préfet de la Propagande: brouillon dans AVL, *DG*, t.X, 30.

[36] *Annales de la Propagation de la foi*, de 1902, par A. Sohier, *Mgr. Favier* ⋯, 95, n.43.

정말이지 나 자신이 '문명'을 비호한다는 미명 아래 중국과 대결하는 이 국제 운동에 가담한다는 것은 가히 상상할 수 없는 일이었다! 그런데 자신의 탐욕을 황금빛으로 채색하고 싶어 하는 통치자들을 위해 이번에도 그냥 넘겨 버려야 하다니! 게다가 가톨릭 신자들이 앞장서서 전쟁을 일으키려 하고 합병을 권유하고 있다. … 어떻게 감히 가톨릭 신자들이, 선교사들 자신이 개종시키게 될지도 모를 바로 그 사람들의 양심을 그런 유혹으로 몰고 갈 수 있단 말인가? 날이 갈수록 선교사와 유럽 군대 사이, 종교적 개종과 정치적 병합 사이의 밀월 관계가 확인되고 있다. 그들은 중국인들을 희생시키면서까지 그리스도교와 유럽 정치를 통합하고 있을 뿐 아니라 개종도 하기 전에 벌써 그들의 권리와 진실을 깊이 오염시키고 있다.[37]

1901년 1월, 포르탈 신부P. Portal가 주관하던 파리의 정기 간행물 『성 뱅상 드 폴 약사』*Petites Annales de Saint-Vincent-de-Paul*에는 '미개인'Barbarie이라는 표제과 함께 유럽인을 죽이는 의화단원을 묘사한 그림이 한편에 있고, 다른 편에는 '문명'Civilisation이라는 미명하에 의화단원과 똑같은 행동을 하고 있는 유럽인을 묘사한 그림을 해설해 놓았다.[38]

1902년 2월, 1년 전쯤 중국에 도착한 뱅상 레브 신부P. Vincent Lebbe는 유럽 신문에 실린 의화단의 선언문을 읽어 보라고 권유했다.

대단한 선포다, '진정한 기록'이다, 충분히 언급하고 있지 않을 뿐, 그게 전부다. 종교 문제에 관해서 그 선언문의 저자가 이해하지 못하고 있다면, 그것은 '우리' 책임이다. […] 문명, 개화의 선교, 기타 … 정말 끔찍하다. 선교지에 대한 프랑스 보호에 관해서는 다시 말해 주겠다.[39]

---

[37] H.-Ph. Delcourt, *op. cit.*, 40.
[38] R. Ladous, *Monsieur Portal et les siens*, 169.

이 밖에 다른 목소리들[40]도 있겠으나 여하튼 이 목소리들은 외국의 침입에 대한 가톨릭 여론이 그만큼 수렴되지 않았음을 보여 준다. 이 목소리들은 가톨릭 국가인 프랑스에서처럼 선교지에서 의화단이 진압된 것을 찬양하지는 못했다. 아울러 20세기는 중국 복음화에 대한 만족스런 징조와 더불어 시작될 것이라는 결론을 내릴 수도 없었다.

5. 선교 조직과 수도회의 증가

1838년까지 중국은 6개의 교회 관구로 나뉘어 있었다. 라자로회 선교사들에게 위임된 포르투갈의 3개 교구(마카오, 베이징, 난징)와 포교성에 직접 소속되어 있는 3개 감목 대리구(쓰촨四川, 산시, 푸젠福建)이다.

1810년도 통계에 의하면, 가톨릭 신자 220,000명에 주교 7명, 사제 133명 중 80명이 중국인이고, 사제 30명은 마카오에 주재하고 있었으며, 전국에 흩어져 있는 23명의 외국인들은 이탈리아 프란치스코회(산시), 스페인 도미니코회(푸젠), 파리 외방 선교회(쓰촨), 프랑스와 포르투갈 라자로회(베이징)였다. 그 시기에 재개된 박해(1811년 황제 칙령: 신앙선포 시 사형에 처함)는 머지않아 교회 지도층을 완전히 무너뜨렸다.

포교성은 1838년 여러 수도회에 위임된 감목 대리구들을 돕는 차원에서 선교 보호권을[41] 많이 약화시키는 재조직에 착수했다. 아편 전쟁의 결과로 강요되었던 중국의 개방은 광범위하게 선교 활동의 쇄신을 촉진시켰다.

1838~1900년 사이 교회 상황은 다음과 같다.

---

[39] Lettre à son frère Robert, 3 février 1902, AVL, *DG*, t.III, 22.

[40] 참조: L. Joly, *Le christianisme et l'Etrême-Orient*, 2 vol., Paris 1907, t.I, 134-5.

[41] 1834년 포르투갈에 있던 수도회들을 해산한 것은 그 나라가 더 이상 선교사들을 파견할 수 없었기 때문이다.

• **선교 보호권에 속한 3개 교구:** 베이징 교구는 단순히 행정관의 명령을 받는 즈리直隸 지역으로 축소되고, 난징 교구도 같은 상황에 처한다. 허난河南을 포기하며 마카오 교구는 홍콩과 광둥, 광시 두 지역을 양도해야 했다. 베이징과 난징 두 교구는 1856년 공식 폐지된다.

• **장기간 정착했던 수도회들:** 외방 선교회들과 17세기부터 중국에 있던 파리 외방 선교회는 쓰촨四川(윈난雲南과 구이저우貴州 포함)[42]을 유지하고, 1838년 베이징에서 분할된 만주를 맡았으며, 10년 후에는 마카오에서 분할되어 광둥에 본부를 두고 관구를 형성하는 두 지역을 추가로 맡는다. 1846년에는 1857년에 감목 대리구가 된 티베트가 선교회들에게 위임되지만 그 후에도 장기간 접근할 수 없는 지역으로 남아 있었다. 외방 선교회들은 중국에서 가장 광범위한 지역을 담당하는데, 그것은 제1차 세계대전 다음 날까지 지속되었다.

17세기부터 산시에 있었던 프란치스코회는 연속 분할을 통해 조성된 지역들을 맡았다: 후베이湖北(1838), 산시(1844), 후난(1856), 산둥(1839)을 맡고, 그 후 다른 국적의 베르비스트회와 프란치스코회가 맡았다. 스페인 도미니코회는 1883년 두 감목 대리구로 분할되었고, 라자로회는 저장浙江과 광시에서 분할된 푸젠 지역을 그대로 유지했다.

프랑스 라자로회 회원들은 저장 감목 대리구(1838)와 광시 감목 대리구(1846)를 맡았고, 이 광시 감목 대리구는 그 후 세 개의 관구, 즉 광시 북부와 남부(1879), 광시 동부(1885)로 분할되었다. 이 관구들은 1840년 몽골에 설정된 감목 대리구와 1843년 창설된 허난 감목 대리구를 맡았다. 1846년부터 즈리에서는 10년 후 대목구가 된 베이징 교구를 맡았다. 1856년 로마

---

[42] 이 지방은 얼마 후 5개 대목구가 되었다: 17세기 말에 설정된 쓰촨 대목구를 필두로 윈난(1840), 구이저우(1849), 서양계 쓰촨과 동방계 쓰촨(1856), 그리고 중부 쓰촨 대목구(1860)가 차례로 설정되었다.

는 정딩 감목 대리구와 예수회 회원들에게 위임했던 시엔시엔獻縣 감목 대리구를 1846년부터 분할했다. 1899년, 베이징 교구는 즈리 동북부 용핑永平 감목 대리구의 창설로 재분할되었다. 그동안 라자로회 회원들의 신자 수가 크게 증가했다.

- 철수하거나 새로 진출한 수도회들: 1783년 라자로회 선교사들에게 위임되었던 베이징 선교지의 프랑스 예수회 회원들은 1842년 상하이(쉬자후이徐家匯)에 진출하여 1855년 장난江南 감목 대리구가 된 구난징 교구를 양도받았고, 이듬해에는 저장 남동부 시엔시엔을 받았다.

1850년 창설되어 1858년 중국에 진출한 밀라노 외방 선교회는 1869년에 허난을, 1874년에는 1842년부터 마카오에서 분할되어 있던 홍콩 관구를 맡았다. 1862년 창설된 성모 성심 수도회는 1865년 몽골에 진출했다.

약 1세기 전에 중국에서 철수했던 스페인 아우구스티노회는 1879년 후난 북부에 재진출했다.

1875년 독일에서 창설된 말씀의 선교 수도회(신언회)는 1885년 산둥 동부를 맡았다.

1867년 창설된 성 베드로와 바오로 사도회의 로마 신학교 선교사들은 1887년 산시 동부에 자리잡았다.[43]

1900년 분할되어 있던 41개 관구에서, 60년 동안에 중국 사제 86명과 외국 선교사 72명이 각각 471명과 904명으로 늘어난다. 가톨릭 신자 수는 같은 기간에 320,000명에서 약 740,000명으로 늘어나는데 1900년 중국의 전체 인구는 4억으로 집계되어 있다. 점진적으로 중국 교회 조직을 보완함에 있어 포교성은 1840년 이후의 새로운 상황에 힘겹게 대응했다.

---

[43] 1856~1897년 동안 수도회들이 전개한 활동 상황에 관해서는: K.S. Latourette, *op. cit.*, 313-28.

19세기 교회 조직

포교성이 17세기에 채택한 원칙에 따라 중국은 여러 관구로 분할되었다. 감목 대리구 지역들을 지방 행정 구역과 일치시켜 여러 감목 대리구로 분할하는 것이었다. 그리하여 1873년 25개였던 감목 대리구가 1885년에 35개, 1900년에는 41개로 증가했다.

통계 수치는 신중해야 한다. 여기 인용한 통계는 베르나르 매트르H. Bernard-Maître의 *Dictionnaire d'histoire et de géographie ecclésiastiques*(『교회의 역사와 지리 사전』), t.XII colonne 715에서 중국 편을 참조한 것이다. 1897년도 포교성의 공식 통계에 의거한 역사가 라투렛트K.S. Latourette는 현저히 낮은 수치를 제시했다. 중국인 사제 409명, 외국인 선교사 759명, 가톨릭 신자 532,448명(예비신자 제외). 이것이 1900년에 베르나르 매트르가 제시한 실제 증가수일 가능성은 희박하다.

수사와 수녀들에 대한 자료는 더욱 불확실하다. 1924년에 처음 집계되었기 때문이다. 1848년 애덕의 딸 수녀회Filles de la Charité와 샬트르 성 바오로회 수녀들은 마카오와 홍콩에 각각 진출했다. 1852년부터 첫째 그룹 수녀들이 라자로회 선교사들이 운영하고 있는 대목구에 진출을 시도했다. 1900년에 베르나르 매트르는 중국 수녀 350명, 유럽 수녀 730명이라는 통계를 인용했다. 첫째 그룹 수사들은 그리스도 교육회 수사들로서 1870년 홍콩에 진출했다. 외국인 수도회들 외에도 1900년 이전에 이미 2~3개의 중국 수도회가 있었고(상하이 마리아의 작은 형제회) 1855년과 1897년 창설된 4개의 중국 수녀회가 있었다.

• • •

1846년부터 기관 조직과 관련된 세 문제가 거듭 제기되었다: 전국 시노드(주교회의) 문제, 교계 제도 설립 문제, 베이징에 교황 사절 또는 교황 대사를 파견하는 문제. 마지막 두 문제는 특히 시노드 계획과 맞물려 있었다.[44]

1848년, 포교성은 감목 대리 2명의 제의에 대한 응답으로 홍콩 지역 시노드 계획을 허락하는데, 중국 고위 성직자들의 우려와 프랑스 공사관들

---

[44] 참조: F. Magriotti, "La Cina cattolica al traguardo della maturità", *Sacrae Congregationis de Propaganda Fide memoria rerum*, t.III, vol.1, Rome - Fribourg - Vienne 1975, 517-530; J. Metzler, *Die Synoden in China, Japan und Korea. 1570~1931* (coll. "Konziliengeschichte", A: Darstellungen), Paderborn - München - Wien - Zürich 1980, 68-180.

의 개입으로 그 실현은 차후로 연기되고 말았다. 1851년 말, 상하이에서 6명의 주교들로 구성된 주교회의가 개최되었다. 이 주교회의에서는 더 나은 교회 조직과 감목 대리구에 관해 포교성이 제안한 34개 항의 의제를 심의하였다. 그러나 이 주교회의의 결정 사항은 로마의 승인을 받지 못했고, 중국 제국 내 다른 선교지에 적용시킬 정도의 인정도 받지 못했다.

수차례 전체 총회가 개최되었지만 1869~1870년 사이 바티칸 공의회 참석차 로마에 간 중국 주교 15명의 주교회의보다 좋은 결실을 거둔 회의는 없었다.[45] 로마에 대해 자유를 지키려는 의지로 개최된 이 모임은 절대다수가 프랑스인인 데다가 황제 나폴레옹 3세의 호교권을 지지하던 터라 교계 제도 수립과 중국 주재 교황 대사관 설치를 골자로 한 두 계획안을 무기 연기시키고 말았다. 전체 시노드는 공의회를 개최하기 전에 소집하기로 되어 있었다. 하지만 그 사이 여러 회의에서 중국의 복음화와 관련된 문제들이 검토되었으나 아무 진전이 없었다.

1870년 7월 14일, 포교성 장관이 진행을 맡았던 마지막 회의에는 당시 로마에 있던 극동의 모든 감목 대리들이 소집되었다(18명). 이 회의에서 차기 시노드 지역이 결정되었다.[46]

5.1 19세기 로마의 개입: 지역 교회의 신설

1874년, 교황 비오 9세는 중국을 5개 시노드 지역으로 분할하는 방침을 인준했다. 그러나 최근에 교황으로 선출된 레오 13세는 전 극동을 8개 시

---

[45] 공의회 개최 당시 중국에서 활동하던 주교 22명 중 12명의 감목 대리와 3명의 부감목이 로마에 갔다. 15명 중 10명이 프랑스인이고, 4명이 이탈리아와 스페인이었다.

[46] 제1차 바티칸 공의회 동안 중국 주교들의 활동에 관해서는: L. Wei Tsing-Sing, "Le 1ᵉʳ Concile du Vatican et les problèmes missionnaires en Chine"; *Revue d'Hist. ecclés.*, 1962, t.57, 500-23; J. Metzler, "Die Diskussion am Rande des I. Vatikanischen Konzils über die Errichtung der kirchlichen Hierarchie in den fernöstlichen Missionsländern", *Dalla Chiesa antica alla Chiesa moderna* (coll. "Miscellanea Historiae Pontificiae", 50), Rome 1983, 451-75.

노드 지역으로 인준했고, 일본과 한국이 보강된 아홉 번째 시노드 지역 설정은 5년 후 1879년 6월 23일에야 합의를 보았다. 1879년의 법령에 의하면, 각 지역 감목 대리들은 12개월 내에 제1차 시노드를 개최하도록 되어 있었다. 중국의 경우, 초대 시노드가 실제로 1880년에 개최되었다. 2년 후, 로마의 인준을 받은 이 시노드 문서를 기초로 교황 레오 13세는 그 결정 사항에 만족하고 열성을 보이는 선교사들과 만족하지 않는 다른 선교사들에게 당부하는 훈령을 1883년에 발송하게 했다.47 그 후 어렵게나마 비정기적으로 개최되었던 시노드들은48 선교 목적의 수도회들과, 선교사 적응 훈련과 중국인 사제단의 발전에 관심을 가진 수도회들 사이에 약간의 조정이 있었다. 중요한 것은 선교 수도회에 위임된 책임은 그대로 존속되었다는 것이다. 1900년 유럽의 군사적 개입으로 향후 40~50여 년 동안 외국인 선교사 수와 새로 진출하는 수도회 수가 증가했다.

1881년, 야코비니를 통해 포교성이 작성한 1880년 시노드 문서는 19세기 말 중국 선교사 활동에 관한 로마의 입장을 전반적으로 이해하는 데 도움이 된다.49 그 이듬해 포교성 차관이 된 교황청 서기관은 이 상황에 대한 종합 비평서와 미래의 개혁안을 제출할 것을 제의했다. 전반적으로 가톨릭은 중국에서 전혀 발전할 가능성이 없어 보였기 때문이다.

왜 그랬을까? 저자는 교회 현황의 외적 동기와 내적 동기를 구분하고 있다. 외적 동기로는 모든 외래 문물에 대한 중국인의 적대감, 중국 영토의 침탈로 여겨진 선교지 소유권 획득에 대한 반작용, 그리스도교 신앙 공동

---

47 1883년 훈령을 준비하기 위해 포교성의 D. Jacobini는 1880년 제1차 시노드 문서를 작성했다. 324쪽에 달하는 이 문서는 중국 교회의 상황에 대해 구체적이고 명철한 진단을 제시했다. Cl. Prudhomme은 *Stratégie missionnaire* ⋯, 254-68에서 이 문서를 훌륭히 분석했다.

48 1880년과 제1차 세계대전 사이 예정된 35개 시노드 중 16개만 개최되었다.

49 여기서 다시 D. Jacobini의 연구를 들고 있는데 그것은 이미 Cl. Prudhomme도 언급했고, 나도 독자들에게 참고할 것을 권한다.

체를 이간시키는 관리들 앞에서 보인 중국인들의 나약하고 비굴하고 소심한 성격을 꼽았다. 내적 동기로는 선교사 수의 감소, 본당 사목에만 몰두하는 선교사들의 태도, 선교사들의 어설픈 중국어, 선교지 중국인 사제단의 부재, 다양한 여론과 방법론을 제공하는 선교지 책임자들 간의 협조 결여 등을 꼽고 있다. 야코비니는 인상적인 일련의 제안들을 해결책으로 내놓았는데 교회 설립에 대한 정복적이면서도 로마적인 사고가 두드러지고 중국 문명에 대한 부정적인 평가도 엿보인다.

야코비니는 교리 교육, 전례, 성사 집행 양식을 통일시키기 위해 채택한 조치 외에도 종교 자유의 필요성을 강조했다. 그는 종교의 자유는 선교지의 안전을 보장해 줄 식민 세력을 통해서만 보증될 수 있을 뿐 아니라 식민 세력은 선교 사업도 발전시킬 수 있을 것으로 보았다. 그런데 선교 사업을 하려면 돈도 있어야 하고 건물 구입도 불가피한데, 사업체가 계속 증가하여 중국인들의 불신을 자극하고 있으니 중국인 사제단의 현지화를 통해 교회를 토착화시키는 것이 중요하다고 판단했다.

중국인 사제단의 현지화가 충분히 성취되기를 기다리는 동안 선교사를 증원해야 할 것이며, 언어 습득 문제를 개선해야 한다고 보고자는 제의하고 있다. 이는 고전적인 전략이다. 그의 전략은 앞으로 설립해야 할 교회 모델을 재론하지 않거니와 가톨릭 공동체가 옹호해야 할 지역 문화를 중요시하지도 않는다. 이를테면 문반文班에 들어가기 위해 과거를 치르는 중국인 세례자들의 입문을 계속 금지시켜야 한다는 것이다. 그리고 야코비니가 중국인 감목 대리가 없는 것을 유감이라고는 하지만 선교사들이 중국인 고위 성직자나 주임 사제 밑에 배정될 수 있고, 또 그들이 범세계적으로 통용되는 사제의 규율에서 벗어날 수 있다는 사실을 고려하지 않고 있다. 그리되면 가톨릭의 정착은 중국 문화에 대한 개방과 합치되지 않는 반대 방향으로 갈 것인바, 그러한 접근은 거부될 것이다.

보고서를 끝내면서 야코비니는 중국 선교사들의 여러 어려움 중의 하나로, 일관된 지휘 감독과 동력을 전달할 수 있는 유일한 기구인 로마 당국과 지리적으로 너무 멀리 떨어져 있다는 사실을 지적하고 있다. 그는 현지에 교황 사절을 파견하면 주교단에 들어올 만한 인물을 중국인 사제들 가운데서 발견할 수 있으리라는 희망도 표현하고 있다.

명철한 진단 외에도 야코비니의 계획안은 전통적인 전략 안에서 당시의 상황에 맞는 개선책을 제안할 때만 그 가치가 인정될 수 있으리라 본다. 그리고 그 범주 안에서 20세기 전반기 중국의 선교지에서 실현될 제반 계획들을 발견하게 되었으리라 본다.

1
호교권 제도하의 선교 성과와 문제점(1900~1920)

제1장_그리스도교 공동체의 비약적 발전

중국의 전반적인 발전과 관련하여, 의화단의 난은 보수적 만주 정권이 추구한 것과는 정반대 상황으로 끝이 났다. 특히 1905년부터 중국은 모든 영역에서 개혁의 열의로 점철된 소위 '광명'의 시대로 접어들었다.

가장 중요한 분야는 '문화'이다. 1905년 관직 입문을 위한 과거 제도가 폐지되었다. 교육부가 창설되어 새로운 학교 제도를 통해 중국과 서양 과목들이 배정되었다. 이미 서양식 교육을 실시하고 있던 학교(특히 개신교 학교)들은 단번에 명문학교가 되었고, 새로운 기관들이 개인과 지방 권력의 주도로 신설되었다. 같은 맥락에서, 1906년 많은 중국 학생이 일본과 아메리카, 유럽 유학 길에 오르기 시작했다. 문학·과학·철학·사회학·정치학과 역사학에 관한 서양 서적들이 도입되고 번역 문학이 풍요로워졌다. 표음 문자 표기 체계가 발달하여 소수 지식층만 쓸 수 있었던 전통적 표의문자를 대치했다. 대중이 새로운 사상을 받아들이고 독서 교육 운동이 조직되었으며 언론·출판이 활성화되었다.

이 운동의 결정적 효과는 새로운 학생 계층의 부각이었다. 외래 사상에 대한 연구·토론이 활발해졌고 고대 중국의 교육 기관들이 문제시되었다.

'정치 생활'도 동요되었다. 입헌제와 대의제 도입을 겨냥한 국가적 시도들은 너무 늦게 이루어졌다. 공화제를 수립한 1911~1912년의 혁명은 제국의 쇠약 때문이기도 했지만 그에 못지않게 중국의 천 년 체제를 전복시키려 한 반대파의 노력의 결실이기도 하다. 역사적으로, 황위가 비면 매번 적대 세력들 간에 투쟁이 일어났다. 당시 상황은 두 가지 이유에서 복잡했다. 새로운 체제를 정착시켜야 하는데, 서양식 정부를 수립하는 것이 어떻게 가능하며 어떤 형태가 바람직한지를 알아보아야 했기 때문이다. 중국은 장기간 불안정기에 돌입했다. 이 상태는 1949년까지 지속되었다.

1912	손문이 세운 공화국을 원세개袁世凱가 탈취, 1913년 대총통大總統에 취임한 원세개는 독재하다가 1915년 말 제국을 재건.
1916	6월 원세개 사망. 지방 군벌의 약진.
1917	손문의 광둥 정부 형성과 내전 발발.
1921	공산당 창설.
1926~1928	장개석蔣介石(1925년 사망한 손문의 후계자)의 국민당 정부가 중국을 통일하고 공산당을 제거.
1930~	공산 반군의 기반 형성과 일본의 점진적 침략.
1937~1945	중일전쟁. 이어서 제2차 세계대전 참전.
1945~1949	국민당과 공산당 간의 내전.

공화국 초기 수년 동안 정치적·행정적·법적 조직들과 중앙집권적 조직들, 지방과 지역의 조직들이 현대화되었다. 1912~1920년에 대두된 민족 감정은 새로운 사회 계층으로 빠르게 확산되었다. 이 애국심은 중국이 감

내해야 할 새로운 굴욕기에 특별히 각성되었다. 그것은 일본의 잠식(1915년 21개 항 요구)과 1919년 베르사유 평화회의를 통해 일본에 유리하게 전개된 상황 때문이었다(5·4 운동).

가정 윤리에 근거한 사회 구조의 본질은 견고하게 유지되었으나 많은 관습(남녀유별 등)이 서양과의 접촉으로 도시에서 사라져 갔다. 전통 종교(유교·불교·도교)들은 정부가 유교를 공식 국교로 채택하려고 두 차례(1912~1913년과 1916~1917년)나 시도했을 만큼 지배적이었다. 그러나 유학儒學이 약화되고, 중국 옛 종교도 한동안 재신봉되다가 사라졌다. 종교의 자유는 1912년 3월 임시 헌법에서 공인되었다. 철학적·종교적 문제들은 식자층의 뜨거운 쟁점이 되었다. 사실 중국 전통 문화가 사라진 것은 아니었다. 중요 문화재들도 훼손 없이 보존되고 있었다. 새로운 것은 정신적 개방과 지적 자유였다. 그것은 20세기 초 20여 년간 지배하고 있었다.

이러한 배경에서, 그리스도교 선교지들은 복음을 전하기에 유리한 국면에 접어들었다. 의화단의 난 후 체결된 국제 조약은 선교지에 힘과 물리적 수단을 제공해 주었다. 다른 편으로, 새로운 문화적·정치적 분위기를 활용하던 젊은 세대는 현대적 학교 교육을 모색했고, 선교지들에도 그런 방향을 요구했다. 아직 모호한 바 많지만 라투렛의 관찰과 연결해 볼 수 있겠다. 그는 교회사에서 그렇게 큰 비그리스도교 집단이 신체적으로나 정신적으로 복음을 수락할 만큼 준비된 적이 없었다고 갈파했다.[1]

가톨릭 선교지들은 과연 그렇게 유리한 상황을 잘 활용하고 있었는가? 1901~1914년 사이에 중요시되었던 선교 인원의 증가와 선교 사업의 발전이 그것을 분명히 시사하고 있다. 하지만 19세기 이래의 복음화 조건과 방법은 선교 활동에 부담이 되었음도 고려해야 한다. 게다가 1905년 프랑스

---

[1] K.S. Latourette, *A history of Christian missions in China*, 533.

에서 선포된 정·교 분리는 호교권을 파멸로 보았기 때문에 선교 사회를 불확실성 속에 방치했다. 그런 점에서, 그리스도교에 대한 중국의 공식 태도에는 모호함이 없었던 것도 아니다.[2] 그런 태도는 그 옛날 문화적·종교적 만남을 차단했던 의례 논쟁의 잔재였다.

종교의 자유는 새로운 시대를 예고하는 듯했다. 그러나 사도직 활동의 안정성이 아직 문제였고, 지식층이 애국심에 열려 있었다고는 하나 선교 조직이 너무 농촌 위주라 제대로 활용되지 못하고 있었다.

1920년대부터 민족 사상이 본격적으로 방향을 잡아 가면서 그리스도교와 서양 제국주의가 밀접히 연결되었다. 1920~1946년 사이, 선교 쇄신과 민족주의 중국에 적응된 교황청의 다양한 시도들은 20세기 초반 20년 동안 갖은 어려움 속에 지연되고 있었다.

1900~1920년 사이 선교지 발전에 대한 지금까지의 개관은 구체적 상황의 복합성을 고려하지 않은 것이다. 이제부터는 지역별로 이 다양한 선교 활동 상황을 각 수도회의 정책에 따라 큰 틀에서 검토해야 한다.

1. 선교지에 사용된 중국의 보상금

1860년 이래 선교사 학살과 선교지 파괴에 대한 보상금을 중국 정부에 요구하는 것이 관례였다. 이 제도는 의화단의 난 후 광범위하게 시행되었다.

1901년, 국제적 호교권은 선교지에 대한 4개의 흥미로운 조항을 포함하고 있었다. 제2항은 대외국인 범죄와 가혹 행위 혐의가 있는 지방 관리의 사법 처리에 관한 것이었다. 그에 의거, 더러는 참수형을 당하고 더러는 파면되었다. 또 다른 조항에는 외국인을 학살·학대한 도시에서는 5년간

---

[2] 참조: 1905년, 관리들에게 나누어 준 문서. K.S. Latourette, *op. cit.*, 544, n.71에 수록.

과거 정지 처분을 내린다고 되어 있다. 이런 방침은 교육 혁명의 물꼬를 텄고 일부 선교지, 특히 개신교 선교지들은 그 기회를 이용했다. 제3항은 제국의 대외국인 적대 행위 금지 법령의 공포와 외국인 주거 시설의 손괴에 대한 지방 관리들의 책임 소재를 규정했다. 민감한 보상 문제를 다룬 마지막 조항에서는 보상금 총액을 4억 5천 냥 또는 달러로 규정하고[3] 5억 3천2백만 냥이라는 높은 이자를 책정했다. 재정이 고갈된 중국이 그렇게 큰 부채를 상환하지 못하리라는 것은 일찍이 예견된 바였다.

선교지들이 중국 정부에게 받은 보상금 총액은 공개되지 않았다. 선교지와 그리스도인들의 고난이 어디서나 똑같은 것은 아니었다. 특히 북부 지역이 가장 심했다. 따라서 청구 방법도 모두 달랐고, 많은 경우 정부가 허용하는 총액에 관계없이 지방 관청과의 협의로 이루어지기도 했다. 특히 내란 중 받은 총액을 확인하기란 불가능하다. 산시 지역 프란치스코회에 대한 보상금은 230만 냥으로 제한되었고, 파괴된 대성당과 다른 시설물은 타이위안太原의 학교 건물로 보상받았다. 같은 지방의 어느 관리는 가톨릭 신자들에게 8만 냥을 지불하고 횡령한 토지를 반환하기도 했다. 베이징에서 파비에 주교는 파괴된 건물에 한해서만 보상금을 청구하고 실종자에 대해서는 청구하지 않았다. 시엔시엔의 한 지방 관리는 보상금 조달 목적으로 연간 소득의 5~10%까지 특별세를 거두기로 예수회와 합의했다. 그런 조치는 1860년부터 도처에서 그리스도인들의 오만한 태도를 부추겨 그리스도교 공동체에 대한 주민 불만을 야기시키는 동기가 되었다.[4] 시엔

---

[3] 중국 화폐 1냥(은 38g)은 1887년 미화 1.20달러였으나 1902년에는 0.62달러에 그쳤다. 중국의 부채는 5천4백만 달러였다.

[4] 참조: P.A. Cohen, "Christian missions and their impact to 1900", *The Cambridge History of China*, t.X, Cambridge 1978, 567. 같은 생각에서, 레브 신부는 1901년 한 중국 사제가 중국인의 악의와 외국인의 선의에 대해 말하는 것을 듣고 크게 놀랐다(*Récit autobiogr.*, de 1933, 10: AVL, *DG*, t.XLII *b*).

시엔 감목 대리구의 다른 지역에서도 파괴 보상금 조달 목적으로 유사한 세금을 거두었다. 허난에서는 선교사들이 요구한 17만 냥을 약조했고, 현지 그리스도인들을 위해 3천 평방피트의 논을 약조했다. 파리 외방 선교회와 밀라노 외방 선교회, 아우구스티노회와 라자로회, 벨기에 성모 성심회의 선교사들은 부동산 수익금 일부를 한커우漢口와 상하이의 유럽인 거류지에 투자했다.

베이징의 라자로회 선교사들은 보상금을 예비신자와 새로 세례 받은 신자에게 지불했다. 보상금에서 얻는 재정적 이득이 대단했음을 확인시키는 대목이다. 오히려 개신교 신자들의 절제가 돋보인다. 당대 위대한 개신교 선교사 중 한 사람인 산시의 티모시 리처드Timothy Richard는 서양 학문도 가르치는 중국 대학 설립에 보상금을 사용하라고 당부했다. 미국에 할당된 보상금이 처음으로 중국인들의 자체 교육에 사용되었다. 선교지의 영향을 받은 미국은 1924년 부채 미불금을 스스로 포기했다.

2. 선교 인원 확충

1900년 중국의 외국인 선교사는 약 900명, 중국인 사제는 470명이었다. 이 두 그룹은 1912년 각기 1,450명과 725명으로 증가되어 20세기 초 10여 년 동안 비슷한 수치를 유지했다. 제1차 세계대전 후 유럽 사제의 수는 일단 감소 추세를 보이다가 다시 급상승했지만, 중국 사제단의 수만큼은 아니었다(1920년에 각각 1,365명과 966명, 1930년에 2,084명과 1,441명). 1930년대 들어서는 두 그룹 모두 증가했다(1942년에 3,123명과 2,242명). 제2차 세계대전 중에는 사제단 전체가 고통을 겪었다. 수적으로는 둔화되었는데, 특히 외국인 사제단의 경우 더욱 심해서 1948년 중국인 사제 수가 선교사 수와 맞먹을 정도였다. 중국인 사제 2,676명에 외국인 사제 3,015명이었다.

외국인 수도회의 다양화와 점진적으로 교구 지역을 책임지게 된 현지 사제단의 다양성은 더욱 의미 있는 발전상이라 하겠다.

1900~1914년:
- 1902년, 마카오에 진출한 이탈리아 살레시오회 선교사들은 1912년부터 광둥 인근의 한 지역을 위임받았다.
- 1904년, 허난에 진출한 팔레르모의 하비에르회(1895년 창설) 선교사들은 1906년 그 지방 남쪽의 새 지역을 맡았다.
- 1911년, 스페인 프란치스코회를 위해 산시 북쪽의 감목 대리구가 설정되었다.
- 1913년, 포르투갈 예수회 회원들은 마카오 교구의 일부를 양도받았다.

새로 진출하는 선교사들에게 양도되는 지역 외에 당시 현지 선교회들을 위해 설정된 새로운 감목 대리들이 추가되어, 제1차 세계대전 전 중국은 49개의 관구로 분할되어 있었다.

1918~1949년:
추가된 수도회들이 파견한 선교사의 국적이 놀랍게 다양해졌다. 새로 진출한 수도회들은 관습에 따라 단기간 내 특별 지역을 할당받았다:
- 1911년 메리놀(뉴욕)에 창설된 미국 외방 선교회와 파리 외방 선교회는 일부 지역을 메리놀회에 양도했다. 1918년 광둥에 진출한 초대 메리놀 선교사들은 32년 후 6개 지역을 담당하게 되었다(광둥에 2개, 광시에 2개, 만주에 2개).
- 1917년 중국 선교를 목적으로 특별히 설립된 성 골롬반의 아일랜드 외방 선교회는 1928년 후베이 관구를, 몇 년 후에는 광시 관구를 받았다.

이 두 신설 선교회에 추가되어야 할 다른 선교회는:

- 픽푸스 신부P. de Picpus를 비롯한 프랑스 선교사들, 이쑤됭의 성심회 Sacré-Cœur d'Issoudun, 베타람의 성심회Sacré-Cœur de Bétharram
- 독일 카푸친회capucins와 베네딕도회
- 네덜란드 카푸친회
- 미국 고난회passionistes와 이탈리아 오상회stigmatins
- 미국·오스트리아·네덜란드·헝가리·폴란드 라자로회 선교사들
- 스위스 선교사들: 베들레헴 외방 선교회와 대성인 베르나르도의 규칙 수도회ordre des chanoines réguliers du Grands-Saint-Bernard
- 미국, 오스트리아, 캐나다, 스페인, 헝가리, 이탈리아의 예수회 회원들
- 스칼보루Scarborough 외방 선교회의 캐나다 신부들(1918년 창설)과 캐나다 퀘벡 외방 선교회(1921년 창설)
- 독일·미국·프랑스·네덜란드·아일랜드·벨기에 프란치스코 수도회
- 미국·벨기에·프랑스 베네딕도회

넓게 보면, 선교의 성황은 교황 베네딕도 15세와 비오 11세에 의해 시작된 운동과 관련된다. 1948년 중국에 300명 이상의 회원을 가진 4개 수도단체가 있었으니 예수회, 프란치스코회, 라자로회와 베르비스트 선교회가 그것이다. 넓게는 포르투갈 교구 사제단을 추가해야 한다. 특히 1926년부터 교구 사제단과 여러 수도회, 선교 단체(특히 예수회, 라자로회, 프란치스코회)에 소속된 중국인 회원들이 있었고, 그 중국인들에게 여러 감목 대리구와 교구들이 위임되었다. 1949년 7월 당시 146개 교구 중 35개가 중국 사제단(교구 신부와 수도회 신부)에 의해 운영되고 있었다.

1900년 선교에 봉헌된 7개국 12개 선교회는 50년 후 50여 개국 30여 개로(수녀회 포함) 늘어났다. 교황청은 사도직과 선교 방법의 획일화를 원했다.

다양한 출신 성분과 교육 배경을 지닌 선교회들의 설립이 아무 어려움 없이 쉽사리 성사된 것만은 아니었다.[5]

3. 복음화 방법론 논쟁

19세기 말 중국인들이 세례 받은 이유를 서론에서 언급한 바 있다. 선교지로 피신을 도모하고 송사에서 보호받으며 굶주릴 때 도움 받을 수 있었다. 가톨릭 신자 절대다수가 시골 출신이고 도시 출신은 별로 없었다.

전반적인 복음화 방법론 문제는 장소와 시기에 따라 선교지의 영향력이 다를 정도로 복잡했다. 더구나 사도직은 각 선교 단체의 특수성과 20세기 초 가속화된 정치 발전과 중국적 사상에 따라 달라졌다. 복음화 주체들은 아예 활동 방법을 정의할 생각조차 하지 않았거니와 다른 지역의 방법을 따르려 하지도 않았다. 대개는 헌신과 희생의 정신으로 양차 세계대전 간 상황에 따라 선교적 신비와 현실적 위험을 안고 순교할 각오로 활동했다.

그래도 전체적인 방향과 20세기 전반에 취해진 방법들의 윤곽을 가늠해 볼 수는 있겠다.

'호교권 제도'는 선교사와 그리스도인들이 계속 특권을 누리는 데 도움 되기도 했으나 지역감정 때문에 그들에게서 등 돌리는 빌미를 제공했고, 실제로 1920년 이후 대두된 새로운 사회 계층의 원한을 샀다. 1918년 중국 남부에 진출한 메리놀회 신부들은 미국에 보호를 요청해야 한다고 판단했다. 그러나 1930년대부터는 미국의 보호권에서 벗어나려 했으나 완전히 성공하지는 못했다.[6] 중국의 관점에서 볼 때, 1912년 헌법에 명시된 종

---

[5] 참조: R. Carbonneau, "The Passionists in China …", *The Catholic Historical Review*, 1980, t.66, 398.

[6] 참조: J.-P. Wiest, *Maryknoll* …, 특히 338-40.

교의 자유는 진정으로 그리스도교를 인정하는 첫 행위에 속했다. 하지만 이 권리의 승인도 1920년대를 지배했던 외국인 기피증으로부터 선교지들을 보호해 주지는 못했다.

선교지의 농촌 모습은 눈에 띄게 달라졌다. 가톨릭 신자들에게 공자 숭배와 조상 제사를 금한 것은 1742년의 최종 금지령 때문이라 믿어 왔다. 그러한 조치는 지식층을 그리스도교 신앙으로부터 멀어지게 만들었고, 농촌 그리스도인의 증가를 부추겼다는 것도 부정할 수 없다. 하지만 모든 것을 의례 논쟁으로 설명할 수는 없다.

농촌 공동체는 17세기 후반부터 증가세를 보였다. 여기에는 그동안 여러 수도회와 선교 단체의 선교사들이 도시 식자층과는 접촉하려 들지 않았거나 지식층에 손이 미치지 못했던 점 등 여러 원인이 있다. 절대다수를 차지한 농촌 가톨릭 신자들은 18세기 초부터 더욱 증가했다. 한편, 예수회 회원과 지식인의 관계가 '소원해진' 데는 적어도 두 내적 요인이 작용했다. 강희제는 통치 후반, 즉 1700년부터 예수회 회원들이 펼쳐온 지적·과학적 활동에 호감을 보임으로써 윤리 질서를 더욱 공고히했고, 그런 배경에서 지식인들은 자유로운 철학적 연구를 거부하는 공식 교의에 엄격히 동조해야 했다. 강희제의 뒤를 이은 옹정제雍正帝(1723~1735)는 예수회와 거리를 두면서 그리스도교를 적대적 추방령으로 통치하기 시작했다. 그러한 태도는 무엇보다 정치적인 성격이 강하다. 그때부터 도시 그리스도교 선교 단체들은 추방당하지 않으려고 농촌으로 피신했다. '농촌화' 과정은 교황 베네딕도 14세의 제사 금지령이 내려졌을 때 시작되었다. 사실상 제사 금지령은 장엄한 유교식 의례를 올리기에 너무 가난했던 농촌 신자들에게는 오히려 그리 심각하지 않았다. 18세기 후반 중국 가톨릭 신자의 전반적 감소는 외세의 침략에 대한 불만과 1773년 예수회 해산과 관련하여 상시로 계속된 박해가 그 주된 이유였다.

유럽에서 유입되는 유해한 영향이나 주변 이교 사회를 견딜 수 있는 굳건한 그리스도인 공동체를 구축해야 한다는 것이 19세기 이래 선교사들의 보편적인 생각이었다. 그들은 실제로 현 상황에서 출발했고, 그리스도 교회의 전반적 체계를 구축하기에 유리한 지역을 농촌에서 발견했다. 결국 중국인들을 교회로 인도하는 방법으로 활용한 사업체들이 농촌에서 꽃을 피울 수 있었다. 농촌은 교육과 보건의 혜택을 도시만큼 받지 못하고 있었기 때문이다. 선교사들은 개인이나 가족 단위로 개종시킬 방법을 모색하면서 그들에게 봉사했다. 개인적 개종은 미덥지 못했다. 비그리스도인 집단 속에 고립된 개인의 세례는 신앙적으로 지탱될 수 없을 터였다.

1918년 11월, 메리놀회 첫 선교사들은 광둥의 파리 외방 선교회 신학교 교장과 만났다. 그 자리에서 교장은, 황금의 신 맘몬과 비너스 여신 때문에 그들의 전통적 제신들까지 저버릴 도시민들을 개종시키기란 극히 불가능하다고 지적했다. 늘 그렇듯이 단순한 농촌 사람들이 더 쉽게 신앙을 받아들인다고도 했다.[7]

19세기 말 몽골 성모 성심회 선교사들은 독창적인 조직화에 착수했다. 광활한 대지를 매입하여 내륙에서 이주해 온 중국인 개척자들에게 임대해 주었고, 정착에 물질적 지원을 아끼지 않았다. 임대료는 수확의 2할을 현물로 지불하게 했다. 이 조직은 의화단의 난 이후 보상 명목으로 받은 대지 매입 덕분에 확대되었다. 임차인들에게 요구된 조건은 그리스도교 교육을 받는 것이었다. 그리하여 경제적·종교적·행정적으로 철저하게 조

---

[7] J.-P. Wiest, *Maryknoll* …, 76. 1913년, 광둥 인근 섬에 나환자촌을 설립한 벨기에 신부 L. Conrardy는 메리놀 선교회에 보낸 편지에서, 더 개방적이고 현대적인 미국 가톨릭 선교사들이 중국에서 활동한다면 그 나라의 교회를 높은 수준으로 끌어올릴 수 있을 것이라고 했다 [*The Field Afar*(*Bulletin de Maryknoll*) 1913, t.7, 5]. 다른 사례는 1935년에 설정되어 캐나다 예수회에 위임되었던 쑤저우蘇州(광시) 대목구에는 1939년 쑤저우 관할구일 때 이미 1만 명 이상의 신자가 있었는데 같은 이름의 다른 도시에는 251명의 신자밖에 없었다. 참조: J. Langlais, *Les Jésuites du Québec en Chine (1918~1955)*, Québec 1979, 225.

직된 그리스도인들의 '축소지'를 형성해 나갔다. 1900년 이후부터는 도심지에 중・고등학교, 언론사, 자선 기관들이 들어섰다. 이 점, 다음 장에서 다시 보게 될 것이다.

대부분의 선교사들은 사회 계층의 '순수한 복음화'에 장애물이 너무 많다고 판단했다. 따라서 그들은 사도직과 세례자 수에서 현상 유지 수준의 조용한 사목에 만족하려 했다. 개신교의 대중적・직접적 설교는 너무 위험해 보였다. 지방 권력자들의 박해와 집단적 적대감이 되살아날까 봐 항상 두려웠다.

하지만 악순환은 있게 마련이다. 실제로 그리스도인들은 외세의 보호를 받고 있었고, 의화단의 난에서 얻어 낸 이득을 이용하면서 자국 백성과 관리에 대해 오만한 태도를 보이고 있었다. 심지어 납세도 거부했다. 또 중국인이라면 누구나 내야 할 공적 기부금까지 면제받으려 했다. 어떤 의화단원은 전에 자기가 괴롭혔던 그리스도인들에게 바쳐야 할 세금이 두려워 개종하는 경우도 있었다. 그런 태도는 선교사와 그리스도인들에 대한 폭력 시위의 충분한 이유가 되었다. 그런 와중에서도 의화단의 난이 끝난 후 그리스도교 공동체는 박해자들을 용서하는 영웅적인 모습을 과시했다.

3.1 첫 번째 비판

1883년 로마 훈령은 좀 더 역동적인 복음화의 필요성을 강조했다. 교회 통합을 위해 1899년 5월 20일 개최된 추기경 위원회에서도 포교성은 인도, 중국, 그 외 선교지들에서 2~3명의 사제들이 "오직 이방인 복음화를 위해서만"(esclusivamente destinati ad evangelizzare I pagani)[8] 활동해야 함을 상기시켰다. 중국 사회의 관점에서 볼 때 근본적 장애는 문화적이고 심리적인

---

[8] 참조: *Verbali delle conferenze patriarcali sullo stato delle Chiese orientali*, Rome 1945, 278.

것이었다. 그 나라의 전통적 제사 의례를 단죄한 종교, 외세의 도움으로 강요한 그 종교를 어떻게 참작할 수 있단 말인가? 그리스도교 관점에서 볼 때, 가장 큰 어려움은 선교사들 대부분이 중국어를 제대로 구사하지 못하는 데 있었다. 또 다른 어려움은 많은 선교사가 교만하게도, 중국은 총체적으로 그리스도교 신앙에 입문할 수 없다고 단정한 데 있었다. 1911년 케르빈의 저서에도 그렇게 나와 있거니와, 예수회 학자 위제L. Wieger도 1928년 졸리에 신부J. Joliet에게 이렇게 확언했다: "아무리 훌륭한 신자나 사제라도 결코 우리만큼 믿지는 못할 것이다", "중국어 학습은 어찌해 볼 도리가 없다", 중국의 개종은 "아주 어렵다".[9] 1915년 쓰촨의 한 주교는 "이토록 틀에 갇히고 잠자는 낡은 선교지"의 수레바퀴에서 빠져나오고 싶다고 했다.[10] 같은 지역의 주교로서 1916~1948년 청두成都 감목 대리로 있던 루슈즈 주교Mgr. Rouchouse는 선교 사업의 효과에 대해 별다른 환상을 가지지 않았다.[11] 훗날 추기경이 된 미국의 도허티 주교Mgr. Dougherty는 1916년경 중국 여행을 다녀온 후 이런 글을 남겼다.

> 언뜻 받은 인상은 중국 선교지들이 극도로 비활동적이라는 것, 반죽음 같은 혼수상태에 빠져 이교도를 개종시키기 위해 '전혀' 아무것도 하고 있지 않다는 것이다.[12]

---

[9] H.-Ph. Delcourt, *op. cit.*, 121-2. Le même Wieger écrivait dans son *Histoire des croyances religieuses en Chine* (1917): "Prise en masse, la classe lettrée est inconvertissable à cause de ses vices honteux, de sa morgue stupide et de son indifférence blasée." A. Cotta가 1918년 3월 15일 포교성 장관에게 보낸 서한에서 인용(AVL, *DG*, t.XI c, 5).

[10] 충칭 교구 부주교인 Chouvellon이 1915년 8월 2일 레브 신부에게 보낸 서한 참조(AVL, *DG*, t.VI, 95).

[11] 레브 신부의 증언으로 인용: "Notes-souvenirs", 1941년 레브 신부와의 대담을 정리: R. de Jaegher (AVL, *DG*, t.XLVII, 69) et L. Bodard, *Monsieur le Consul*, Paris 1973, 406-18.

[12] 1918년 10월, 레브 신부의 비망록. *La visite apostolique des missions de Chine*, Louvain-la-Neuve 1982, 107에서 인용.

2년 후, 뱅상 레브 신부는 로마에 있는 친구 바뇌프빌 주교Mgr. Vanneufville에게 이렇게 써 보냈다.

> 그런 모습은 여기서는 드문 예외로, 우리의 수도 장상들이 복음화를 꺼리고 선교를 두려워하고 있는 것 같습니다. 특히 중국인들이 그들과 동등해지는 것을 두려워하고, 울고 있는 양 떼들을 독점하지 못하게 될까 봐 두려워하는 듯합니다. …[13]

얼마 후, 이 선교사는 주교의 뜻에 따라 중국의 복음화 방법론에 관한 비망록을 썼다. 비망록에서 그는 선교지의 '혼수상태'를, "이교 집단 속에 겨우 명맥을 유지하며 퇴색되어 가는 그리스도 교회의 안일한 행정"으로 표현하면서, 대부분의 감목 대리구가 그런 상황에 처해 있다고 했다.[14]

1929년 극동을 순방하고 돌아온 밀라노 외방 선교회 총원장 폴 만나Paul Manna(1872~1954) 신부는 로마 당국에 제출한 장고의 비밀 비망록에서 그 상황을 보고했다. 그 문헌의 제목은 '복음화의 현대적 방법론에 관한 고찰' Osservazioni sul metodo moderno di evangelizzazione이다. 자신은 방법론의 관점에만 초점을 맞출 것이고, 주님이 인간에게 행사하실 수 있는 초자연적 활동이나 여러 선교지에서 이룩해 놓은 거대한 선행에 관해서는 다루지 않겠다는 것을 저자는 서두에서 분명히 밝히고 있다. 만나 신부에게는, "일반 선교가 저변 민족들을 위해 활동한다"는 것과, 선교사들이 "대종교와 대결하는 것은 현재로서는 불가능하다"고 믿으며 거기에 인종忍從하는 것이 무척 인상적이었다. 복음화 운동이란 존재하지 않는 듯했다. 선교사 수만 믿

---

[13] 1918년 7월 24일 자 서한 원본: AVL, *DG*, t.XI c,12.

[14] 1918년 10월 비망록 원본: AVL, *DG*, t.XVII, 1: *La visite apostolique des missions de Chine*, 94-140(106)에 수록.

은 서양의 선교 조직과 물질적 방법으로 성과도 없는 길로 가고 있었던 것이다. 결국 "신앙은 전파되지 못했다. 즉, 교회를 설립하는 대신 선교 수도회와 단체들은 자신의 공동체를 설립한 것으로 매듭지어 버렸다. [⋯] 선교지들이 강화되는 만큼 교회는 약화되고 있다. 모순 같지만 사실이 그러하다".[15]

3.2 모호한 성장

앞의 증언과 다를 바 없는 조건인데, 어떻게 중국 가톨릭 신자 수가 1900년과 1912년 사이에 배로 늘었는지, 어떻게 했기에 1912년에는 150만에 육박했는가? 우선은 신자 가정에서의 자연 증가와 물질적 이득 때문에 세례 받은 경우였다. 또한 학교 교육과 자선 사업체들도 중국인 그리스도교 공동체의 비약적인 발전에 힘입어 성황을 이루었다.

20세기 초, 중국 정부가 선교지들에 비호의적이었고 자기 그룹 안에서 보호받으려는 중국인의 습성으로 추정건대, 신자들은 자연스런 기반을 잃은 상태에서 종교적 보호가 필요했고, 선교사들은 신자들의 송사에 지속적으로 관여하고 있었다. 지방 관리들은 평화를 유지할 요량으로 공정성보다는 '좋은 게 좋다는 식'으로 판결했다. 1883년 포교성 훈령에는 선교사들이 공적인 일에 관여하지 말라고 명시되어 있다.[16] 정치적 상황도 그 실천을 수정하는 데 한몫했다. 산시 프란치스코 회원들에 대한 이탈리아

---

[15] 전문 수록: G. Butturini, *La fine delle Missioni in Cina nell'analisi di P. Paolo Manna*, Bologne, EMI, 1979 (인용: 71-74).

[16] "Non esse a potestatibus civilibus poscenda privilegia aut exemptiones; abhorrendum esse ab omni immixtione in rebus politicis negotiisque Status" (1883년 10월 18일 자 훈령, *Collectanea S. Congregationis de Propaganda Fide*, Rome ²1907, t.II, 192). 로마 교황청은 선교사들이 예민한 정치 문제를 피해 갈 것을 수시로 상기시켰다. 참조: 1845년 포교성 훈령 *De clero indigena*, celle du 6 janvier 1920; 교황 비오 11세가 중국에 있는 교구장들에게 보낸 1926년 6월 15일 자 서한.

의 안전 보장 조치(1902)는 다른 이탈리아 선교사들에게도 점차 확대되었다. 외교관들은 법적 문제에 관여하기를 꺼리는 것 같았다. 1906년, 베이징 주재 프랑스 대사는 향후 공화국에서 정치와 종교는 분리되며, 외교 사절은 프랑스 선교사만 보호할 것이라고 중국 정부에 통보했다. 1908년, 교회는 신자가 신앙 때문에 박해받는 경우 말고는 재판에 관여할 수 없다는 입장을 산시 시노드에서 분명히 밝혔다.[17] 같은 해, '파비에 법령'(1899)이 중국 정부를 통해 재확인되었는데 그것은 1906년 프랑스의 통보에 뒤이은 반응일 수도 있다.

선교지의 득(得)이기보다 실(失)이었던 '재판 관여 전략'은 그 무렵부터 서서히 포기되었다. 1918년 뱅상 레브 신부는, 그런 전략이 "목적을 달성한 현실적 개종임에도 불구하고 궁극적으로는 중국 복음화에 누를 끼쳐 우수한 그리스도교 공동체에서는 거의 사라졌다"고 판단했다.[18]

예비신자 모집과 기초 교육 분야에서 중국인 평신도들은 대단히 중요한 역할을 했다. 그들은 현직 교사로서 교리도 가르쳤고, 어린이들에게 대세도 주었다. 오랫동안 지역에 따라 다양한 방법으로 실시되어 통계를 내는 데 혼란이 크다. 1923년 그들의 수는 20,000명에 달했다.[19] 그중 2/3는 종교를 중요 과목으로 채택한 사립 초등학교 교사들이었다. 20년이 지난 후, 그들의 수는 22,000명으로 늘었고 그중 교리 교사가 8,200명이었다.[20] 그 사이, 정부 인가를 받은 선교지의 학교가 대폭 증가했다. 1923년 남녀 대세 집행자는 2,870명이었다. 난징 예수회 감목 대리구 소속만도 2,000명

---

[17] 참조: J. Beckmann, *Die katholische Missionsmethode in China in neuester Zeit (1842~1912)*, Immensee, 1931, 161.

[18] 1918년 비망록. 참조: J. Beckmann, *Die katholische Missionsmethode in China* …, 165-6.

[19] B. Arens, *Manuel* …, appendice 1, 6-11.

[20] *Annuaire des missions catholiques de Chine*, Shanghai 1947 (chiffres de 1942) 25.

이 되었다. 농촌 거주 (교리) 교사 혹은 선교사 수행 교사들은 즈리 몽골의 15개 교회 관구에 줄잡아 7,000명이 넘었고, 베이징 감목 대리구에만 1,900명이나 되었다. 쓰촨·윈난·구이저우·푸젠·광둥·광시 지역에는 대세를 주는 사람들이 따로 없었고, 가장 수가 적은 곳이 교리 교사 684명과 교사 1,189명이었다.

교리 교사의 역할은 모호했다. 우선 각 감목 대리구마다 다양했던 교육 방법을 살펴보자.[21]

예수회와 베르비스트회, 성모 성심회 관할 선교지의 예비신자들은 최소 2년 정도 입주 교리 교사들에게 가정 교리를 배웠다. 집안의 조상 위패와 불교나 도교 관련 위패를 전부 치우고 축첩을 청산했으며, 축일과 주일에는 파공했다. 지원자 중 마약 복용자는 선교지에서 100일을 지내며 선교지의 후원금으로 세례 준비 피정에 참여해야 했다. 프란치스코회와 도미니코회 선교사들은 모든 교육 과정을 가정에서 이수하게 했다. 후난의 미국 고난회도 세례 지원자는 보충 교육을 받고, 주일미사에 참여하고, 일정 기간 선교지를 순회하며 신심 행사에 참여했다. 예비신자들은 근본적으로 그리스도교 교리와 기도와 신앙의 신비를 배웠고, 주님의 기도·성모송·사도신경·고백기도·십계명·삼덕송·통회기도·성호경 등을 익혔다.

수개월 간의 선교지 교육은 파리 외방 선교회, 특히 중국 북부 라자로회 선교사들이 실시했다. 추수가 끝난 동절기, 예비신자들은 의화단의 난 보상금으로 선교지가 전액 지원하는 교육을 받았다. 1905년 파비에 주교를 승계한 베이징의 감목 대리 자를랭 주교Mgr. Jarlin는 훗날 신앙을 심화시키고 신자 수를 증가시킬 기회를 잘 포착해야 한다고 판단하여 그 방법을 특히 장려했다. 실제로 개종자가 현저히 불어났다. 중국 전역에서 연 평균

---

[21] 몽골 성모 성심회의 경우 참조: A. Hanssen, *Conduire les Chinois au Christ*.

신자 증가가 1850~1900년에 7,810명이던 것이 1900~1910년에는 56,100명으로 불어났다. 1780년 예수회 회원 돌리에르D. d'Ollières가 펴낸 『교리문답』敎理問答을 중국 북부 여러 감목 대리구에서 교리서로 사용했다. 중국 내 모든 선교지의 공용 교리서는 1934년에야 출판되었다.[22]

기숙 교육은 머지않아 심각하게 남용되었다. 중국인들은 그들을 "속립진粟粒疹 신자", "좁쌀 신자"라고 불렀다. 무엇보다 예비신자들의 '기도 학교' 기숙에는 세밀한 계획이 필요했다. 선교사들은 작은 집을 기숙사로 사용하여 재정을 아꼈고, 6불 정도의 수당을 나이와 교육 단계에 따라 차등 지급함으로써 세례 지원자 경비를 해결했다. 교리 교사 봉급은 세례 때 지급되었다. 베이징 감목 대리구에서는 통상 모든 '세례' 준비를 교리 교사들에게 떠넘겼는데, 그들이 비신자인 경우도 있었고, 모집한 예비신자 수에 따라 분배되는 계약금의 일부만 수혜자들에게 지급하는 경우도 있었다. 선교사들은 그렇게 해서 부를 축적하기도 했다.

그러다 보니 여러 번 세례 받는 사람들이 생기고, 이 독직 행위 때문에 배교자 수가 늘기도 했다. 문제가 복잡해지자 총 세례자 수의 공식 집계에 특히 신중해야 했다. 여하튼 베이징 감목 대리구에서는 적어도 20년 동안 그리해 왔다.[23] 몽골 성모 성심회는 예비신자들에게 돈이나 양식을 제공하는 제도를 시행했다.[24] 그곳의 좀 여유 있는 가정들은 '거지 종교'와 상종하기 싫어서 선교지를 멀리했다.[25]

---

[22] 참조: J. Jennes, *Het godsdienstonderricht in China. Historisch overzicht van de apologie en de catechese in de missiën van China vanaf de 16ᵉ eeuw tot op heden*, Bruxelles: Éd. de Scheut 1942, 특히 225-33.

[23] ① '자선방법' 또는 '금전'에 관한 묘사는 레브 신부의 1918년 10월 비망록 참조*(La Visite …*, 113-9). ② 베이징 라자로회의 회보(1926, 16쪽)에 의하면 베이징 감목구에는 2개의 새 감목구 신설(1910년에 바오딩, 1912년에 톈진)에도 불구하고 신자 수가 1901년에 34,000명, 1910년에 165,000명, 1925년에는 300,000명이었다.

[24] 참조: A. Hanssen, *Conduire les Chinois …*, 51-2.

파리 외방 선교회는 1930년경까지도 교리 교사를 양성할 정규 교리 학교를 갖추지 못했지만, 1925년 베이징 감목 대리구에는 19개 교리 학교에 851명의 학생이 등록되어 있었다. 1921년 후난에 진출한 미국 고난회 회원들은 4년 후 최소 1년 과정의 교리 학교를 신설했다. 메리놀회 신부들은 1929~1934년 사이 전문 센터 네 곳을 개설했다. 메리놀회 포드 주교Mgr. Fr.-X. Ford(1935년 수품)가 맡은 구이양桂陽(광둥) 감목 대리구는 잘 준비된 사람들만 선발하여 세례를 주었다. 그곳은 중국 사상에 아주 민감했다.[26]

중국인들은 신심회信心會에 호의적이었다. 선교사들은 그 호의에 감동하여 사제단의 사목을 도울 단체들을 증설했다. 주로 '동정녀'로 구성된 여성 단체는 위독한 어린이들에게 세례를 주고, 교회를 관리하거나 예비신자들을 지도했다. 동정녀 조직의 효시는 17세기 파리 외방 선교회다. 수녀회를 설립할 목적으로 이 여성들을 재조직하는 것은 1920년부터 선교사들이 좋아했던 방식이다. 예컨대 1855년 난징 감목 대리구에 창설된 동정녀 마리아의 자헌회Association de la Présentation de la Vierge는 농촌 가정 봉사를 하던 여성 단체가 모태가 되었다. 1937년 자헌회 회원들은 약 240명이었다. 1872년, 베이징에 창설된 성 요셉 수녀회Sœurs de Saint-Joseph(또는 Joséphines)는 즈리와 허난의 라자로회 선교사들을 지원했다. 성가 수녀회Oblates de la Sainte-Famille는 1910년경 산둥 남부에서 말씀의 선교 수도회(신언회)Société du Verbe divin의 한 신부가 창설했다. 같은 시기, 성령의 여종회Servantes du Saint-Esprit와 성심의 딸회Filles du Sacré-Cœur가 쓰촨에, 1918년 성심의 형제회Frères du Sacré-Cœur가 러허熱河에 교육을 목적으로 창설되었다.

---

[25] 선교 사업의 금전적 '불협화음'에 대해서는 만나 신부 비망록 참조: G. Butturini, *La fine* …, 139-44. "Oggi parlare di missioni è quasi come parlare di danaro" (139).

[26] 1918년 도착한 메리놀회 회원들의 교리 교사 양성에 관해서는: J.-P. Wiest, *Maryknoll* …, 77-87 참조. Le premier cours approfondi est organisé en 1922.

광시의 조언 성모회Notre-Dame-du-Bon-Conseil나 후베이의 성영회도 평신도 단체였다. 몽골 프란치스코 하비에르 선교회Société de Saint-François-Xavier는 이웃의 개종을 위해 기도하는 선교회였다. 마리아 수도회와 예수회 회원들은 기존의 제도를 부활시켜 전례 모임을 순회 지도하는 성가대를 조직했다. 그런 단체들은 베이징에도 있었다.

이러한 신심 단체들은 일반적으로 그리스도 공동체의 종교 생활과 사도직 유지를 목표로 삼았다. 1933년 난징 감목 대리구에만 16,000여 명의 회원으로 구성된 로사리오 신심회T.S. Rosaire가 있었고, 기도 사도직Apostolat de la prière 회원만 16,000명이 넘었다. 1901년에는 상하이에서 40km 떨어진 조쓰(슈산余山의 별칭)에 루르드 성모 성지를 재현해 놓고 매년 성지 순례를 거행했다. 훗날 슈산에는 상하이 교구 대신학교가 들어섰다. 최근 새 신학교가 개교하고, 1980년부터는 성모 순례도 재개되었다.

3.3 선교 사업의 번창

'사업'이라는 말을 우리는 빈민·환자 봉사 활동이나 교육과 연계시킨다. '자선 사업'은 1900~1950년에 눈에 띄게 발전했다. 자선 활동을 통한 사도직은 선교 조직의 초석을 다졌다. 특히 선교 우선 지역인 농촌의 뒤떨어진 사회·경제·의료 수준을 생각할 때 '자선 사업'은 특히 중요했다. 사업 형태는 19세기 유럽 교회에서 중시했던 사업에서 영감을 얻었다. 사회 복지 제도가 없던 그 시절, 특히 여자 수도회들은 환자·고아·노인·장애인·임종자들을 헌신적으로 돌보았다. 포교성은 중국인들의 개종 분위기를 조성하기 위해 1883년 훈령을 내려 사업체들을 독려했다.[27] 선교사들 눈에는 중국의 빈곤층이 유럽보다 더 비참해 보였다. 선교지의 사회 활동

---

[27] *Collectanea* ···, t.II, 192.

은 그리스도교 애덕의 자의적 표현이자 사도직 방법이었다. 그리하여 일찍부터, 특히 중국 동정녀들의 도움으로 발전했다. 20세기 초부터 사회 활동 전문 수도회의 필요성이 더욱 커졌다. 특히 성 빈첸시오 드 폴의 애덕의 딸회Filles de la Charité de Saint-Vincent de Paul와 마리아의 선교 프란치스코회Franciscaines missionnaires de Marie가 중국 각지에서 눈부시게 활약했다. 유럽 수도회들은 점차 중국 수녀회들의 후원을 받게 되었다.

1930년경의 상하이가 좋은 예다. 쉬자후이徐家匯 가톨릭 센터는 19세기 예수회 회원들이 서광계(바오로)의 무덤 근처 재건립한 것이다. 17세기 초엽의 유력 인사인 서광계는 친구 마테오 리치의 인도로 그리스도인이 된 사람이다.[28] 쉬자후이는 프랑스 거류지의 남서쪽 끝에 있다. 이 센터에는 훗날 대성당[29]을 비롯, 주교관과 선교사 숙소 등 여러 시설물이 들어섰다.

- 초급대학collège 1개 — 남학생 500명 중 절반이 비신자[30]
- 대신학교와 소신학교 각 1개 — 학생 수 각각 37명과 36명
- 예수회 신학원 1개 — 55명 중 15명이 중국인 신학생
- 고등사범학교 1개 — 학생 수 116명
- 기숙사 3동 — 여학생 700명 수용
- 초등학교 4개 — 전체 학생 수 1,500명
- 예비신자 교리반 3개
- 농아학교 1개 — 학생 수 38명
- 중국 연옥 협조회Auxiliatrices du Purgatoire와 자헌회Présentandines 수련소
- 1869년 설립된 가르멜 수도원 1개

---

[28] 서광계(徐光啓, 1562~1633)는 달력 개혁을 책임졌던 황국의 총리였다. 1603년에 세례를 받은 그는 쉬자후이 그리스도교 회관을 설립했다.

[29] 1933년 대목구가 되기 전 상하이는 난징 대목구에 속해 있었다. 그러나 오랫동안 감목대리는 보통 여러 회관들 중 첫째 회관에 주재하고 있었다.

[30] 1932년 7월부터 1933년 6월까지다.

- 1873년 설립된 관측소에서 시각 · 기상 · 지진 정보 제공
- 예수회 선교지(상하이 인근) 남아 고아원 — 300명 수용
- 여아 고아원 — 2,000명까지 수용한 해도 있음
- 재봉실 5개 — 고용 여성 700명 이상
- 유럽식과 중국식 인쇄소 1개 — 고용 인원 169명
- 중국어판 월간 잡지 2개의 사무실
- 다양한 작업실 — 고용 인원 319명
- 착한 목자의 수녀회 Dames du Bon-Pasteur가 운영하는 난민수용소
- 묘지 1기

프랑스 거류지 내 루자후이盧家匯에 있는 상하이 제2 가톨릭 센터에는 성당과 대형 병원, 서광曙光대학교, 1896년 설립된 자연사 박물관, 가톨릭 클럽 2개, 라자로회와 애덕의 딸 수녀회의 묘지가 있었다. 같은 구역에 또 다른 성당, 수녀원 2개, 프란치스코회와 라자로회의 당가실, 애덕의 딸 수녀회 모원과 제2 병원 등이 있었다. 마리아의 프란치스코 선교회와 애덕의 딸회 수녀들은 시내에 병원을 각각 2개, 3개씩 운영하고 있었고, 경로회 Petites Sœurs des Pauvres 수녀들은 양로원을 운영하고 있었다. 상하이에는 12개 본당이 있었는데 그중 절반이 무료 진료소를 운영했다. 또 10여 개의 중고등학교가 있었다. 이처럼 계층과 이념과 종파를 초월한 봉사 기관들이 조직되어 도움을 주었다.

모든 중국 도시의 종교적 · 사회적 가톨릭 조직이 상하이 수준은 물론 아니었고 농촌은 더욱 요원했다. 각 선교지의 기관들은 가톨릭 조직을 모델 삼아 운영되고 있었다. 베이징의 6개 가톨릭 센터 가운데 가장 중요한 베이당은 모든 봉사 기관을 상하이 수준으로 갖추고 있었다.

19세기보다 훨씬 더 큰 규모로 운영된 가톨릭 사업체들은 그 에너지와 자원 면에서 매우 중요한 몫을 차지하고 있었다. 신생아, 특히 여아 유기

때문에 선교지 도처에 고아원들이 개설되어 있었다. 1843년 프랑스에서 설립한 성영회가 재정을 지원했다. 1918년 뱅상 레브 신부는 이렇게 썼다.

> 영아 살해가 빈발하여 사회적 상처가 큽니다. […] 신생아들을 거두어들여야겠습니다. 적어도 선교지 문 앞에 버려진 아기들만이라도 받아 주어야 합니다. 그리스도교 애덕을 실천하는 사람들이 늘 절실한 상황입니다.[31]

1923년, 312개 고아원에 3만여 명의 어린이가 수용되어 있었다.[32] 신자 가정에 위탁된 어린이들도 여기 추가된다.[33] 이들은 세례를 받고 그리스도 신앙으로 교육받고 가사家事를 익히거나 다양한 직업 교육을 받았다. 선교사들은 보통 부모들보다 결혼 지참금을 더 적게 요구했으므로 선교지 고아 처녀들은 쉽게 배우자를 구했다. 그 대신 사제는 총각들에게 다른 요구를 했다: 세례를 받을 것, 정결한 생활을 할 것, 결혼 전 일정 기간을 기다릴 것. 고아원은 그리스도교 공동체 증가의 풍요로운 원천이었다.[34]

가톨릭 선교사들은 개신교에 비해 병원 설립에 관심이 덜한 편이었다. 물론 선교지에 훌륭한 가톨릭 병원이 몇 있었다. 1923년도 통계에 의하면 95개 병원과 467개 무료 진료소에서 15,245명의 환자를 치료했다.[35] 그것

---

[31] 1918년 10월 비망록. *La visite* …, 112에서 인용.

[32] B. Arens, op. cit., 77. Selon J. Dehergne, dans L'*Église de Chine au tournant* …, 752, 1924년에는 22,387명에 불과했다.

[33] 중앙 몽골 대목구의 경우, 1923년 6개 고아원에 490명이 있었다. 449명의 유아들은 449개 신자 가정에 위탁되어 있었다(A. Hanssen, op. cit., 86 참조). 같은 시기에 시엔시엔 대목구에도 6개의 고아원이 있었다.

[34] 난징 대목구의 경우, 1919년과 1933년의 성인 세례자와 어린이 세례자의 비율은 각각 1:5와 1:15였다. 1930~1931년에는 어린이 26,083명과 어른 4,112명이 세례를 받았다.

[35] B. Arens, op. cit., 77. J. Dehergne의 집계는(op. cit., 752) 현저히 다르다: 1924년 집계에서 저자는 양로원을 포함한 184개 병원에 77,836명의 입원 환자가 있다고 밝혔다.

도 지역에 따라 차이가 많았다. 병원과 무료 진료소라는 이름으로 집계된 통계에는 선교사들이 운영하는 의료 봉사 기관은 포함되지 않았다. 중앙 몽골의 성모 성심회 선교사들은 약국을 차려놓고 시엔시엔 예수회 회원들이 준비한 약품을 나누어 주었다.[36] 광둥 메리놀 선교사들은 사전에 기초 의료 교육을 받고 간단한 치료까지 해 주었다. 중앙 몽골의 감목 대리 스메트 주교Mgr. L. Smedt는 1932년부터 주민 진료와 신자 건강에 각별한 주의를 기울이는 것이 가톨릭 공동체 발전에 중요하다고 판단했다.

> 우리가 어른들을 개종시키기 위해 온갖 노고와 자원을 동원하는 것은 당연한 일이다. 하지만 신자들의 건강을 돌본다면 신자 가정에서 태어나 모태 신앙을 물려받은 신자, 장차 젊은 교회의 엘리트가 될 그들을 훨씬 적은 수고와 경비를 들이고도 잘 보존할 수 있을 것이다.[37]

1938년, 스메트 주교는 자기 교구 무료 진료소에 중국인 의사 한 명을 배치했다. 18만 평방킬로미터 지역 200만 인구를 위해 활동한 첫 의사였다.

병원은 중부(광시 라자로회, 후베이 프란치스코회, 광시 예수회)과 북부(특히 즈리, 만주, 산시와 산둥) 지역에서 잘 운영되고 있었다. 쓰촨 지역과 남부 지역은 그에 미치지 못했다. 영아 유기는 광둥 지역에서 특히 빈번했고, 그 지역 파리 외방 선교회는 연간 3,000명의 유기 어린이들에게 세례를 줄 정도였다. 광둥의 두 고아원에는 항상 2~300명의 여아가 수용되어 있었다. 메리놀 선교사들도 같은 활동을 전개했다. 다미아노 신부Père Damien De Veuster의 친구인 벨기에 사제 콘라르디 신부 주도하에 1908년에 설립된 광둥 외방 선교회와 중국 정부의 지원으로 쉐클룽Sheklung 섬에 설립된 나환자 수

---

[36] A. Hanssen, *op. cit.*, 88.
[37] A. Hanssen, *op. cit.*, 90.

용소를 지적하지 않을 수 없다.[38] 5년 후, 이 나환자 수용소는 700명의 환자를 수용했다. 몬트레알 무염시태의 성모 수녀회Sœurs de l'Immaculée-Conception가 관리 책임을 맡고 있었다. 이 수용소의 활동은 중국 전역에 널리 알려져 하나의 교훈이 되었다. 그 후 메리놀 신부들은 쿤밍昆明(광동 부근 장먼江門) 선교지에 나환자 마을을 설립했다.

수적으로만 보면 고아원은 감소하고 의료 시설은 늘어났다. 고아원의 경우, 1945~1946년의 통계에는 전쟁으로 인한 어려움이 반영되었을 것이다. 그 시기, 355개 고아원에 20,686명의 어린이가 수용되어 있었는데 거기에 성영회가 들인 64,625명의 고아를 보태야 한다. 그 반면 288개 병원과 866개 무료 진료소에는 75,967명의 입원 환자가 있었다.

1911년 몽골와 만주에 페스트가 창궐했을 때도 선교사들이 큰 몫을 했다. 그때 의료 활동을 하던 외국 선교사 3명이 감염되어 생명을 잃었다. 1917년 말, 중국 북부의 대홍수로 기근이 들었을 때도 선교지들을 통한 물질적 도움은 예비신자 증가에 크게 기여했다.

1920년대 이래 학교 교육은 선교사 활동에 중요한 부분을 차지했다. 여기서도 지역과 학교 형태에 따라 차이가 크다. 1923년 통계에 따르면 대신학교(학생 수 2,400명) 73개, 소신학교(학생 수 633명) 39개가 있었다.[39] 오래전부터 포교성은 중국 사제단 창설에 우선권을 둘 것을 선교사들에게 당부해 왔다(다음 장에서 상론한다). 사제 지망생들은 특별한 집에서 별도의 교육을 받아야 한다고 1883년 훈령에 명시되어 있다.[40] 사실 제사 금지령 때문에

---

[38] 콘라르디(Conrardy, 1841~1914) 신부에 관해서는 1982년 3월 27일 *Bulletin de la société verviétoise d'archéologie et d'histoire*, 1982~1983, t.67, 255-7에 발표된 M. Noirfalise 신부의 보고서 참조. 생물학자 Conrardy 신부에 관해서는 W. Promper 신부가 집필 중.

[39] B. Arens, *op. cit.*, 39; J. Dehergne(*op. cit.*, 752)의 1924년도 집계에는 소신학교 3,259개, 대신학교 701개로 기록되어 있다.

[40] *Collectanea* …, t.II, 189.

선교지들은 미래의 사제들이 중국에 관해서 너무 깊이 공부하는 것을 원치 않았다. 이런 요인 말고도 선교지의 이국적·배타적 분위기와 중국인 동료의 능력에 대한 유럽 사제들의 유보적 태도는 중국인 사제들을 다른 교회 학교 엘리트에 비해 열등하게 만드는 요인이 되었다.

둘째, 포교성은 각 감목 대리구에 최소한의 어린이 종교 교육 시설을 갖출 것을 강조했다.[41] 19세기부터 있던 그런 시설은 중국 선교지에서 두드러진 발전을 이룩했다. 로마는 '인문 학교' 설립도 요구했는데 그 때문에 가톨릭 가정의 어린이들은 '이방인'과 접촉해야 했고, 이교도의 '선입견'과 미신에도 노출되었다.[42] 로마가 말하는 '인문 학교'란 공식 인가된 초등학교였다. 1883년 훈령은 교리 교사를 양성할 수 있는 남자 고등학교 설립을 권장한다. 이 학교에는 재정 후원이 가능한 부유층 자녀도 입학할 것이다. 어떤 경우에도 비신자나 '이단' 학생은 입학할 수 없으나, 특별한 경우 수도회에 보고하면 수도회는 입학 기준을 따로 정할 수 있다.[43] 포교성의 본심은 신자 학생들을 보호하려는 것이 분명했다.

1900년대부터 점진적으로 시행된 현지 학교 조직은 로마의 훈령에 정확히 반영되었다. 1920년대부터 로마는 여자 중·고등학교를 학제에 포함시켰다. 선교사들이 운영하는 학교들은 대부분 종교적 성격을 지녔으며 초등 교육 수준이었다. 시간이 지날수록 예수회가 운영하는 지방 학교들이 두드러지게 발전했고,[44] 비신자 학생들의 입학이 더 많이 허용되었으며, 공식 인가된 초등학교들이 '기도 학교'로 대치되는 추세를 보였다. 1922년 서양에서 교육받은 중국 지식인들은 선교 학교에서 나타나는 '국적 상실'의 반종교 학생 운동을 선동했다. 이 사조의 영향을 받은 광둥 국민 정부

---

[41] *Ibid.*, 193.   [42] *Ibid.*   [43] *Ibid.*

[44] 상하이 예수회 회원 두 명이 1915년 9월 월간지 *L'École en Chine*을 창간했으나 발간 기간은 2년에 불과했다.

는 남부 지역 모든 학교에 인가를 받도록 요구했다. 국가의 감사를 받고 공식 교재를 채택하며 교과 과목에서 종교를 배제시키라는 것이었다. 같은 시기, 베이징 당국은 북부 지역에도 같은 조치를 내렸다. 하지만 시골 학교들은 1920년대 정치적 혼란과 교사 부족, 정부의 자금난으로 별 영향을 받지 않았다. 선교지들은 한동안 이 공식 조치의 시행을 기피했다. 도시에서는 그럴 수 없었다. 로마의 훈령과 1924년 상하이 시노드 결정 사항을 준수해야 했다. 많은 고등학교에 만연한 반종교 정서를 의식한 수도회들은 그들이 운영하는 공식 인가 사립학교를 발전시키는 데만 주력했다. 그 길이 가톨릭 학생들의 고등 교육 입문 자격증을 공식적으로 취득할 수 있는 유일한 방법이었기 때문이다.[45]

1923년 집계에 의하면 가톨릭 신자의 14%에 해당하는 280,000명의 젊은이가 중국 12,800개 가톨릭 교육 기관에서 학업을 마쳤다.[46] 전 인구의 2% 미만이었다. 1925년, 베이징 감목 대리구에는 2,203개 학교에 41,468명의 학생이 있었다. 그중 2,070개 학교 35,000여 명의 신자 학생들이 교리를 배웠다. 국가의 인가를 받은 90개 초등학교에는 3,271명의 학생이 있었다. 중등 과정만 인가받은 7개 학교에는 275명의 학생이 있었다.[47] 중앙 몽골에서, 성모 성심회 선교사들이 로마의 원의로 설립하여 운영하던

---

[45] 참조: J.-P. Wiest, *Maryknoll* …, 189와 A. Hanssen, *op. cit.*, 93. 1920년 반그리스도교 운동에 관한 개신교 선교사들에 관해서는: J.G. Lutz, *Chinese politics and Christian missions. The Anti-Christian movements of 1920~1928*, Notre-Dame (Ind.) 1988.

[46] B. Arens, *op. cit.*, 77. 이 가운데 약 20만 명이 10,560개의 '기도 학교'나 예비신자 교리반에 다니고 있었다. 1914년 전에 설립된 가톨릭 중등학교에 관해서는: K.S. Latourette, *A history* …, 559; pour l'entre-deux-guerres, voir *ibid.*, 729-30. 1923년에는 11개 중등학교에 4,249명의 학생이 있었다. 15년 후에는 100여 개가 되었다. 1945~1946년, 학교 총수는 7,336개에 360,583명의 학생이 있었는데 그중 10%는 중고등학교에 다니고 있었다.

[47] 참조: *La Mission de Pékin*, 1re année, 1926, 17-8. 다른 학교들은 신학교 2개와 소신학교 준비반 10개, 예비신자 교리반 19개, 프랑스 대사관에서 재정을 담당한 프랑스–중국 합작 고등학교(학생 1,052명) 4개와 영국–중국 합작 초급대학 1개가 있었다.

인가 초등학교 학생 수는 1931년 교리반 어린이들의 수를 훨씬 웃돌았다.[48] 광둥 감목 대리구는 1936년 44개 인가 학교와 32개 비인가 학교를 운영하고 있었는데 총 학생 수는 4,500명이었다. 1947년, 전쟁으로 파괴된 학교 가운데 28개는 인가받았으나 5개는 인가받지 못했다.

1898년, 중국 가톨릭계의 거목 마상백馬相伯 요셉의 도움을 받은 상하이의 한 학술 단체가 예수회의 동의 없이 쉬자후이에 고등 교육 기관을 설립하려 했으나[49] 결국 실패하고 말았다. 1903년 예수회 회원들은 그들의 뜻을 참작하여 쉬자후이에 서광대학교를 설립하고, 1908년 프랑스 거류지 안에 설립했다. 이 대학교는 머지않아 5개 단과대학(인문대, 법대, 이과대, 응용과학대, 의대)으로 불어나 1923년에는 353명의 학생들이 등록했고, 10년 후에는 552명(그중 439명이 비신자)이 등록했다. 1932년 중국 정부는 이 대학교를 국립대학교로 인가했다. 사도직과는 무관하게 설립된 이 대학교는 그리스도교 정신에 투철한 엘리트, 적어도 신앙과 대립하는 현대 사조에 물들지 않은 엘리트 양성을 목표로 했다.

• • •

상하이의 오랜 구교우 집안 출신인 마상백 요셉(1840~1939)은 1862년 예수회에 입회하였으나 14년 후 회를 떠났다. 특출한 재능을 타고난 그는 학자 · 실업가 · 외교관이 되었으며, 1896년 다시 교회로 돌아왔다. 그 후 그는 공화국 총리실 고문으로 있으면서 수준 높은 문학작품을 구상했다. 그중에서도 신약성경과 리지외의 성녀 데레사의 『어느 영혼의 이야기』Histoire d'une âme를 중국어로 번역했다. 그럼에도 그는 늘 중국 교회 고위 성직자들에게 불신의 대상이었다. 1927년 졸리에 신부는 '마상백 사건'의 핵심은 "중국 가톨릭 학자인 그가 예수회 회원들 때문에 우위를 지킬 수 없었고, 또 그의 자질로 보건대 최하위직의 일을 할 수 없는 사람이었다는 데 있다"고 밝혔다(Dom Jehan Joliet, 116에 H.-Ph. Decourt가 인용).

---

[48] 참조: A. Hanssen, op. cit., 97.
[49] 참조: C. Cary-Elwes, La Chine et la Croix, 326-7.

영 빈센치오(Ying Lien-tche)는 톈진의 학자로, 1901년 「대공보」大公報 신문을 창간했다. 5년 후 그는 뱅상 레브 신부의 고문이 되어 중국 상류층에 입문하는 기반을 닦아 주었고, 1917년에는 사제단에 '장학금'을 전달했다. 그는 마상백의 친구였다.

● ● ●

선교지들의 식자층 홀대에 문제를 느낀 영 빈첸시오는 1912년 베이징 가톨릭 대학 설립 요청 서한을 교황 비오 10세에게 보냈다.[50] 6년 전, 중국 북부 시노드에서 주교들은 같은 계획안을 만장일치로 통과시켰다.[51] 왜 그 계획을 실행에 옮기지 않았는지는 의문이다. 주교들이 그 일을 맡을 만한 전문가가 부족하다고 생각했을 수도 있다. 라자로회 회원들은 예수회 회원들이 베이징에 오는 것을 허용하지 않았을 것이 확실하다. 특히 프랑스가 아닌 다른 국적의 선교회가 오는 것을 거부했을 것이다.[52] 시엔시엔 예수회 회원들은 1923년까지 기다려서야 톈진에 고등 교육 기관인 톈진 공상학원天津工商學院(Hautes Études)을 설립할 수 있었다. 이 학교는 1948년에 공식 인가를 받았다.[53] 1927년 포교성 장관의 주도로 베이징에 설립된 대

---

[50] 코스탄티니 추기경의 비망록 참조: *Con i Missionari in Cina*, 2 vol., Rome, 1946~1947, t.I, 454.

[51] D'après K.S. Latourette, *op. cit.*, 558, n.163. 저자는 성모 성심회의 자료에 근거하고 있다. 학교에 관한 자를랭 주교의 입장을 보면, 이 부탁이 실제로 주교들의 합의에 따른 것인지 의심스럽다.

[52] 참조: H. Garnier의 저서 *Le Christ en Chine*를 분석한 코스탄티니 주교의 문서(Mgr Costantini, document de 15 p. dactyl., 14 août 1930, 80). 이 문서에 의하면 가르니에는 1925년 Pordenone 연수회에서 '미국-독일계 고등학교'(스위스에 본원을 둔 미국계 베네딕도회가 설립)가 베이징 프랑스 교구에 들어온 것을 비판했다. 코스탄티니는 이렇게 질문했다: "왜 당신들의 '고등학교'를 설립하지 않았는가? 왜 예수회와 프란치스코회의 학교 설립을 수용하지 않았는가?"

[53] 라자로회 J.-M. Planchet 신부는 이렇게 썼다: "아무한테 초대도 받지 않고, 아무 성과도 없이 계속된 수많은 시도 끝에 드디어 예수회 회원들은 톈진에 상업고등학교를 설립하는 데 성공했다"(sous le pseudonyme A. Thomas, *Histoire de la mission de Pékin*, t.II, Paris 1933, 646, n.1). 저자는 1848년부터 예수회 회원들이 베이징과 톈진으로 돌아오기 위해 기울인 갖은 노력을 상세히 전하고 있다.

학교는 미국 카시아노cassinienne 수도회의 베네딕도 회원들이 미국인 교구 사제를 학장으로 임명하여 공동 책임을 맡았고, 6년 후 미국 베르비스트 회원들에게 물려주었다. 1945년, 3개 고등 교육 기관에 등록된 총 학생 수는 7,984명(베이징 대학교 3,400명, 톈진 공상학원 1,988명, 서광대학교 2,596명)이었다. 1928년 중국 정부와 베이징 보좌주교의 지원을 받은 프랑스 도미니코회가 고등 교육 기관인 도명道明학교를 설립하려 했으나 무산되었다.

1906년, 북부 지역 주교들의 결정은 만장일치가 아니었으리라 추측된다. 1905년, 소도시 자오시엔趙懸의 주임 신부로 활동하던 뱅상 레브 신부는 새로운 형태의 학교를 설립했다. 1906년 초, 베이징 신자들이 자를랭 주교에게 기술학교 설립을 요청했으나, 교육 사업은 영향력이 없을뿐더러 모든 교회 재정은 예비신자들을 위해 써야 한다는 이유로 거절당했다.[54] 그러한 자를랭 주교의 입장은 20여 년 후에도 변하지 않았다.[55]

중요한 사실 하나를 짚고 넘어가자. 1913~1914년, 최초의 가톨릭 선교학 전문가 요셉 슈미들린 신부[56]는 1912년 빈Wien 세계 교육학 대회에 즈음하여 설립된 선교지 학교들의 발전상을 돌아보기 위해 위원회의 위촉으로 극동을 순방했다. 슈미들린 신부는 중국 감목 대리들에게 포교성 장관의 당부 서한을 지참하고 자기소개를 하고 싶었으나 포교성 장관이 동의하지 않았다. 교회 학자의 목적은 주교나 그 대리인들을 지역 회의에 초대하여 교육 언론 발전 위원회를 구성하는 데 있었다. 1914년 첫 두 달 동안

---

[54] 참조: J. Leclercq, *Vie du Père Lebbe*, Tournai - Paris, 1955, 94-5(국역: 『멀리 울리는 뇌성』).

[55] 1924년 톈진 공상학원에 도착한 H. Bernard-Maître 신부를 1947년경 P. Goffart 신부가 인터뷰한 내용(AVL, IIe sect., 2 C, *Cahier gris*, 54).

[56] 알사스 출신의 J. Schmidlin 신부는(1876~1944) 1907년 뮌스터 대학 교회사 교수가 되었다. 1911년에는 뮌스터 대학에서 선교학 강의도 하면서 선교 학술지 *Zeitschrift für Missionswissenschaft*를 창간했다. 국제 선교학 연구소의 공동 설립자이자 독일 사제단 선교사 협회의 설립자다.

3차에 걸친 지역 회의가 홍콩, 한커우, 지난濟南(산둥)에서 열렸다. 이 회의에는 49개 감목 대리구 중 31개가 참석하여 제반 학교 문제를 체계적으로 재검토했다. 또한 현존 학교 수와 그 수준, 교사 교육, 교과목, 재정 문제, 유럽과 미국에서 조성해야 할 국제적 지원 방안, 하나 이상의 유럽 언어와 중국어로 강의할 수 있는 가톨릭 대학의 가능성들을 모색했다. 각 주요 선교지는 초등학교를 설립하고, 각 선교 관할구는 인가받은 '고등학교'(초급대학 수준)를 완벽한 시설로 운영하며, 각 감목 대리구는 중등학교와 고등학교를 각 하나씩 운영할 것도 결정했다. 3차에 걸친 회의에서 선출된 회장단은 상하이에 모여 '중국 가톨릭 교육과 언론 문제에 관한 연구와 정보 수집 전담 기구'를 결성했으나 전쟁 때문에 모든 활동이 중단되고 말았다. 흥분한 프랑스 외무부는 중부 시노드 지역 회장인 레이노 주교Mgr. Reynaud가 한커우 회의에 참석하지 못하도록 막았고, 또 베이징과 톈진 회의의 결정 사항에 대해서도 반대했다. 자를랭 주교처럼 뒤늦게 연락받은 듯한 몇몇 프랑스인 감목 대리들은 회의에 초청받은 사실조차 달가워하지 않았다.[57] 따라서 전쟁 문제 외에도 그 독일 선교학자가 주도한 일의 성과에 대해 진지하게 문제를 제기해 볼 수 있다. 그래도 상당수의 주교들은 거기에 만족했을 것이 분명하다. 레이노 주교 대신 한커우 회의에서 사회를 맡았던 산시의 북부 감목 대리인 피오렌티니 주교Mgr. Fiorentini는 레이노 주교에게 이렇게 써 보냈다.

> 전체 토론에서 우리는 공동 활동을 통하여 교육과 언론 분야에서 많은 것을 공유할 수 있으리라는 인상을 받았습니다.[58] ▶

---

[57] J. Schmidlin 신부의 중국 활동에 관해서는: J. Metzler, *Die Synoden in China* ⋯, 185-9; K.S. Latourette, *op. cit.*, 558, 특히 K.J. Rivinius의 기사 Josef Schmidlins zweite Missionsstudienreise nach Ostasien im Jahr 1930, *Neue Zeitschrift für Missionswissenschaft*, 1986, t.42, 175-204.

위원회에 대한 개념은 앞으로 재정립되어야 하고, 1924년 상하이 주교회의에서 재론될 것이었다.

4. 1920년경의 상반된 평가들

교회 사업체들을 통해 선교지 활동을 평가할 수 있을까? 이를 위해서는 당사자도 아니고 관계자도 아닌 유럽인의 평가들을 구별해야 하고, 저자들이 멀찍이서 집필했던 것을 재검토해야 할 것이다. 다른 한편으로는 중국의 관점에서 고려해 보는 것이 마땅하다. 다양하고 복잡한 상황에 대한 분석은 앞서 보았듯이 한계가 있을 수밖에 없다. 현재 진행되는 많은 연구는 더 섬세해질 것이고 훗날 종합 평가를 가능케 할 것이다.

당사자는 우선 선교사들 자신이다. 그들은 활동의 정당성에 대해 질문을 던지거나 전반적으로 계획하지 않은 채, 대부분의 시간을 가장 유익해 보이고 또 실현할 수 있는 것, 그리스도인들과 일반 대중 속에서 발견한 필요성에 응답하려 전력을 다했을 뿐이다. 하지만 복음화의 관점에서 본 활동의 가치에 관해서는 의견이 분분하다. 우선적인 필요에 따라 다양한 수도회를 설립했던 주교들도 자선 사업에 헌신하는 수도회들의 발전을 격려하고 학교의 확장을 더욱 권장했다. 결국 로마 포교성도 중국 백성이 그 사업체들을 통해 그리스도교 신앙을 수용하는 좋은 방법이라고 보게 되었다. 하지만 제1차 세계대전 후에는 유보적 태도를 보였다. 교황 비오 11세는 1926년도 회칙 「레룸 엑클레시애」*Rerum Ecclesiae*(교회 선교사업에 관하여)에서, 선교사들이 모든 관심을 사업에 탕진해 버릴 우려가 있으니 복음 전파를 지연시킬 위험 소지가 있는 사업체들을 자제할 것을 요구했다.[59] 1918

◀58 J. Metzler, *op. cit.*, 187.

59 *Acta apostolicae sedis*, t.XVIII, 80-1.

년 뱅상 레브 신부는 교회 사업체들이 "인적·재정적 주요 자원들을 탕진할 우려가 있고, 주된 사업체가 그 나라 복음화에 아주 조금밖에 기여하지 못하거나 거의 기여하지 못하는 결점이 있다"[60]고 보았다. 그는 교회의 모든 사업체를 (기본 목표에 일치하는 한) 좋게 보았는데, 그것은 사업체들이 선교사들을 빗나가게 하지 않고 오히려 '긍정적 복음화의 도구'[61] 역할을 해 주어야 한다는 것을 암시한 것이다. 따라서 그 사업체가 목표로 하는 구체적인 배경을 먼저 연구해야 하고 또 그 사업체가 재정적으로 너무 부담 되지는 않는지 검토해야 한다고 뱅상 레브 신부는 주장했다.

> 일부 선교사들은 어린이들을 구제하고 교육함으로써만 그리스도인을 양성할 수 있다고 여기며, 그 어린이들이 자라 서로 결혼함으로써만 신자 가정을 이룰 수 있다고 믿고 있습니다! 4~5억의 영혼을 개종시키려면 이런 방법은 아마 상당히 많은 경비가 들 것입니다.[62]

끝으로, 선교사 레브 신부는 폐쇄된 선교지들이 운영하는 사업체들의 활동 가치를 문제 삼고 있다.

> 가난한 이에 대한 사랑의 보물, 빛을 향해 마음을 열어 주는 강력한 강론 이상으로 그리스도적이고 헌신적인 모범 사례들이 대중에게 가려져 불필요한 것처럼 되어 있다. 우리의 사업이 물심양면으로 사람들에게 알려지지 않아 그 이름이나 용도, 존재마저 모르고 있다.[63]▶

---

[60] 1918년 10월 비망록 참조: *La visite* …, 111.

[61] *La visite* …, 112.

[62] *Ibid*, 111. 4년 전, 레브 신부는 유럽 가톨릭을 의식하여 쓴 글에서 중국 그리스도교 공동체를 "보호된 중국인 소그룹으로 여겨"서는 안 되고 복음화는 "보호소에 있는 최소수 중국인들"로 생각하게 해서도 안 된다고 했다(AVL, *DG*, t.V b, 수사본 *Petites Pages*).

멀찍이서 상황을 평가한 앞의 두 사제는 교회 사업체에 철저히 유보적인 태도다. 그들은 프랑스인 졸리Léon Joly(1847~1909) 신부[64]와 1927~1928년 중국을 순방한 만나 신부[65]였다. 20여 년 후 그 둘은, 신중한 방법론이 필요한 교회 사업체의 서구적 체계가 중국 지역교회의 설립을 지연시켰음을 입증했다. 사업체의 발전에만 급급한 나머지 선교사들은 그리스도의 진정한 얼굴을 가리고, 활동의 이국적 성격을 고착시켜 어찌해 볼 수도 없게 만들었던 것이다. 원인은 우선 중국 사제단이었다. 사업체들이 그런 조직 체계를 절대 수용할 수 없었기 때문이다. 게다가, 졸리 신부에 따르면 1905년의 프랑스 가톨릭은 선교 사업을 지탱할 충분한 재력이 없었을 터였다. 만나 신부는 유럽과 미국 그리스도인들의 선교에 대한 비전이 이미 왜곡되어 있었다고 보았다. 그들에게 선교란 재정 지원의 동의어였다.

미국 개신교 역사가 라투렛트는 만나 신부와 같은 시기에 쓴 글에서 시각의 차이를 드러낸다. 유럽의 제국주의적 선교지 연합에 대한 유보 외에도 그는 선교사의 완전한 헌신, 자의적 애덕의 가치를 강조한다.[66]

파리 외방 선교회의 샤르보니에 신부Père J. Charbonnier는 1985년 11월, 19~20세기 중국 선교 사업체들에 관해 이렇게 썼다.

> 실제로 여학교를 포함한 각급 학교의 설립, 구호 봉사 활동, 고아원 운영 등을 통해 중국 백성에게 적극적으로 애덕을 실천했다. 교회는 미신적 관습에 대항하고, 교육과 보건, 인간 존중과 고등 교육을 통한 과학 지식의 함양 등 의미 있는 역할을 했다.[67]

◀[63] 1918년 10월 비망록 참조: *Ibid.*, 113.

[64] 참조: L. Joly, *Le christianisme et l'Extrême-Orient*, 2 vol., Paris, 1907, t.I, 특히 127과 159-60.

[65] G. Butturini, *op. cit.*, 133-44.   [66] 참조: K.S. Latourette, *op. cit.*, 305.

[67] 참조: "l'Église et l'État en Chine aujourd'hui", *Échange France-Asie*, 1985, nº 9, 13.

전체적으로는 나무랄 데 없는 평가라고 할 수 있으나 이는 선교 활동이 전개된 당시의 역사적 배경을 충분히 고려하지 않은 것이다. 심도 깊은 연구만이 선교지가 각 분야에서 현실적으로 어떻게 기여했는지 구체적으로 규정할 수 있을 것이다.

4.1 중국의 오해

19세기 후반 수십 년 동안 중국인들은 그들의 정치·문화적 세계와 관련하여 선교사들의 자선 활동을 이해할 생각조차 하지 않았다. 다방면에서 그들은 거세게 반발했다. 그들이 내세운 이유는 사제와 수녀들이 자기들이 설립한 시설 기관들을 채우기 위해 중국 어린이들을 유괴하고 환자들의 눈과 어린이들의 심장을 강탈하고 있다는 것이고, 선교사들의 사업은 곧 유럽의 정치·경제적 확장의 전주곡이라고 여겼던 것이다.[68] 이런 평가는 선교사들의 자선 사업이 직접 신앙의 결실로 인식될 수 없었고, 기대와는 반대로 중국인들을 신앙으로 인도하는 수단으로 이용되지 못했음을 확인한 셈이다. 더 넓게는 선교 활동이 마치 결함을 강조하는 방식으로 감지되었고, 상류 계층의 눈에는 중국 문화를 전반적으로 문제시하는 것처럼 보였다. 선교사들의 눈에 아픈 상처로 보이는 것이 반드시 중국인들에게도 그렇게 보이는 것은 아니었다. 그래서 고아원을 통해 선교사들이 부단한 노력을 기울였던 유아 사망 대비책은 때로 인구 급증을 유발하는 것으로 여겨지기도 했다.[69]

20세기 초반, 선교사들의 이국적인 모습에 대한 중국인의 두려움은 감소되었다. 그렇다고 불신이 아주 사라진 것은 아니었다. 선교의 방법으로서 사업체가 종업원을 고용할 때 늘 요구되는 신중함이 그것을 증명하고

---

[68] 참조: A. Chih, *L'Occident "chrétien"* … 18-25; P.A. Cohen, *Christian missions* …, 556.
[69] 참조: A. Hanssen, *op. cit.*, 88, n.2.

있다. 다른 편으로는 반종교적 해방 이데올로기의 발전과 더불어 문화 제국주의 비난이 다시 고개를 들게 된다. 1927년, 졸리에 신부는 다음과 같이 기록하고 있다.

> 거기에는 적대감 혹은 고도로 증폭된 불신이 잠재해 있다. 선교사들의 태도가 다소 개선된다 해도 너무 더디기 때문에 가톨릭 신자들이 상황 속에서 느끼는 생생한 체험을 보상해 주지 못하기 때문이다.[70]

그러한 상황은 외국인 종교 지도자들에게 복종하는 가톨릭 신자들이 매국노로 매도되는 데서 비롯되었다. 그들이 도움 받는 처지에 있다는 것도 문제였다. 50년 동안 중국 선교사로 있으면서 공산 치하에서 감금 생활을 했던 어느 프랑스 수녀는 간수들에게서 "당신들이 우리를 거지로 만들었다"는 비난까지 들었다고 한다.[71]

사업체를 통해 활동하면서 중국을 특수성 안에서 인정할 생각을 하지 않았고, 스스로 책임지고 싶어 하는 한 백성의 존엄성을 존중하는 방향에서 발전시키지도 않았다. 사상이 너무나 발전된 까닭에 19세기 실천 사항들을 더 이상 수용할 수 없다는 사실을 적기에 제대로 감지했는가 하는 점은 특히 생각해 볼 일이다.

사업을 통한 사도직을 중국적 관점에서 깊이 검토하려면 1945~1950년대의 정치 상황을 고려해야 한다. 그때부터 중국 본토에 대해 실시된 분석

---

[70] 1927년 12월 6일 자 서한 참조: H.-Ph. Delcourt, *Dom Joliet* …, 126. 코스탄티니 추기경의 비망록에 기록된 1928년 코스탄티니와 레브의 관찰 참조: *Con i missionari* …, t.II, 52-3.

[71] 이 수녀의 조카가 한 말에 근거: Mrg. H. Berlier, *Informations catholiques internationales*, 15 février 1981, 7. 주교는 존엄성을 일깨워 주지 않는 애덕의 심각한 부족을 강조한다: 선교사들은 가장 헐벗은 사람들을 스스로 일어나게 하기 위해 부름 받은 것이 분명하지만 '걷게 하는 것'을 잊어버렸다는 것이다.

들은 모든 선교 사업에 대해 철두철미하게 적대적이라 말할 수 있는데 물론 타이완의 경우는 다르다. 두 진영의 입장은 어떤 지점까지는 상호 보완적 역할을 하고 있다. 최근 베이징 종교 연구소는 선교 시기에 대한 재평가를 반#공식적으로 시도하고 있다. 과거 그리스도교 선교지들의 문화·사회·의료 활동은 인정되었으나, 10년 전 중국 당국자들은 중국이 근대화되면 종교는 저절로 사라질 것으로 믿었다.

4.2 빛과 어둠

교육 분야에서는 이런 물음이 제기된다: 가톨릭 선교지들은 20세기 초 중국 젊은이들을 매료시킨 지적 발전에 대한 강한 열망을 감지했는가? 한마디로 답할 수는 없다. 베이징의 일부 교회 책임자들은 대중적 개종이 기대되던 그 시기에도 누구에게나 개방되는 근대 교육 기관의 중요성을 인정하지 않았다. 또 다른 교회 책임자들은 교육 사업에 헌신할 방법들을 찾을 생각조차 하지 않았다. 1883년 포교성이 강조한 선교지 최우선 관심사는, 어린이들을 가톨릭적으로 교육시키고 젊은이들이 이교에 감염되지 않도록 교회 학교를 설립하는 것이다. 그러나 최적기에 선교지들은 교구 행정 분할의 와중에서 발생하는 어려움들을 조정하기에 여념이 없었다. 정치적 혼란으로 교회 당국자들은 이 문제에 더욱 신중했다. 중국 정부가 학교 조직에 구체적으로 관여하기 시작하고 교황 비오 11세가 엘리트 양성을 위해 학교 설립을 장려한 다음, 선교지들이 움직임을 보이기 시작한 것은 제1차 세계대전이 끝나고 나서였다.[72] 갑자기 선교지 학교 설립에 대한 종교적 유용성 문제가 제기되었다. 멀리 볼 때, 교육은 그 나라의 미래를 짊어질 엘리트들에게 영향을 미칠 수 있는 가장 좋은 방법이었다. 예수회

---

[72] 참조: *Rerum Ecclesiae*, 1926; AAS, t.XVIII, 81.

회원들이 그랬고 뚜렷한 종교적 목적의식을 가지고 활동한 뱅상 레브 신부가 그랬다. 뱅상 레브 신부는 1920~1927년 유럽의 중국 유학생들을 위해 헌신했다. 남들은 순수한 의미의 복음화만 중요하고, 학교 운영은 복음화 실현에 장애가 될 뿐이라고 계속 믿고 있었다. 그 논쟁은 다른 문제로 잠시 접어 두었는데, 말하자면 중국에 대한 서양의 영향력 문제가 양차 대전 사이에 더욱 부각되었던 것이다. 그 위급한 상황에서 가톨릭 당국자들은 입장을 수습하기에 급급했다.

양차 대전 간 정리 단계에 들어갔던 선교지의 학교 조직이 괄목할 만했던 것은 확실하다. 중국 본토의 전후 발전은 교육 사업의 영향력에 대한 평가를 지금까지 불허하고 있다. 가톨릭 선교지들이 20세기 초부터 활동했더라면, 중국의 지식층이 어떤 식으로 발전했을지에 대해서도 아직은 평가할 수 없다.

마지막으로, 선교지들이 중국에 끼친 영향을 단순히 사제 수와 세례자 수, 교회 사업체 수와 다양한 복음화의 방법 전개에 국한해서만 평가할 수는 없음을 지적하고자 한다. 드러난 수치상으로만 모든 성과를 파악할 수 없기 때문이다. 중국 가톨릭 신자들의 사회적 영향력에 관한 한, 가톨릭 운동과 상하이 사업체들을 적극 지원했던 육백홍陸伯鴻 요셉의 활동과, 정치 분야에서 마상백馬相伯과 육징상陸徵祥 르네의 활동에 대한 정당한 평가가 이루어져야 할 것이다.

17세기 예수회 회원들은 중국 황실의 후원으로 중국어 종교 서적과 과학 서적을 출간했다. 숱한 박해와 18세기 의례 논쟁으로 출판 활동은 점차 위축되었다. 그 무렵부터 포교성도 모든 문화 활동에 은근히 소극적인 모습을 보이기 시작했다. 로마 성청은 1851년에 가서야 감목 대리와 대학에 서적의 출간을 허락했다. 출간 종당 한 권은 의무적으로 성청에 보내는 조건이었다.[73] 19세기 말 중국의 대표적인 가톨릭 출판사는, 18세기 예수회 출판사를 물려받은 베이징 라자로회 출판사, 1870년 설립된 상하이 예수회 출판사, 1880년 설립된 홍콩 파리 외방 선교회 출판사다.[74] 쉬자후이의 도서관은 피스터 신부Père L. Pfister의 작품이다.[75]

1883년, 포교성 훈령은 각 감목 대리구가 출판사를 운영하여 신자들의 신앙을 견고히 하고 비신자들의 오류를 반박하기에 적합한 서적을 출판할 것을 지시했다.[76] 아울러, 과거 예수회 회원들이 그랬듯이 재능 있는 선교사들이 중국어 공부와 중국학 연구에 매진하여 상류 사회에 입문할 것을 권장했다.[77] 감목 대리들은 신앙이나 도덕에 위배되지 않는 내용의 중국 고전 사화집詞華集 출판을 권장하라고 지시했다.[78] 차츰 새로운 출판사들이 생겨났다. 1923년 23개 출판사[79]에 이어 3개 출판사가 새로 생겨났으니, 시엔시엔 예수회 출판사와 옌저우 베르비스트 출판사 그리고 지난濟南 프란치스코회 출판사가 그것이다.

1860년부터 베이징의 베이당 출판사는 프랑스 운수회사에 위탁된 한 출판업체의 후원으로, 1864년부터 1930년까지 500여 종을 중국어·몽골어·티베트어·프랑스어·라틴어·영어·독일어·네덜란드어·이탈리아어·스페인어로 출간했다. 주로 문법서, 기도서, 신학서였다. 발행 부수는 1922년 471,865권, 1925년 223,020권이었다.[80] 나자렛 출판사(홍콩)는

---

[73] F. Margiotti, *La Cina catholica* ⋯, 526-7.

[74] 특히 예수회 회원에 관해서는: F. Bortone, *Lotti e trionfi in Cina. I jesuiti nel Ciannan*, 320과 737-44; 라자로회 회원에 관해서는: A. Thomas [J.-M. Planchet], *Histoire de la mission de Pékin*, t.II, 476-511 (pour la première moitié du XIXᵉ siècle): 562-4와 711-25 (1860~1920).

[75] 중국에서 활동한 예수회 회원들에 관한 전기와 도서 목록은 *Variétés sinologiques* 59와 60 (Shanghai, 1932~1934)에 수록되었다.

[76] *Collectanea* ⋯, t.II, 194.   [77] *Ibid.*, t.II, 188.   [78] *Ibid.*, t.II, 194.

[79] B. Arens, *Mannuel* ⋯, 49. 그러나 19세기 초에 설립된 시완쯔西灣子(중앙 몽골) 성모 성심회 출판사는 같은 해에 폐쇄되었다.

[80] A. Thomas, *Histoire* ⋯, t.II, 564; *La Mission de Pékin*, 1ʳᵉ année, 19.

1,000여 쪽 분량의 선교지 관련 로마 문헌집을 3판까지 출간했다(1880, 1898, 1905). 케르빈의 『중국 근대 사도직 방법론』*Méthode de l'apostolat moderne en Chine*(1911)도 같은 출판사에서 900쪽이 넘는 분량으로 출간되었다.

상하이와 시엔시엔의 예수회 회원들이 출간한 서적들이 가장 괄목할 만하다. 상하이 예수회 출판사는 『중국학 잡록』*Variétés sinologiques* 총서를 출간했는데 1892년부터 1936년까지 총 60권이 나왔다. 역사학과 지리학 분야의 서적들이 그중 돋보였다.[81] 시엔시엔 감목 대리구는 각종 사전과 꾸브뢰르 신부Père S. Couvreur[82]의 중국 고전 번역서의 출간으로 유명했고, 위제 신부Père L. Wieger[83]의 중국 역사서들도 인기가 높았다. 19세기에 특기할 만한 점은, 서양인들이 중국인들을 그리스도교로 인도했다는 것보다 학술 서적을 통해 중국에 대한 탁월한 이해를 형성했다는 것이다.[84] 20세기의 연구들은 얼마나 중국 선교가 현지 문화를 고려해 가면서 사목 활동에 영향력을 행사했는지 물어야 한다.

1910~1930년, 중국의 가톨릭 정기 간행물 106종 가운데 100종이 선교 수도회가 출간한 것이었다. 전체의 절반 이상이 중국인들을 종교적·영성적으로 양육하고 그들에게 정보를 제공할 목적으로 출간되었고, 나머지는 선교사 자신들과 유럽 은인들을 위한 것이었다. 예수회, 라자로회, 파리 외방 선교회가 가장 많은 잡지를 간행했는데, 예수회가 30종, 라자로회가 15종, 파리 외방 선교회가 11종이었다. 1915년 톈진에서 「익세보」益世報(*Le*

---

[81] P. d'Elia, H. Doré, J. de Moidrey, H. Havret, L. Pfister, J. Tobar. 1922~1923년 이 출판사가 발간한 책은 유럽 언어권 서적 32,500권, 중국어 서적 268,650권이다.

[82] 참조: *Dictionarium Sinicum et Latinum ex radicum ordina dispositum, selectis variorum scriptorum sententiis firmatum ac illustratum*, paru en 1892.

[83] 추천할 만한 책: *Textes historiques*, 3 vol., 1903~1905/²1922~1923/1929; *Textes philosophiques*, 1907, *Histoire des croyances religieuses et des opinions philosophiques en Chine*, Paris 1917, Sien-Sien ²1927.

[84] 참조: P.A. Cohen, *op. cit.*, 556.

Bien Public)를 창간한 레브 신부의 독창성은 분명 중국 현대화 운동에 활력소를 제공했다. 중국인들이 직접 관리 책임을 맡은 이 신문은 창간 3년 만에 2만 부를 돌파하여 중국 북부 지역에서 제일 중요한 시사 일간지로 자리매김했다. 창간 초기 라자로회 장상들은 반대 입장을 취했다. 그리고 1916년 「익세보」가 톈진 주재 프랑스 거류지 확장 문제와 연루된 라오시카이老西開 사건 때 프랑스와 대립하자 레브 신부의 기고를 금지했다. 일부 선교사들이 레브 신부에게 적대감을 가지게 된 것도 그 무렵부터였다. 그래도 「익세보」는 장기간 왕성하게 발간되었다. 톈진과 베이징의 2종을 비롯하여, 다양하고 전문적인 정기 간행물들이 제2차 세계대전 발발로 폐간될 때까지 활발히 출간되었다.

1924년의 상하이 주교회의 이후 3개 시노드 위원회는 『시노드 회의 자료집』*Collectanea commissionis synodalis*이라는 월간지를 1928년부터 발행하여, 복음화 방법을 통일시키는 데 크게 기여했다. 연간 1,200쪽 안팎의 이 월간지는 4개 국어(라틴어, 프랑스어, 영어, 중국어)로 나왔고, 주로 중국 문화와의 만남을 목표로 교육과 출판에 관한 담론을 전개하는 한편, 사회·정치 문제와 성경·교리 교육에도 관심을 두었다.[85]

중국어판 가톨릭 출판물은 종교 교육과 학교 발전에 매우 중요했다. 출판물들은 중국 지성인들과의 대화 창구 역할을 하고자, 가톨릭 학자들의 연구물과 작품을 중심으로 특별히 구성하였으나 반향은 그리 크지 못했다. 촌티를 채 벗지 못한 선교지 소수 집단의 빈약한 홍보와 미미한 영향력은 양차 세계대전 동안 늘 그랬다.

---

[85] *Collectanea*에 관해서는: Simonato, "La 'Collectanea commissionis synodalis' de sa fondation (1928) 1933", *La presse chrétienne du Tiers Monde* (심포지엄 자료집 CREDIC, Gazzada, 1984) Lyon 1985, 127-42.

4.3 선교 활동의 조정과 로마의 시도

20세기 초 중국은 대개혁에 착수했다. 로마 당국은 산발적 선교 활동을 지양하고 공동 정책을 결정할 전국 시노드 회의를 개최할 희망을 버리지 못하고 있었다.

1907~1910년 포교성 장관 고티J. Gotti[86]는 지역 시노드 회의에서 감목 대리들과 그 계획에 대해 논의했다.[87] 1907년에 열린 2지구(산시·산둥) 시노드 회의는 전체 시노드와 연계하여 학교 문제 조정의 필요성을 분명히 표명했다. 1909년 제3차 5지구(푸젠·광둥·광시) 회의는 시노드 회의 소집과 교황 대리 임명을 요구했다. 같은 해, 4지구(쓰촨·윈난·구이저우) 시노드 회의에서 감목 대리들은 그 문제를 다루지 않았다. 같은 시기에 중국 북부 주교들의 표결 결과는 찬성 5표, 반대 4표, 무효 1표였다. 그 일의 효용성에 의문을 제기한 자를랭 주교가 무효 표를 던졌다. 1910년, 3지구(중국 중심부) 회의에서 주교들의 의견은 수렴될 기미를 보였다. 원칙에는 합의하나, 현 상황에서 전국 시노드 회의는 시의 적절하지 못하다는 것이었다.

포교성은 더 이상 유보하지 않기로 결정했다. 1911년 8월 31일 5개 시노드 지역 회장 주교들에게 회람을 보내어 각 시노드 지역에서 사목 경험이 있는 교회법 학자 2명씩 선발, 그 10명이 준비 위원회를 구성하여 미래 시노드를 준비할 것을 요청했다. 제2 위원회가 제1 위원회의 준비 작업을 수정·보완하면, 로마가 총회 날짜를 정할 것이었다.

일이 지연되었다. 우선 그 무렵 발발한 중국 혁명으로 주교 상호 간에

---

[86] 이탈리아 맨발의 가르멜회 수도사 Jérôme-Marie Gotti(1834~1916)는 1902년 포교성 장관으로 임명되었다. 그는 이듬해 교황 피선거권이 있는 주교가 되었고 사망할 때까지 포교성에 머물러 있었다. 교황 비오 10세와 함께 그는 항상 선교지에 대한 프랑스 선교 보호권 유지에 호의적이었다. 중국과 관련하여, 감목 대리들에게 J. 슈미들린을 부탁한 것이 거부되었다는 것은 거기에 대한 하나의 징후였던 것이다.

[87] 국내 시노드 준비 상황에 대해서는 J. Metzler, *Die Synoden* …, 182-5 참조.

소통이 어려워졌기 때문이다. 둘째, 지역 시노드에서 임명된 자문 신학자들은 중국 주재 선교 수도회들의 적법한 대표가 아니라는 로마의 판단 때문이었다. 따라서 사망이나 와병으로 인한 결원을 채우기 위해 새로운 임명 절차를 밟아야 했다. 그럭저럭 1914년 초가 되었다. 학교 교육에 관한 슈미들린의 강연은 선교 활동을 조정할 필요성을 그 어느 때보다 절실히 느끼게 했다. 제1차 자문 신학자 회의를 9월 중순 상하이에서 열기로 결정했으나, 전쟁 발발로 일부 프랑스 선교사들이 본국으로 송환됨으로써 준비가 중단되고 말았다. 1918년부터 로마는 이 문제를 다른 방식으로 재개하게 될 것이다.

제2장_중국 선교 운동과 제1차 세계대전의 후유증

1900~1930년 중국 선교 활동을 촉진시킨 요인은 많다. 교황 레오 13세 재임 기간 중 로마가 보여 준 추진력은 큰 역할을 했다: 1883년의 훈령, 다양한 지역 간 활동을 조정하고 선교 방법을 통일시키려는 의지, 교회의 토착화를 격려하면서 로마 훈령의 정신과 형태에 따른 교회 설립 계획 등이 그것이다. 동시에 의화단의 난으로부터 장개석에 의한 통일에 이르기까지 겪은 중국의 대혼란은 가톨릭 공동체의 수적 증가와 교회 사업체들의 발전에 좋은 계기가 되었다.

그 사이 한창 도약하는 선교 제도에 문제를 제기하는 다른 상황들도 발생했다. '현지 중국인 사제단'에 대한 논쟁도 재개되었다. 제1차 세계대전을 계기로 고개를 든 유럽에서의 민족주의 찬양은 선교 사회에도 영향을 미쳤다. 중국 학생들 사이에 대두된 새로운 애국주의가 외국인 기피증으로 표출되었다. 그런 현상은 외국 단체로 여겨지던 그리스도교 선교지들을 더욱 불리하게 만들었다.

몇몇 개인 선교사는 전략을 전반적으로 수정할 필요성을 재빨리 예감하고 그 위급 상황을 로마에 알렸다. 늦은 감이 있으나 선교 체제의 방향을 재구성할 필요성을 깨달은 사람은 교황 베네딕도 15세였다.

1914~1922년에 재임한 교황 베네딕도 15세는 전쟁의 비극과 교회에 닥칠 파급 효과를 걱정했다. 그는 교전국들에게 평화안을 제의했으나 프랑스가 거부했다. 다시 로마의 제의를 국제법에 호소해 보았지만 무위로 끝났다. 그때 협상이 이루어졌더라면 교황청은 1919년 평화 대회에 능동적으로 참여할 수 있었을 것이다. 교황은 실망한 데다가 베르사유 조약의 적개심에 환멸을 느꼈다. 1917년 이미 동방 정교회와 접촉을 재개하기로 한 교황은, 1919년 11월 선교 회칙 「막시뭄 일룻」*Maximum illud* (온 세상에 전파된 가톨릭 신앙에 관하여)을 선포하여 완전히 새로운 선교 노선에 돌입했다.

교황 베네딕도 15세의 지휘 아래 결정 또는 준비된 것에 관해 언급하기 전에, 교황의 새로운 활동에 영감을 준 원천이 무엇인지 가늠해 보기 위해 잠시 시대를 거슬러 올라가 보자.

1. 중국인 사제단 문제에 관한 오랜 논쟁

세계 각 지역에 교회를 설립할 때 근본 요소는 지역 사제단 문제였다. 이 문제는 현대 선교 운동 초기부터 제기되었다.

이 문제가 양차 세계대전 동안 선교학 논쟁의 주된 테마 중 하나로 다루어지기 전 이미 20세기 초에 대두되었다는 것은 주목할 만하다. 레옹 졸리 신부의 저서 『그리스도교와 극동』*Le Christianisme et l'Etrême-Orient*은 재개방의 현대적 시발점을 제시한다.[1] 두 권으로 된 이 책은 1907년 700쪽이 넘

---

[1] 졸리의 사상을 주제로 한 신학박사 학위 논문: M. Cheza, *Le chanoine Joly (1847~1909) et la méthodologie missionnaire* (Louvain 1936, 미출간).

는 분량으로 출간되었다. 이 책에서 저자는 자신의 논증을 상세히 설명하기 위해 역사와 현재성에 호소하고 있다. 즉, 복음화 주체들의 투철한 용기와 헌신은 방향을 제대로 잡지 못했다는 것, 안전과 자유를 얻기 위해 정치 권력에 의지했기 때문에 현대 선교지들이 실패했다는 것이다. 다시 말해서 초대 교회 사도들과는 달리 현대 선교지들은 자생할 수 있는 진정한 공동체를 형성하지 않았고, 오로지 로마에 순명하기 위해 양성된 지역 사제들은 사제단을 구성하지 않은 채 무한정 유럽 주교들과 유럽 선교사들 밑에 머물러 있다는 점을 지적했다.

미흡한 홍보와 격렬한 논쟁에도 졸리 신부의 저서는 지대한 영향을 미쳤다. 특히 중국인 주교단 구성과 관련하여 레브 신부와[2] 가스파리 추기경 Card. Gasparri과 코스탄티니 중국 초대 교황 사절이 이 책의 영향을 받았다.

선교지들이 지역 교회의 설정을 무한정 지연시켰다는 레브 신부의 진단은 정확하다. 과연 그는 문제의 모든 측면을 통찰할 수 있었을까? 1845년도 포교성 훈령 「선교에 관하여」 Neminem Profecto는 17세기 초의 중국 문제까지 근원적으로 통찰하지는 않더라도 그때까지 로마의 지시가 기대 효과를 유발하지는 못했다는 것을 인정하면서 현지 사제단에 각별한 관심을 기울인다. 졸리 신부가 지적했듯이 포교성은 선교사의 눈을 통해서만 현지 상황을 참작할 수밖에 없었다. 1838년 중국 최초로 대대적인 교회 개편을 결정하면서 선교 기구를 강화했으나, 교계 설정과 진정한 중국 교회의 설립 문제는 뒤로 미루었던 것도 사실이다. 그 후 몇 년 동안 지속된 정치적·전환기적 상황들은 중국 사제단 완비의 지연 이유를 설명해 준다.

1845년 훈령에 의거, 신학교 설립은 중국 감목 대리들의 우선적 관심사로 대두되었다. 그것은 특히 1880년 시노드에서 확인된다. 그런데 중국 신

---

[2] 참조: M. Cheza, "Le chanoine Joly inspirateur du Père Lebbe?", *Revue théologique de Louvain*, 1983, t.14, 302-27.

학생 교육에 대한 구체적인 강령인 1883년 훈령에서, 포교성은 중국 신학생들을 너무 빨리, 너무 쉽게 서품하지 말 것을 강조했다. 아울러 포교성은, 중국인 책임하에 중국 사제들을 양성하는 방법도 익혀야 한다는 취지에서 책임 부서를 중국인들에게 위임해야 한다고 명시했다.[3]

그것은 외국인 선교사가 중국인 사제에게 소속될 수도 있다는 것을 의미하지만 실제로 그런 경우는 없었다. 여기서 상황 발전을 방해하는 또 다른 측면이 드러난다. 선교사들은 마치 자신을 로마가 파견한 사람들로 생각했고, 또 선교는 바로 자신들의 선교회에 위임되어 있기 때문에 그들은 중국인 사제들보다 우월하다고 판단했다. 그리고 그들은 공동체 규칙을 따라야 하는 수도자로서, 규칙에 얽매이지 않는 세속 사제들과 함께 생활한다는 것이 어렵다고 생각하기도 했다.

이어서 1899년 파비에 주교의 시행령에 근거한 논증이 뒤따랐다. 파비에 주교의 시행령에 의하면 현 중국 교회 책임자들은 자국 정부에 대해 외국 선교사들에게만 부여된 공식 권리를 누릴 수 없게 되어 있었다.

그리스도교가 불교만큼 중국에 적응하지 못한 것은 그리스도교가 정복자들과 연관되어 있었기 때문이고, 선교사들이 중국인 사제단의 발전을 원치 않았기 때문이라는 점을, 이 복잡한 상황에서 졸리 신부는 감지하지 못했던 것이다.[4] 그런데 그는 두 가지 중요한 요소를 간과하고 있다. 불교는 (중국의 다른 종교들과 마찬가지로) 가톨릭만큼 명확하고 엄격한 교의를 갖추고 있지 않았고, 가톨릭 교의는 중국인 지식인들이 수용하기에는 너무 어려웠다. 로마도 현지 중국인 사제단 양성이나 의례와 관련된 교의 문제에 대해 주저하는 태도를 여러 차례 보여 왔다. 졸리 신부는 중국인 사제가 소수인 데다가 특히 파리 외방 선교회 위임 지역에 많이 속해 있다

---

[3] 참조: *Collectanea* …, t.II, 190.191.
[4] *Le christianisme* …, t.I, 323-5.

는 점을 들어, 그가 잘못된 정보에 근거하였음을 시사하고 있다.[5] 사실 1868년 중국 내 사제의 47%가 중국인이었다. 중국인 사제의 비율이 외국 선교사에 비해 월등히 높았던 곳은 라자로회 지역으로서 외국인 선교지에 속한 사제들은 40% 대 67.1%였다. 절대수에서 훨씬 더 많은 사제가 외국인 선교지에 있었던 것은 확실하다(190명 중 중국인 사제가 76명). 다만 졸리 신부는 당시 외국인 사제들이 중국인 사제들보다 더 빨리 증가하고 있다고 추산했을 수는 있다. 1860년경 수적으로 월등했던 중국인 사제들은 1905년 전체의 32% 정도에 불과했다.

문제의 본질은 통계적인 면보다는 심리적인 면에 있었다. 진정한 중국인 '사제단', 자기 교회를 책임지는 데 민감한 중국 사제단 양성은 진전을 보지 못하고 있었다. 기존의 선교 체제와 유럽의 보호 제도를 통해 보완된 선교 체제가 당시에는 오히려 장애가 되었기 때문이다.

프랑스어로 쓴 졸리 신부의 저서는 사회적 관심과 논쟁을 불러 일으켰고 선교지 발전에도 기여한 바 컸다. 이 외에도 1909년에 출간된 스위스 예수회 회원 안톤 하운더의 『선교지의 현지인 사제』*Der einheimische Klerus in den Heidenländern*도 주목할 만하다. 이 책은 20세기 초 독일 가톨릭 선교학의 원천이 되었다.[6] 저자는 졸리의 저서를 인용하면서 심도 깊은 역사적 검토로 사안에 접근하고 있다. 그는 선교사들의 오류를 은폐하지 않았으며 현지 중국인 사제단 양성이 지연된 책임의 소재를 밝히려 했다. 당시 하운더 신부는 유력 선교지 『가톨릭 선교』*Die katholischen Missionen*의 발행인이었다. 그는 이 잡지를 통해 현지 사제단의 발전상과 선교지의 유럽화에 반대하는 새로운 시각을 제시했다.

---

[5] *Ibid.*, 355.

[6] Freiburg i.Br.: Herder. Anton Huonder에 관해서는 B. Arens, *Manuel* … 참조. *New Catholic Encyclopedia*, t.VII (1981) 269에 요약문 수록.

2. 위축된 뱅상 레브 신부의 직관

선교사 뱅상 레브 신부는 예비신자 교리나 교회 사업체 분야뿐 아니라 중국 선교지 쇄신에도 특별한 기여를 했다.[7] 1877년 벨기에 강Gand에서 태어나 1940년 중국 충칭重慶에서 선종한 레브 신부는 바오로 서간에서 깊은 영성을 얻었다. 이 활기차고 진취적인 선교사는 새로운 복음화 방법을 늘 열린 마음으로 수용했다. 상황에 대한 감수성과 직관이 뚜렷하여, 모름지기 중국 교회는 참으로 중국적인 교회가 되어야 함을 장상들보다 먼저 알고 그것을 위한 투쟁에 온 삶을 바쳤다.

1901년 그는 라자로회 선교사로 베이징에 도착했고 1906년 톈진 지구장으로 임명되었다. 그는 교회의 이국적 성격과 중국인 사제와 외국 선교사 간의 불평등을 통탄했다. 뿐만 아니라 선교지의 열악한 상태에 문제를 제기하고, 중국 가톨릭 신자도 여느 중국인들처럼 공민 생활에 참여하라고 촉구하기 시작했다. 이를테면, 의화단의 난 이후 외세의 압력으로 강요된 보상금 상환을 위해 배정된 기부금 모금에 중국 가톨릭 신자들도 동참하라고 촉구했다. 또한 현대식 학교 설립도 시도했다. 그러나 그의 제안과 시도는 번번이 그의 교구장 자를랭 주교의 반대에 부닥쳤다.

톈진 도착 초기, 특히 1910년부터 뱅상 레브 신부는 그의 관할 지역에서 그리스도를 증거할 기회를 다방면으로 모색했다. 그의 동료 사제가 옌산陰山 지역에 평신도 사도직 연합회를 결성한 것을 계기로 가톨릭 운동Action catholique을 전개했는데 이것이 주교들의 관심을 끌게 되었고, 1914년에는 중국 여러 지역 대표가 모이는 공동 대회를 개최하기에 이르렀다. 바로 그

---

[7] 생애의 중대 사건과 중국 교회에 제시한 방향에 관해서: J. Leclercq, *Vie du Père Lebbe. Le tonnerre qui chante au loin* (Tournai - Paris: Casterman 1955; 국역『멀리 울리는 뇌성』성 바오로출판사 1993). 선교 배경에 대한 평가와 내용 자체에는 정확성과 섬세함이 다소 부족하지만 여전히 가치 있는 저서다.

러한 배경 속에서 출판 활동이 전개되고, 1915년에는 「익세보」가 창간되었다. 가톨릭 운동의 목적은 중국 평신도의 사도적 책임감을 일깨우고 그들을 이중 고립에서 해방시키는 데 있었다. 이중 고립이란 선교사의 특정 주의로 인해 전국적 가톨릭 공동체로서의 자각도 없고, 또 중국 사회의 일원이라는 의식도 결여된 데서 오는 고립이었다.

레브 신부는 이 사회적 소외를 타파하기 위해 톈진의 상류 사회와 접촉했다. 그는 열렬한 전교 권유로 마음을 비운 상태에서 사회적 진보와 민족적 일치를 목적으로 협력할 모든 기회를 이용했다. 그러는 사이에 사회·자선·학술 단체 등에서 발언권을 가지게 되었고, 바로 그 단체들에 가톨릭을 소개했다. 1911년부터는 강의 프로그램도 개설하여 다른 협력자들과 함께 교리를 가르치며 다양한 계층과 대화를 나누었다. 그 지역 선교사와 중국 사제들이 그를 따랐다. 그 결과, 전에는 이국적이고 위험한 사교로 여겨지던 가톨릭 교회가 사회 현실 안에 공존하기 시작했고, 교회가 엘리트들을 통해 더욱 인정받게 되었다.

1916년, 라오시카이 사건이 일어나 갑자기 이 운동이 중단되었다. 라오시카이는 중국인 소유지로, 1912년 부임한 톈진 감목 대리가 대성당과 주교관을 짓기로 한 곳이자 프랑스가 거류지 확장에 탐내던 곳이기도 하다. 프랑스 경찰이 그 땅의 단계적 유용을 허가했다는 언질이 프랑스 공사와 라자로회 재정 담당자 간에 오갔다. 그런 상황은 결국 중국인 소유주들과 도시 고위 당국자들의 항의를 유발시켰다. 교구장 뒤몽 주교Mgr. Dumond는 선교사들의 중립을 지시했다. 레브 신부는 베이징 주재 프랑스 대사에게 항의 서한을 보냈고, 프랑스 대사는 뒤몽 주교를 위협했다. 프랑스에 대한 저항의 상징이었던 레브 신부는 여론에 떠밀려 6월 말 그곳을 떠나 인근 감목 대리구 정딩正定에서 3개월을 보냈다. 그런데 9월 말, 베이징의 라자로회 감찰 신부는 그를 톈진에서 가장 먼 오지 본당의 보좌로 보내 고립시켜 버렸다. 레브 신부의 동료들에게는 충격이었다. 때마침 「익세보」는 프랑스의 부당 행위에 대대적인 저항 운동을 전개했다.

뱅상 레브 신부는 라오시카이 사건을 통해 선교 보호권이야말로 중국 교회의 앞길을 가로막는 요지부동의 장애물이라는 교훈을 얻었다. 라자로회 회원들은 프랑스가 외교적 선교 보호권을 포기하지 않는 한 중국 가톨릭 신자들에게 애국주의를 표현하게 할 수 없었다. 그 일을 포기하면 수도회의 존속이 위태로울 것 같았다. 1901년과 1904년 반포된 프랑스 법령은 수도회에 불리했지만 수도회의 국외 봉사 활동 정도는 허용했다. 뱅상 레브 신부는 중국 교회가 새로운 중국에 대한 열망과 함께할 때만 자유롭고 성숙할 것이라 보았다. 15년 전부터 레브 신부는 폐쇄 사회의 본질을 알았다. 당시의 정치·종교 제도는 중국 가톨릭 공동체가 스스로를 책임지도록 도와주지 않았다. 중국 교회를 중국인 스스로 꾸려 갈 책임은 그리스도교적 의미에서 새로운 중국을 지향하는 첫째 조건이었다.

● ● ●

1917년 2월 말, 라오시카이 사건의 진상을 조사하러 라자로회 감찰위원으로 톈진에 파견된 기유 신부P. Cl. Guilloux는 레브 신부가 위험스럽게도 중국 신부들을 너무 자유롭게 풀어 주었다며 비난했다. 그리고 프랑스 외교관과 중국 외교관 사이에 충돌이 빚어질 경우, 프랑스 정부는 라자로회 책임자들에게 애국 운동을 면제해 줄 것이므로 중국 사제단과 신자들은 중립을 지켜야 한다고 사제들에게 주지시켰다. 그렇지 않으면 수도회가 심각한 피해를 입을지 모르기 때문이라는 것이었다(참조: J. Leclercq, *Vie du Père Lebbe*, Tournai - Paris: Casterman 1955, 187). 1917년 3월 29일, 기유 신부와의 대화(참조: AVL, *DG*, t. IX, 35)에서 레브 신부는 결론 내렸다: "모든 문제는 실제적 압력을 가한 프랑스 대사에게 있고, 결국은 프랑스 정부에 있는 것이 아닌가?" 틀린 생각이 아니었다. 정부에 보낸 1918년 10월 25일 자 전보에서 베이징 주재 프랑스 대사 보프Boppe는, 중국에서 반외국인 운동을 전개하는 '위험하고 선동적인'(AEP, vol. 65: *Protectorat relig. en Chine*, fol. 267) 벨기에 선교사 레브 신부를 '좌천'시킨 사람이 바로 외무 장관이라고 밝혔다.

● ● ●

불안정한 6개월이 지난 후, 라자로회 장상들은 뱅상 레브 신부를 중국 남부로 보냈다. 톈진의 다른 선교사와 사제들도 모두 전출되었다. 이미 감목대리구에서 태동하던 운동, 중국의 발전을 목표로 사도적 방법을 재정립하기 위해 전개되던 이 운동은 갑자기 중단되어 다시는 예전 같은 활력을 찾아볼 수 없었다.

3. 앙토완 코타 신부의 중국인 지위 향상 지원 활동

이제 레브 신부는 자신이 직접 투쟁해야 한다는 것을 알고 있었다. 그는 자신을 희생하여 투쟁의 대가를 치르기로 결심했다. 그리고 로마 교황청에 있는 프랑스인 친구 바뇌프빌 주교를 통해 그가 정의와 사랑으로 견지하는 입장을 포교성 책임자들에게 알렸다. 그는 1906년 확고한 자기 입장에 대한 체계적이고 논리적인 자료를 중국 북부의 라자로회 친구 앙토완 코타Antoine Cotta(1872~1957) 신부에게 건넸고, 그 친구는 포교성에 제출하려고 그것을 기초 자료로 삼아 장문의 비망록을 집필했다.

앙토완 코타 신부가 볼 때 모든 것은 라오시카이 사건 발생 2년 전에 시작되었다. 1914년 4월, 중국 북부 지역 라자로회 대표 모임에서 두 가지 문제가 제기되었다: 중국인을 통솔할 유럽 선교사들이 더 많아야 한다는 것과 유럽에 중국 신학생들을 더 많이 보내야 한다는 것이었다. 코타 신부는 첫째 문제에 대해, 선교사 부족은 중국 사제단의 증가를 서둘기 위한 좋은 계기가 될 수 있고, 또 예기치 않은 상황이 선교사 부족 현상을 악화시킬지도 모른다고 응답했다. 주교들은 신학생 유학에 소극적이었다. 코타 신부는 중국 젊은이들을 유럽으로 유학 보내 다양한 학문을 습득시키는 것이 얼마나 가치 있는 일인지 강조했다. 그럼 왜 중국 사제들을 보낼 수는 없는 것일까? 그 모임은 전체적인 그림만 그리고 끝났다.

앙토완 코타 신부의 반응에 사람들은 놀랐고, 그날부터 수도회 안에서 그의 입장은 묘해졌다. 그는 파리의 수도회 총원장에게 보고서를 보냈는데, 총원장은 본인이 직접 출두하여 설명하라고 요구했다. 그러나 그의 국적이 이집트이고, 부친 국적이 오스트리아인 상태에서는 파리 여행이 어려워 출두가 불가능하니 연기해 줄 것을 간청했다. 그렇게 서신 왕래가 시작되었는데, 그것이 앙토완 코타 신부가 1916년 말부터 로마에 보낸 여러 비망록의 전주곡이었다. 그러는 사이 총원장이 죽고, 파리에 보낸 앙토완 코타 신부의 서신은 '고문서'가 되어 버리고 말았다.

우리는 여기서 코타 신부가 1916년 12월 29일부터 1917년 2월 6일 사이에 쓴 현지 사제단 양성에 관한 비망록만 보게 될 것이다. 45쪽가량의 이 비망록은[8] 1916년 3월부터 포교성 장관이었던 세라피니 추기경Card. D. Serafini에게 제출되었다. 그 비망록에서 앙토완 코타 신부는 교황청의 방침과 '영적 식민지'인 중국 선교지 간의 '절대적이고 영속적인 대조'를 극명하게 보여 준다. 중국 선교지는 선교 방향, 성소자 모집, 물질적 대외 의존도 등, 모든 면에서 대외 의존적이었다. 그는 1845년 포교성 훈령과 교황 레오 13세의 회칙 「동인도의 신학생들」 등 여러 문서를 장황하게 인용하면서 구체적인 중국 상황과 대조한다.

이어서 그는 선교사들이 그리스도 공동체들을 하향 평준화시키기 위해 내세우는 이유들을 나열하는데, 우선 '중국인은 주교가 될 능력이 없다'는 문제부터 다룬다. 그는 1911년에 출간되어 자유롭게 유통되고 있는 케르빈의 저서를 해설하면서, 잘못 계발된 자질이 근본적 무능의 결과인지 아니면 준비가 불충분했던지를 파헤친다. 그는 다양한 과목에서 우수한 성적을 낸 중국인 학위 취득자들을 예로 들어 중국인이 무능하다는 주장을

---

[8] 원문 참조: *La visite apostolique* …, 25-70.

반박한다. "우리가 확고한 신념을 가지고 후계자를 키운다면, 신학생들은 우리의 목적에 응답할 것입니다."[9] 또 저자는 중국 사제들의 자질을 인정하기 어렵다는 문제에 대해서, 여러 중국인의 사례를 열거한다: 우선 18세기 사제인 이 안드레아는 17년 동안 쓰촨 선교지를 무리 없이 운영했고, 1906년에는 라틴어 신문도 700부 이상 발간했다. 무식하다고 주교품을 거절당했던 노盧 그레고리오 신부도 열성과 재능, 덕성에서는 인정받고 찬사 받았다. 1820년 베이징 프랑스 선교지 책임자였던 중국인 라자로회 회원 서 마태오 신부는 열성적이고 영성 깊은 모범 사제로, 25세 연하의 물리 신부P. Mouly에게 자리를 물려줄 때까지 15년 동안 선교지를 성공적으로 운영했다. 그외 문필가이자 웅변가인 베이징의 왕 바오로, 예수회 회원 이 라우렌시오, 후난의 우牛(Niou) 세례자 요한 등도 있었다.

중국인 주교단 구성에 반대하는 둘째 이유는 '교회 분열에 대한 두려움' 때문이었다. 이 주제에 관해 코타 신부는 중국인들과 아무 상관 없는 문제로 그들을 탓하고 있다고 일축한다. 그런 비난은 천만부당하고, "중국 신자, 중국 사제들만큼 교황 성하를 존경하는 사람이 세상에 없을 것"이며, "성직 계급에 대한 존중은 하나의 덕성이다, 덕성들 중에서도 제일 으뜸가는 덕성이다"라고 강조한다. 그리고 코타 신부는 갑자기 극동에 등장한 이 교회 분열 문제는 내국인의 문제가 아니고 유럽인 관점에서 본 문제였음을 입증하기 위해 다시금 의례 논쟁, 고아Goa[10] 문제 등 역사를 거슬러 올라가며 사례를 들고 있다. 그러나 1865년 일본 가톨릭 신자들은 쁘띠장 주교Mgr. Petitjean에게 두 가지를 물었다: 당신은 독신제를 지키고 있습니까? 당신은 로마의 교황과 일치하고 있습니까?

---

[9] *Ibid.*, 34.
[10] 19세기 고아의 이단 사례는 이보다 후에 로마에 보낸 앙토완 코타의 비망록에 보충되어 있다.

예수는 교회를 약자들에게 위임하셨거니와 더러는 받은 사명을 저버렸으나 더러는 성실히 지킨다. 그것은 그들이 선민이기 때문이 아니라 그들을 강하게 하시고 아무도 차별하지 않으시는 '그분'이 성실히 지켜 주시기 때문이다.

그 상황에서 앙토완 코타 신부에게 장애가 된 것은 졸리 신부가 전반적 연구 대상으로 삼았던 '행동 기준'이었다. 다른 세세한 문제들과는 별도로 그는 이 문제를 '매우 정확하게' 다루었다. "그의 저서가 출간되기 전에 이미 우리는 같은 생각을 하고 있었다. 그것은 일상의 경험을 통해 확인되었다." 그는 졸리의 저서에 대한 세 예수회 회원들의 부적절한 비평들을 종합하면서, 현 상황의 문제점을 다음과 같이 분석했다.

우선 중국 사제들이 도처에서 열등한 대우를 받는 인종적 편견에 대해 자세히 설명한다. 선교사들의 정복자적 사고방식과 언제나 존중받고 싶어 하는 유럽의 위세에 대해 언급하고 과거와 현재의 여러 사례를 열거하면서, 특히 1914년 4월 라자로회 총회 때 바루디 신부P. Baroudi와 나누었던 대화 내용을 인용한다. 바루디 신부는 중국 사제를 외국 선교사와 동등하게 인정해 줄 준비가 되어 있다고 밝히면서도 그 나라 중국인 주교의 권위를 유럽인 주교와 똑같이 수용하는 데는 주저하고 있었다. 1659년의 훈령과는 반대로 중국 교회는 아직도 유럽적이며, 일부 선교사들은 긍정적인 면에서 모국의 중개자 역할을 하는 경우를 가끔 본다고 역설하고 있다. 19세기 초까지 가톨릭에 대한 중국의 대립 상황은 '단순하다고 말할 수 있을' 정도였다. 중국 정부 당국이 그리스도교의 가치를 인정하지만 허락 없이 그리스도교를 전파하는 것을 비난한 것은 외래 종교이기 때문이 아니라 외국인들이 전파하고 있었기 때문이다. 그런데 19세기 중반부터 '대립'은 가중되었으니 그 이유는 선교지가 호교권에서 참담한 결과를 초래했기 때문이다.

∙ ∙ ∙

외국인이 그리스도교를 전파하는 것에 대한 평가는 토론의 여지가 있다. 사실 그리스도교가 중국인들에 의해서만 전파되었더라면 17~18세기 중국에서, 특히 교의적인 면에서는 더 잘 수용되었을지도 모른다. 나아가, 코타 신부는 로마에 대한 중국 가톨릭 신자들의 충성을 부각시키면서도, 대다수의 중국인들이 중화 문화권이 아닌 바깥에서 조직된 종교를 쉽게 수용하지 못하고 불신의 대상으로 여겼다는 것을 간과하지 못했다. 그는 중국 가톨릭 신자들에게 그리스도교가 수용되려면 더 이상 '유럽 외국인들'과 함께 나타나지 말아야 된다고 생각했다. 그것은 물론 매우 중요했다. 하지만 그것만으로는 중국과 그리스도교의 만남에 있어 더 근본적인 문화적 측면을 해결할 수 없었다.

∙ ∙ ∙

현 상황에서 고려해야 할 둘째 요인은 중국인의 애국주의다. 코타 신부는 여기서 라오시카이 사건 당시 뒤몽 주교가 보인 태도를 예로 든다. 톈진 교구장 주교에 의하면, 신자들은 중립을 지켜야 했다. 중국인들은 종종 까닭 없이 가톨릭 신자들을 유럽인 취급 하고 있었는데, 라오시카이 사건에서 그들은 모처럼 애국 정신을 발휘했다. 다른 사례도 있다. 톈진에서 전개된 가톨릭 운동을 계기로 일치의 바람이 일고 유교가 공식 국교로 통과되는 것을 저지하기 위해 출판물 운동에 참여했다. 코타 신부 생각에는 선교회 장상들이 이런 시도들을 전적으로 거부하는 것 같았다.

셋째 요인은 수도회의 역할이다. 저자는 각 수도회가 "수도회에 위임된 지역을 마치 그들의 영토처럼 여기는 것 같다"[11]고 한다. 그 원천은 로마에 있었다. 로마의 허락 없이 수도회가 맡은 지역을 다른 회에 양도하는 것을 금하는바, 지금도 위임법ius commissionis의 효력이 살아 있다는 것이다. 그

---

[11] 이는 미래 교황청 순시자 게브리앙 주교, 교황 사절 코스탄티니 주교와 만나 신부에 의해 확인되었다. 1918년 보고서에서 게브리앙 주교는 활동 영역을 마치 독점이나 한 듯 여기는 수도원들의 편협한 시각을 지적했다(참조: *La visite* …, Introduction, XIV). 코스탄티니 주교는 "영적 식민지"라는 표현을 다시 인용했고 지역 봉건주의에 관해 언급했다(*Con i missionari in Cina*, t.I, 273 et passim). 만나 신부는 "수도회중파"를 장황하게 고발했다(참조: G. Butturini, *op. cit.*, 118-32).

것은 맹목적인 애국심이다. 코타 신부는 그 상황의 불합리한 점을 부각시킨다.

> 교회 운영권을 현지인들에게 돌려주고 그리스도교 공동체를 관리할 '교구 사제단' 구성에 대한 중장기 계획은 중국에서 전혀 고려되지 않는 것이 분명하다. 수도회는 자기 수족들의 유산을 손상 없이 보존·증대해 주어야 한다. 중국인들을 위해 여기 와 있는 우리는 우리 자신, 우리 아버지, 우리 형제만 생각하고 있다. 후견인이 상속인의 자리를 차지해 버린 것이다.[12]

그 후 수년 동안 수도회의 영토 봉건주의는 중국에 진출하려는 다른 외국 선교 단체나 중국인들에게 교구를 위임하려는 로마의 의지 앞에서 그들의 본심을 여러 번 드러냈다. 교황 베네딕도 15세와 비오 11세가 호의적으로 강조했던 점은 훗날 점차 결실을 거두게 될 것이다.

결론을 내리기 전, 코타 신부는 개신교가 중국의 의료 인력을 확충하는 데 관심을 가졌음에 주목한다. 그리고 중국 의회 800명 의원 중 개신교가 21명인 데 비해 가톨릭은 단 한 명뿐이라는 것도 지적한다. 결론인즉:

> 중국인도 우리와 같은 인간이고, 초자연적 목적에 부름을 받은 같은 인류의 지체다. 하느님의 은총과 은사에서 제외된 것은 아무것도 없다: "하느님의 소망대로 각기 나뉘었다"(quae dividit singulis, prout vult). […] 세계 인구의 절반이 사는 이 나라에 가톨릭의 정착은 절실하며 현지 주교단을 구성할 때가 왔다. […] 우리 그리스도교 공동체가 외부에서 받는 충동을 기능으로 받아들일 것이 아니라 완전한 조직으로 해야 하며, 중국 교회에서

---

[12] *La visite apostolique* …, 65.

'외래 종교의 흔적'을 말끔히 지워 버려야 할 때가 왔다. […] 교황은 현 시점에서, 누구라고 말할 수는 없지만, 주교단 구성에 합당한 수십 명의 모범적인 중국인 사제들을 발굴해야 할 것이다.[13]

졸리 신부의 저서와는 달리 앙토완 코타 신부의 비망록은 중국에서 10년간 산 경험이 있고 주교에게 인정받은 사람, 복음화의 주체가 쓴 것이다. 그는 모험심이 강한 사람도 아니었다. 그 비방록의 의의는 선교 회칙「막시뭄 일룻」의 원천 중 하나, 그것도 근본적인 원천을 제공했다는 데 있다.[14] 이는 직접 바뇌프빌 주교에게서 들은 사실이다. 그의 비망록과 회칙을 비교해 보면 분명하게 확인된다. 내용도 아주 유사하고, 때로는 표현까지 동일하다. 뿐더러 반대파 선교사들은 코타 신부와 레브 신부의 사상적 영향을 그 회칙에서 재빨리 간파했다.

교황 베네딕도 15세의 회칙을 소개하기 전에, 제1차 세계대전이 중국 선교지 상황에 끼친 영향과 1918년 교황 대사 파견 실패와 1919년 교황청 공식 방문에 대해 알아보자.

4. 제1차 세계대전의 후유증

제1차 세계대전이 발발했을 때 중국은 아직도 안정을 찾지 못하고 있었다. 중국은 1917년 8월에 서명한 동맹국 가담을 오랫동안 망설였다. 군사적 활동에는 참여하지 않았다. 여하튼 프랑스는 1916년부터 15만 명의 중국

---

[13] *La visite* …, 67, 69, 70.

[14] 주교단의 필요성과 호교권에 관한 또 다른 참고 자료는 레브 신부가 중국 남부에서 자신의 새 교구장 레이노 주교에게 보낸 1917년 9월 18일 자 서한이다(*Lettres du Père Lebbe*, Tournai - Paris 1960, 137-58. 국역:『뱅상 레브 신부 서간집』수원 가톨릭대학 출판부 1990, 176-202).

인 노동자들을 모집하여 프랑스·영국·미국의 통제하에 전시 동원 인력으로 배치했다.[15] 일본은 1914년부터 동맹국으로 전쟁에 가담하여 산둥 독일 관할 지역을 장악했고, 1915년 중국 정부에 '21개 요구 조항'을 강요하여 중국 북부까지 집어삼켰다.

중국 가톨릭 선교지들은 이 정치적 사건으로 심한 후폭풍을 맞았다. 선교사에 관한 통계, 세례자 수와 재정은 전후戰後 통계 자료만 놓고 볼 때 그렇게 참담하지만은 않았다. 하지만 특히 전쟁 초기 몇 해 동안에 갖은 이유로 많은 조직이 와해되었다. 1914년 중국 내 선교사 1,500명 중 850명이 프랑스인인데 그 1/3이 병역 건으로 본국에 소환되었다. 또 1916년까지 선교 활동을 중단해야 했던 280명 중 약 2/3가 중국 내에서 동원되었다가 점차 복귀했다. 산둥 독일권 선교지에서는 베르비스트 회원들이 칭다오靑島 방어에 참가했다. 그곳은 6명의 프란치스코 회원과 말씀의 선교 수도회(신언회)Société du Verbe divin 수사들이 일본군에게 포로가 되었던 곳이다. 일본군에 점령된 후, 선교사들은 대부분 자기 임지로 돌아가게 되었다. 그것은 아프리카와 다른 아시아 지역 선교지들에 있던 독일 사제들의 경우와는 다른 것이었다.[16] 여성을 포함하여, 유럽에서 새로 오는 선교사들의 입국이 전반적으로 중단된 것을 현저하게 느낄 수 있었다. 그것은 특히 1916년까지 세례자 수가 감소한 데서도 볼 수 있다. 전쟁 중 외국인 사제 수는 별로 증가하지 않았는데 중국인 사제 수는 100여 명 증가했다. 파리 외방 선교회의 사제 수는 1914~1918년 사이 343명에서 319명으로 감소한 데 비해 같은 지역의 중국인 사제 수는 184명에서 207명으로 증가했

---

[15] 배치 상황과 원인·조직·결과·영향에 관해서는 A. Kriegel, "Aux origines françaises du communisme chinois", *Communismes au miroir français,* Paris 1974, 57-93 참조.

[16] 전쟁 초기, 전 세계 독일 선교사는 모두 2,306명이었다. 혼란기에 864명이 39개 선교지에서 추방되었고, 대개는 21개 식민지에 억류되어 있었다. 추방당한 나라는 벨기에령 콩고, 카메룬, 수단, 나이지리아, 보르네오, 실론, 남아프리카와 모잠비크였다.

다. 전쟁 초기 중단된 유럽의 재정 지원은 그 후 수년간 미국 가톨릭의 기여금 증자로 보상되었다.[17]

선교사의 감소로 레오 13세의 회칙 「동인도의 신학생들」과 코타 신부가 세라피니 추기경에게 보낸 비망록[18]에 언급된 교회의 미래가 의문스러워졌다. 하지만 전쟁으로 야기된 어려움들은 선교 활동의 일시적 조직 붕괴가 아닌 다른 어려움으로 나타날 위험을 안고 있었다. 유럽 국가들 간의 충돌(교황청도 잘 알고 있던 문제)은 복음화와 선교사들의 신뢰성에 대해 황당한 결과를 초래할 수 있었다. 중국 주재 프랑스 선교사들의 동원, 특히 프랑스군이 보호하던 톈진에서까지 수명의 선교사들을 동원한 것을[19] 중국인들은 미심쩍은 눈으로 보았다. 만일 중국이 독일 편에 가담하는 날에는, 가톨릭 신자들에게 중대한 양심의 문제를 불러일으킬 수 있는 상황이었다. 후자의 경우, 많은 감목 대리구 조직이 붕괴되고 말 것이다. 선교지와 호교권 사이, 또 사제단과 신자들 사이에 대립 위험이 있을 뿐 아니라 다국적 유럽 선교사들의 분노도 우려하지 않을 수 없었다.

그런 두려움은 착각이 아니었다. 전쟁 초부터 포교성의 프랑스 사업부는 독일 선교지에 송금을 중단시켰다. 레브 신부가 창간한 「익세보」에 호의적이었던 산동 남부의 독일 주교는 자국 가톨릭 신문에 프랑스의 우월주의를 비판했고, 자신이 발행하는 신문에는 독일의 관점에서 불만을 토로했다.[20] 1917~1918년, 중국 정부와 교황청 간의 수교 협상은 프랑스의 거부 반응과 중국 내 일부 프랑스 선교사들의 분노를 촉발했다.[21]

1918년 7월, 양국 외교 대표가 임명되는 순간 포교성은 전국 시노드 준

---

[17] 선교사 · 세례자 · 재정 지원의 증가에 관해서는 K.S. Latourette, *op. cit.*, 705-11 참조.
[18] *La visite* ⋯, 33.   [19] *Ibid.*, 53.62.
[20] A. Henninghaus à V. Lebbe, 31 octobre 1915, AVL, *DG*, t.VI, 70.
[21] 참조: *Une nonciature à Pékin en 1918?*, Louvain-la-Neuve 1983, 특히 93-5와 103-4.

비를 재개했다. 외교적 시도의 실패, 라오시카이 사건, 로마에 보낸 보고서들을 포함한 전반적 상황은 선교지 쇄신을 위한 선교 활동의 단순한 한계를 초월하는 일련의 사건들을 초래했다.

5. 게브리앙 주교의 공식 방문(1919~1920)

1918년 초 세라피니 추기경이 사망했다. 후임으로 기욤 반 로쑴Guillaume van Rossum이 포교성 장관으로 임명되어 그해 3월 12일 부임했다.[22] 코타 신부가 성청에 보낸 장문의 비망록과 바뇌프빌 주교에게 쓴 레브 신부의 서신들은 새 장관에게 제출하기로 하고, 그해 7월 12일 시노드 지역 회장이 아닌 다른 6명의 감목 대리들에게 설문지를 보내기로 했다. 중국에서 가장 열심한 이들 중에서 선발된 이 6명의 다국적 감목 대리들은 중국 북·중·남부 지역 선교지의 여러 수도회 사람들이었다.[23] 포교성은 이 설문지를 통해 중국 내의 종교적 소요, 선교사의 사도직 활동, 중국인 사제단 양성, 학교, 신자, 외교인外敎人, 새 신자에 관한 정보를 얻으려 했고, 그 외에 중요하다고 판단되는 다른 주제들에 관해서도 지적해 줄 것을 요청했다.[24] 6명의 주교들은 답변을 통해 복음화 과정이 미약했음을 확인해 주었고 대안도 내놓았다. 특히 두 사람의 보고서가 로마의 관심을 끌었다.

---

[22] G. van Rossum (1854~1932): 네덜란드 구속주회 회원으로, 1911년 추기경에 임명되어 교황 베네딕도 15세와 비오 11세 재위 기간에 선교 개혁을 주도했다.

[23] 1916년 12월~1917년 2월의 비망록과 서한 외에도 코타 신부는 1917년 12월 26일 중국 그리스도교에 유리한 상황과 미흡한 선교 체제에 대한 총체적 연구서를 포교성에 제출했다 (brouillon dans AVL, *DG*, t.X, 30). 6명의 감목 대리들은 J.-B. Guébriant(광둥), J. de Vienne(정딩), E. Geurts(융핑), A. Henninghaus(옌저우), H. Lecroart(시엔시엔), E. Massi (산시 중부)이다.

[24] 참조: Arch. Propagande(포교성 고문서), Rubr. 130, 1919, dossier *Inchiesta discreta della S.C. di Propaganda sui bisogni della Chiesa di Cina*; F. Margiotti, *La Cina cattolica* …, 533-534; J. Metzler, *Die Synoden* …, 190-1.

산둥 독일 베르비스트회 소속 헤닝하우스 주교Mgr. Henninghaus의 보고서와 파리 외방 선교회 소속 게브리앙 주교Mgr. Guébriant[25]의 보고서였다. 후자는 코타 신부와 레브 신부의 보고서와 많은 점에서 일치했다.

게브리앙 주교는 보고서에서, 감목 대리 임명 방식의 시정을 요구하면서 일부 고위 성직자들이 책임을 소홀히 하고 있음을 암시했다. 또한 우수한 주교를 선발하기 위해서는 중국에 로마 대표부가 상주해야 한다고 주장했다. 잘못된 선교사 정책은 일부 감목 대리구의 침체를 초래한다는 것도 확인시켰다. 그는 특히 선교사들의 무력감과 소외감을 치유하고, 중국어 습득 문제를 해결해 주어야 한다고 역설했다. 전체적으로 중국 50개 감목 대리구의 일치는 요원하고, 수도회들은 서로 시기하여 자기 지역을 지키고 있는 까닭에 사실상 '중국 교회'는 존재하지 않는다는 것이었다. 남부 지역 중국인 사제단은 특히 열악했다. 그리스도교는 외래 종교로 치부되고 호교권은 이제 쇠퇴기에 접어들고 있다는 것도 지적했다. 그러니 교황이 주교들과 선교사들에게 서한을 보내 그들에게 개척 정신을 일깨워 달라고 요구했다. 게브리앙 주교의 보고서에서 특히 포교성이 관심을 가진 부분은, 로마가 구상하는 시노드 총회는 중국 전 지역에 대한 포교성의 공식 방문이 있은 다음에 개최되어야 한다는 것이었다. 6개월이면 전국 순회가 끝날 것이고, 그다음 시노드에서 다룰 사안들에 관한 일치 항목과 대립 항목의 목록을 작성할 수 있을 것이라는 제의였다.[26]

게브리앙 주교의 보고서를 받은 반 로쑴 추기경은 그가 직접 공식 방문을 수행할 수 있는지 타진한 후 교황에게 보고했다. 드디어 1919년 7월 22

---

[25] J.-B. Budes de Guébriant(1860~1935)은 부르통의 귀족 출신으로 1885년부터 중국에서 선교사로 활동했다. 1910년 Ningyuan 감목(쓰촨)이 된 그는 1916년부터 광둥 대목구를 겸임하였다. 1919년 9월부터 1920년 3월까지 교황청 순시자였던 그는 1921년 외방 선교회의 총원장으로 선출되어 사망할 때까지 그 직책을 맡았다.

[26] 1918년 12월 25일 자 게브리앙 주교의 보고서 참조: Arch. Propo., Rubr. 130, 1919.

일, 광둥의 감목 대리가 중국과 인접한 왕국들의 교황청 순시자로 임명되었다. 프랑스 정부는 교황청의 조치들을 가까이서 지켜보았을 것이 분명하다. 그렇기 때문에 6월 18일, 외무 장관은 '교황 사절' 자격으로 예정된 파견에 관해 브뤼셀 주재 프랑스 대사에게 미리 알려 주었던 것이다. 외무 장관은 편지에, 중국 주재 프랑스 고위 성직자들 중에서 교황 사절이 선발될 수 있도록 프랑스 대사가 벨기에 정부의 협조를 구하면 좋겠다는 말까지 덧붙였다. 서둘러 쓴 그 편지에서 그는 이런 말도 덧붙였다: "그 프랑스인은 광둥의 교구장인 게브리앙 주교가 될 수밖에 없을 것 같은데, 그는 도량 있고 애국심도 갖춘 사람입니다."[27] 당시 교황청과 프랑스 공화국의 외교 관계는 단절 상태였다. 하지만 로마 주재 프랑스 대사는 바티칸에 정보원을 두고 있었다. 게브리앙 주교가 선발되도록 프랑스 외무부가 압력을 행사했다는 것은 부정할 수 없는 사실이다.[28]

교황청의 공식 방문은 1919년 9월 15일부터 1920년 3월 12일까지 실시되었다. 포교성이 교황청 순시자에게 내린 훈령들은 1918년 게브리앙 주교의 보고서와 코타 신부와 레브 신부의 보고서들에서 직접 영감을 받은 것이었다. 훈령들은 복음화의 제반 문제를 다룬 30여 개 항목의 질의서 형식으로 제시되었다.[29] 로마 사절은 중국 내 모든 주교와 그 대리자뿐만 아니라 많은 선교사와 중국인 사제, 평신도들까지 최대한 많은 사람을 만나

---

[27] S. Pichon à de Margerie, 18 juin, minute, AEP, vol. 65: *Protectorat* ···, fol.292-3.

[28] 6월 28일 게브리앙 주교는 베이징 프랑스 대사에게 자신의 임명 소식을 알렸다(d'après le télégr. de A. Boppe au ministre des Affaires étrangères, 8 juillet 1919, *ibid*., fol.294). 장관은 광둥의 주교가 선임되었음을 기뻐하면서 로마 대사에게 그 소식을 전했다: "그 애국적 열정과 힘은 비단 우리에게만 도움 되는 것은 아닐 것이다"(télégr. chiffré, 15 juillet 1919, *ibid*., fol.295).

[29] 설문지는 교황청 순시자가 1919년 10월 1일 자로 주교들에게 보낸 공문에서 재론되었다. 참조: *La visite* ···, 179-81. 1919년 12월 12일 청두 프랑스 영사 A. Bodard가 외무 장관에게 보낸 서한도 참조[AEP, vol.65 (fol.300-2)].

야 했다. 훗날 벨기에 성모 성심회Scheutistes의 총원장이 된 뤼튼 신부[30]가 순방 내내 게브리앙 주교를 수행했다. 그들은 교회 책임자들과 1919년 11월 베이징 회의, 1920년 1월 청두成都 회의, 2월 한커우와 상하이 회의 등, 수차례 지역 회의를 열기도 했다.[31]

레브 신부는 이 공식 방문에 큰 기대를 걸었다. 교회의 상황을 알릴 기회라 생각했다. 공식 설문에 대한 그의 응답들은 개인의 생각뿐 아니라 1919년 중국 선교지들의 상황에 대한 대단히 귀중한 자료가 된다.[32]

게브리앙 주교는 특히 톈진 감목 대리구의 상황을 살펴 긴급 조치를 취할 권한까지 받았다. 대부분의 선교사가 라오시카이 사건에 대한 교구장의 태도를 비난했다. 라자로회의 보고서를 근거로 로마는 중국인 사제들이 반외세 운동에 앞장서는 것을 우려했다. 로마의 지시 없이는 중국을 떠나지 않겠다고 버티던 코타 신부에게 성무집행정지 처분이 내렸고, 그는 1919년 3월 프랑스의 압력으로 축출당할 뻔했다. 게브리앙 주교는 톈진 교구장 뒤몽 주교에게 교구 재정 담당 플뢰리 신부P. Fleury를 격려하라고 설득하면서, 그 감목 대리구를 예수회가 담당하는 시엔시엔에 합병시킬 것을 제의했다. 라자로회는 너무 가혹한 조치라고 판단했다. 로마는 결국 뒤몽 주교를 인사 조치 하기로 결정, 그를 장시江西 감목 관리국장으로, 정딩의 라자로회 주교 요한 드 비옌느Mgr. Jean de Vienne를 톈진의 관리국장으로 임명했다. 코타 신부의 이임이라는 어려운 결정을 내린[33]▶ 게브리앙 주

---

[30] Joseph Rutten (1874~1950): 19세기 초부터 중앙 몽골에 선교사로 있었다. 1905년에 중등학교를 신설했고 1920년에는 베이징에 성모 성심회 회원들을 위한 중국어 학원을 개설했으며, 이듬해에는 다퉁大同(산시)에 신학교를 설립했다. 1920~1930년 수도회 총원장으로 재임했으며 베이징 가톨릭 대학교에 발진티푸스 연구소도 세웠다.

[31] 청두 회의에 관한 것은 1920년 1월 22일 보프(A. Boppe) 대사에게 보낸 보다르(A. Bodard) 영사의 서한 참조: AEP, vol.65, fol.304. 한커우와 상하이에서 보낸 서한에는 회칙 「막시뭄 일룻」의 몇몇 지시 사항도 포함되어 있다. Louvain-la-Neuve, 1983, XVIII-XIX.

[32] 1920년 2월 10일 자 문서. *La visite* …, 256-78에 사본 수록.

교는, 상하이 라자로회 장상들과 은밀히 협의하여 레브 신부도 중국 유학생을 지도한다는 명분을 내세워 유럽으로 소환하기로 결정했다. 그때 교황청 순시자는 레브 신부가 로마에 직접 가서 그의 소신을 피력하도록 해 주겠다는 언질도 주었다.

1920년 6월 1일, 게브리앙 주교는 다음과 같은 요지의 중국 방문 보고서를 포교성에 제출했다:[34] 1) 좀 더 중국적인 교회가 필요하다. 일부 감목 대리구를 중국인 사제단에 위임하고, 외국 공사관의 지원은 최소화해야 한다. 종교 시설물에는 그 지방 고유의 건축양식과 장식을 살리고, 중국인 사제단을 외국인과 동등하게 대우하며, 중국인 사제단의 임무를 인정하여 중국인 주교 선발에 발언권을 주어야 한다. 2) 사도직 방법, 교리서와 기도 양식, 성경 구절 등을 통일해야 한다. 3) 소규모 감목 대리구를 더 많이 설정하는 것이 시급하다. 끝으로 게브리앙 주교는 이 모든 문제의 실마리를 풀기 위한 전국 시노드 개최와 교황 사절 임명이 절박하다고 강조했다.

포교성은 그 제안들을 광범위하게 참작하여 조속한 시노드 개최를 추진했다. 오히려 어떤 면에서는 보고서를 능가할 정도였다. 이를테면 게브리앙 주교가 제기한 중국 주교단 구성 문제는 "2~3세기나 지난"[35] 해묵은 견해에 불과하다는 반응이었다.

6. 새로운 선교 회칙 「막시뭄 일룻」(1919)

교황 베네딕도 15세는 재위 초기 전쟁을 겪어야 했다. 전쟁 말기에 또 다른 일련의 문제가 제기되었다: 교황청은 이탈리아가 로마 문제의 조정을

◂[33] 1919년 10~11월 게브리앙-코타의 4차 회담에 관한 보고서: *La visite* ⋯, 202-15.

[34] 보고서 본문 참조: 포교성 고문서, *Acta*, vol.293 (1922) fol.370-84.

[35] *Ibid.*, fol.370.

거부했기 때문에 베르사유 평화회의에 공식 참여권을 얻지 못했다; 교황의 중재 노력에 실패한 후, 바티칸은 국제적 입지를 상실했다; 공교롭게도 독일의 패전으로 비유럽권 독일 가톨릭 선교지들이 앵글로색슨계 개신교 단체로 넘어갈 우려가 있었다. 특히 프랑스에서 격화된 민족 감정은 선교사 사회의 반향을 일으킬 수도 있었다. 이 상황에서 교황 베네딕도 15세는 레오 13세 식으로 반응했다. 그는 분열된 서양 그리스도교 사회에 교황청의 국제적 입지를 재정립하는 데 선교 활동이 하나의 선택 영역임을 간파했다. 그래서 선교 활동에 활력과 자극과 초국가적 노선을 설정해 주는 것이 중요하다고 생각했다.

전쟁 중에, 또 전쟁이 끝난 후, 일부 독일 선교사가 구독일 식민지와 적국 식민지에서 추방되었다. 독일 주교들은 그들의 재입국 허가를 교황청에 간청했다. 베르사유 조약 438조에 의거, 독일은 그들 선교지에 대한 모든 권리를 포기해야 했다. 국무원 비공식 사절 체레티 주교Mgr. Cerretti가 베르사유 회의에서 다룬 사안들 중에는 독일 선교지 문제도 있었다. 로마 협상위원은 438조의 수정안을 관철시켰고, 영국 외무 장관 발포어 경Lord Balfour의 1919년 6월 6일 자 기록도 확보했다. 최종안은 가톨릭 선교지에 대한 최고권이 교황청에 있음을 재확인했다. 구독일 선교지들은 원소유주에게 반환될 것이고, 독일 선교사들이 복귀할 때까지 필요하다면 '신앙 감독관'fidei commissaires이 위탁 관리하게 될 것이다.[36]

이는 교황과 국무원과 포교성이 팽팽히 어깨를 겨루면서도 서로 다른 수준에 있음을 시사한다. 1918년 7월, 포교성의 게브리앙 주교가 6개 중

---

[36] 이 협상에 관한 자료로 특별히 참조할 것: G. Jarlot, *Doctrine pontificale et histoire. L'enseignement social de Léon XIII, Pie X et Benoît XV dans son ambiance historique (1878~1922)* (coll. "Studia socialia", 9), Rome 1964, 439-41; V. De Marco, *Un diplomatico vaticano all'Eliseo. Il card. Bonav. Cerretti (1872~1933)* (coll. "Politica e storia", 52), Rome 1984, 55-61.

국 감목 대리구를 순방하는 동안에도 국무원장 가스파리 추기경은 베이징 교황 대사직 문제를 다루고 있었다. 국무원장이 파리 대주교에게 교황 대사직의 종교적 의미를 설명한 1918년 8월 22일 자 서신은 선교 활동의 활성화를 목표로 한 포교성의 설문지를 확충·보완한 것이었다. 1919년의 중국 공식 방문은 선교지 담당 성성이 주관한 활동이었다. 교황과 국무원장은 중국의 상황에 대해 전반적인 관심을 가지고 같은 방향으로 각각 독자적인 활동을 전개했다. 특히 가톨릭이 식민지에서 승리자의 신앙과 혼동되지 않게 유의했다. 그것은 1919년 11월 30일 공포된 「막시뭄 일룻」의 내용이, 명심해야 할 최고 관심사들임을 설명한다. 중국 선교지 상황에서 광범위한 자극을 받은 것이기는 하지만 그 문헌은 게브리앙 주교의 공식 방문이 끝나기 수개월 전에 발표된 것이다.

더 정확히 말하면 선교 회칙 「막시뭄 일룻」은 '온 세상에 전파된 가톨릭 신앙에 관하여'De fide catholica per orbem terrarum propaganda[37]라는 제목의 교황 교서다. 두 개의 서론 중 첫째 서론에서는 초대 사도들로부터 최근 오스트레일리아와 중앙아프리카의 개방에 이르기까지 가톨릭 사도직을 환기시키면서, 게르마니아의 보니파치오, 치릴로와 교수법, 아메리카의 바르톨로메오, 극동의 프란치스코 하비에르 등 몇몇 위대한 선교사의 모습을 전한다. 둘째 서론에서 교황은 현재의 활동을 인정하면서, 갖은 노력에도 불구하고 아직 복음을 접하지 못한 사람이 많음에 아픔과 놀라움을 금치 못한다는 뜻을 표명하고 있다.[38] 교황은 선교지 발전을 위한 열정적이고 탁월한 선교 방법들이 창안되기를 기대하고 있다는 것이다.

회칙 첫 부분에서, 교황은 선교 담당자들에게 그들의 의무가 무엇인지 묻는다. 감목 대리는 선교지의 운명을 짊어진 선교사들의 활동을 격려해

---

[37] 본문 참조: *Acta Apostolicae Sedis*, t.XI, 440-55.

[38] *Ibid*., 442.

야 한다. 장상의 자질과 능력이 부족하다면 그 선교지는 실패할 수 있기 때문이다. 고립된 느낌을 받는 선교사들은 좌절할 것이다. 주교는 관할 지역 전 주민의 복음화를 목표로 해야지, 수천 명을 신앙으로 인도한 것에 만족해서는 안 된다. 미래 감목 대리구의 핵심이 될 새 선교지를 조성하는 것이 바람직하다. 여기서 교황 베네딕도 15세는 감목 대리들이 사제가 부족할 때 서슴없이 다른 수도회에 협조를 호소한 데 대해 찬사를 보낸다. 자기 관할이라고 해도 주님 터전의 주인이 될 수는 없기 때문이다.[39]

훌륭한 선교지 장상이라면 자기 관할 지역 안에만 있지 않는다. 그리스도 왕국을 확장시키는 데 관련되는 모든 것에 관심을 가지고, 이웃 선교지 동료와도 조화를 이루어야 한다. 뿐만 아니라 일정한 시기에 최대한 많은 선교 책임자가 모여 공동관심사를 다루는 것이 좋다. 지역 시노드의 정기적 개최를 염두에 둔 것으로, 전국 시노드 준비의 중국적 징표를 보여 준다. 사실 중국만큼 전국 시노드 문제가 절실한 데가 없었다.

교황은 회칙 첫 부분 거의 절반을 할애하여 선교지 장상의 근본 관심사, 즉 지역 사제단 교육과 신학교에 대해 길게 언급한다. 그는, 현지 사제는 지역민의 감성과 밀착되어 있으므로 설득의 방법을 잘 알고, 외국 사제가 들어갈 수 없는 환경에도 쉽게 접근할 수 있는 기회가 자주 있을 것이라는 논지를 일관되게 내세운다.

> 마지막으로 선교지 장상은 현지 사제단 양성을 위한 신학생 모집과 교육에 특별한 관심을 기울여야 한다. 새 교회의 큰 희망이 바로 거기에 있다. 현지 사제는 혈연·사상·감정·취향 면에서 동족과 자연스럽게 조화되어, 동족에게 신앙을 심어 주기에 가장 잘 준비된 사람이기 때문이다.[40]

---

[39] *Ibid.*, 444.
[40] *Ibid.*, 445.

초보 단계로는 불충분하다. 유럽처럼 자력으로 공동체를 운영할 수 있는 사제들을 양성해야 한다. "하느님의 교회는 보편적이다. 어떤 나라, 어떤 민족 안에서도 교회가 이방인으로 있어서는 안 된다."[41] 그렇게 설립된 교회는 박해가 일어나도 이단에 휩쓸릴까 걱정하지 않아도 될 것이다. 교황 베네딕도 15세는, 교황청이 항상 선교지의 사제단 양성을 강조해 왔다고 확언한다. 이미 수세기 전에 가톨릭이 유입된 지역임에도 제2 구역권에 현지 사제단이 1개밖에 없다는 것은 실로 유감스러운 일이다(dolendum est). 그 지역에는 각계각층에 훌륭한 인물들이 있는데도 아직 주교도 사제도 없다. 그러니 교황은 종래의 사제단 양성 방법에 문제가 있다고 보았다. 포교성은 여러 교구에 신학교를 신설하거나, 기존 신학교의 운영 방안을 개선하는 등, 대책을 강구해야 할 것이다.

소속 감목 대리구에서 소신학교 과정을 마친 중국 젊은이들은 철학과 신학을 공부하러 이웃 교구로 가는 경우도 있었지만, 대개 임시 방편으로 해결했다. 중요 과목은 본당신부나 보좌신부에게 배웠다. 감목 대리들은 사제들이 교회의 학교 교육에만 전념할 수 없다고 판단했다. 이 회칙이 나온 후, 완비된 시설과 탁월한 교수진을 갖춘 신학교들이 신설되어 신학생으로 넘쳤다(첫 번째 구체적 결실이다). 이런 신학교는 포교성 직속이었다.[42] 첫 번째 신학교는 뤼튼 신부의 작품으로, 그는 1921년 다퉁(산시) 지역에 5개 성모 성심회 감목 대리구를 위한 대신학교를 설립했다. 얼마 후 그곳 신학생은 93명으로 늘어났다. 1923년 즈리의 5개 라자로회 감목 대리구를 위한 두 번째 신학교가 처란冊蘭(베이징)에 설립되었다. 그 후 수년간 유사한 형태의 신학교가 열두 개나 생겼다. 신학교는 대부분 지방에 있었다. 커리큘럼에는 종교 과목에 중국 문학도 추가되었다.

---

[41] *Ibid.*

[42] 1934년 4월 27일 자 포교성 훈령 참조: *Sylloge* …, 456-7.

회칙 둘째 부분은 선교사의 의무에 할애되었다. 교황은 선교 이념의 위대성을 환기시킨 다음, 시편 45의 10절에 나오는 "네 백성과 네 아버지 집안을 잊어버려라"를 인용하며 "당신들은 인간의 나라를 확장하기 위해 일하는 것이 아니라 그리스도의 나라를 위해 일한다는 것을 기억할 것이며, 신학생들을 모집하되 지상의 조국이 아니라 천상의 조국을 위해 일해야 한다는 것을 잊지 마십시오"[43]라고 설명하고 있다.

자국 세력 확장을 위해 은밀히 활약하는 것은 선교사로서 가장 '가증스러운 일'pestis teterrima이다. 그런 성향은 사도의 애덕을 무력화시키고, 그 뜻을 모를 리 없는 주민들에게 나쁜 영향을 미친다. 주민들은 머지않아 선교사의 모든 것을 의심하고, 그리스도교는 어느 나라의 종교이니 그 나라의 침략도 수용해야 되리라고 생각할 것이다. 선교 잡지 편집자들도 하느님 나라의 확장보다는 자국의 세력 확장에 더 뜨거운 열성을 쏟아 붓고 있다. 당당한 가톨릭 선교사라면 그렇게 행동할 수 없다. 가톨릭 선교사는 어떤 식으로든지 자국의 이익을 추구하지 않고, "그리스인도 유다인도, 할례 받은 이도 할례 받지 않은 이도, 야만인도 스키티아인도, 종도, 자유인도 없습니다. 그리스도만이 모든 것이며 모든 것 안에 계십니다"(콜로 3,11)라는 바오로 사도의 정신으로 지역의 이익을 위해 일해야 한다.

선교사의 둘째 의무는 영혼의 유익만 추구하는 것이다. 탐욕의 노예가 되지 말아야 한다. 부에 대한 열정은 탐욕에 빠지기 마련이다. 그런 성향으로 어떻게 형제를 위해 모든 것을 바칠 수 있겠는가?

선교사는 신학뿐 아니라 세속 학문도 제대로 배워야 한다. 교황은 선교 활동에 학문이 필요없다는 주장에 동의하지 않고 우르바노 대학에 선교학 강의 개설을 명한다. 특히 선교사는 선교지 언어에 정통해야 한다.[44] 선교

---

[43] *AAS*, t.XI, 446.
[44] *Ibid*., 448.

사는 식자나 무식자 모두에게 열려 있어야 하고, 교리 해설을 전적으로 교리 교사들에게만 맡겨서도 안 된다. 교황 베네딕도 15세는, '동양' 선교지에 파견되는 선교사들이 손쉽게 활용하게끔 동양의 언어와 도덕을 연구·소개하는 동양 연구소Institut Oriental가 최근에 문을 열었음도 언급한다.

끝으로 선교사들은 덕성에서도 모범이 되어야 한다. 말보다 더 확실한 증거는 거룩한 삶 자체. 기도 안에서 하느님과의 결합은 은총과 도움을 준다. 진정한 애덕은 인내와 관대함을 낳는다.

셋째 부분에서 교황은, 삶을 하느님께 봉헌한 많은 동정녀가 선교지 어린이 교육에 종사하며 신심·복지 사업에 헌신하고 있음을 치하했다.

회칙의 1/4을 점하는 마지막 부분은 전통적 그리스도교 국가의 신자 의무에 관해 언급한다. 의무는 성법聖法(Sancta lex)처럼 오직 하나로 통합된다. 애덕으로 강화된 인간적 형제애로 선교지를 돕는 것이 중요하다. 선교지를 돕는 것은 다른 모든 애덕사업을 초월한다[1926년 회칙 「레룸 엑클레시애」에서 비오 11세가 더욱 강조]. 모든 가톨릭 신자가 가까이할 본질적 방법은 기도다. 기도의 사도직 수도회Œuvre de l'Apostolat de la prière는 선교지들을 위해 기도한다.[45] 교황 베네딕도 15세는 모두가 이에 연대하기를 희망하고 있다. 둘째로는 선교사 부족을 해결해야 하는데, 이 고질적인 문제는 전쟁으로 더 심각해졌다. 교황은 주교들에게 선교 사도직에 헌신하고 싶어 하는 사제나 신학생을 격려해 주라고 당부한다. 그리고 인간적인 계산이나 교구의 필요에 좌우되지 말라고 요구한다. 교황은 선교 수도회들에게, 엘리트들을 선교지로 파견할 것이며(oramus et obsecramus), 한 지역에 교회를 설립한 다음에는 미련 없이 다른 곳으로 떠나라고 당부한다.

---

[45] 성심(聖心) 신심을 조성하기 위해 교황 비오 9세 때, 예수회 회원 Ramière 신부가 창설한 이 수도회는 교황 레오 13세 재위 초 12개국에 설립되었고, 제1차 세계대전 이전에 수백만 회원을 확보하고 있었다.

끝으로, 도움의 형태는 재정 지원이다. 선교지에는 재원이 필요하다. 더구나 전쟁으로 많은 교회사업이 붕괴되어 재원이 더 절실해졌다. 교황은, 사회복지사업이 육체적 고통을 덜어 주기도 하지만 하느님 자녀들이 가는 자유의 길을 이교인들에게 열어 주기도 한다고 생각했다. 가톨릭적 관용으로 베풀어야 할 사업이 사회복지사업이다. 교황 베네딕도 15세는 이 사업을 포교성에 맡긴다고 특기하고 있다. 이는 로마가 선교 활동뿐 아니라 재정 지원에서도 국제화를 지향하고 있다는 명백한 증거다.

교황은 임종을 기다리는 어린이들에게 세례를 주는 아동 구호 단체 성영회도 언급한다. 아울러 1889년 프랑스에서 현지 사제단 양성을 돕기 위해 설립된 베드로 사도회Œuvre de Saint-Pierre-Apôtre와 아프리카 노예들을 구제하기 위한 삼왕축일 헌금도 기억한다.[46]

교황은 사제단이 선교지에 각별한 관심을 가짐으로써, 1916년 만나 신부가 설립한 포교성 직속 '선교지를 위한 사제단 연합'Unio cleri pro missionibus이 모든 교구에 설립되기를 원했다. 신자들에게 선교 관심을 불러일으키고 사도좌가 인준한 각종 선교지 사업체들을 유지하는 일은 사제단의 몫이다. '선교지를 위한 사제단 연합'은 새로운 선교의식의 결정적 원천을 제공했고, 주교단의 선교 책임을 각성시키는 데 기여했다.[47] 교황은 전쟁으로 폐허가 된 선교지들이 조속히 회복되기를 희망한다고도 했다.

---

[46] 교황 베네딕도 15세는 반 로쑴 추기경 산하에 베드로 사도회 설립을 요청했다. 같은 시기에 반 로쑴 추기경은 네덜란드에도 최초의 전국 기구로 이 회의 설립을 추진했다: 이 주제에 관한 참고 자료: J. van Lin, "Foundation of the Pondifical Work of St. Peter the Apostle in the Netherlands. 14th July 1919-3rd July 1920", *Neue Zeitschrift für Missionswissenschaft*, 1981, t.37, 107-14. 베드로 사도회는 1920년 4월 포교성으로 이관되었다.

[47] 만나 신부(P. Manna)의 활동과 회칙「신앙의 선물」(*Fidei Donum*, 1957)을 연결지어 볼 수 있다. 참조: G. Butturini, *Da una Chiesa "di missioni" ad una Chiesa "missionaria". Appunti per una storia delle missioni negli ultimi 150 anni* (coll. "Quaderni CUAMM", 16), Padoue 1985, 34-5.

회칙(교황 교서) 분석에만 매일 것이 아니라, 장차 큰 영향을 미칠 세 요소를 부각시키자. 이 회칙은 일부 선교사의 자국에 대한 은밀한 충성을 비난하면서도 선교지에 대한 프랑스 호교권은 언급하지 않는다. 1918년 게브리앙 주교가 보고서에서 제의한 것과 반대다. 그때 교황청과 프랑스는 외교 관계 재개를 준비하고 있었다. 교황은 프랑스 정부를 불편하게 할 의도가 없었을 것이다. 그러는 사이, 1920년 1월 6일부터 회칙은 선교사의 정치 개입을 금하는 포교성 훈령을 더욱 명료하게 강조하고 있었다.[48] 그 금지 조치는 훗날 다시 내려진다. 식민지 침탈과 관련한 교회 분리 금지 조치였다.

회칙은 세계 복음화의 책임이 전적으로 사도좌에 있음을 시사하면서, 교황청의 종전 지시들을 상기시키고 선교지들을 다른 수도회에 이관할 준비가 시급함을 다른 방향에서 강조하고 있다. 로마는 위임법 ius commissionis이 로마에만 속한다는 것을 특기한다. 뿐만 아니라 「막시뭄 일룻」은 교회의 세계 선교에서 주교단의 공동책임을 적시하지는 않는다. 하지만 미래를 대비하는 표현은 있다. 선교지 주교들은 서로 협력해야 한다. 주교들은 선교 소명을 받은 사제들을 떠나도록 배려해야 한다. 모든 사제단은 선교지 그리스도인들에게 관심을 가져야 한다. 현실적으로, 이것이 교회적 상호 협력의 유일한 출발점이다. 비식민지화와 제2차 바티칸 공의회로 발전해 감에 따라 이 운동의 교회론적 기초도 서서히 밝혀질 것이다.

교황 베네딕도 15세는 재정 지원을 강조했다. 사실 그는 선교사 개인이나 선교지가 누린 혜택 외에도 고수익 사업이 가능한 식민지 정황을 알지 못했다. 선교지 재정은 전혀 논의의 대상이 아니었다. 만나 신부 같은 몇몇 비판적 관찰자가 아니라면 다들, 선교 사업에는 당연히 상당한 지출이

---

[48] 원문 참조: *SCPF memoria rerum*, t.III, vol.2, 770-2.

발생한다고 보았고, 신자들도 나름대로 기부 방도를 모색하고 있었다. 회칙의 새로운 점은 포교성에 운영권을 맡김으로써 기금 조성의 비국적화를 재천명한 것이다(이것이 두 번째 구체적인 결실이다).

선교회들은 일상적으로는 회칙 수용을 망설이면서도 선교회 회헌을 작성하거나 개정할 때는 그 요지를 반영했다. 파리 외방 선교회는 현지 사제단의 활성화가 선교회의 우선 목표임을 1921년도 회헌에 명시했다. 현지 사제단에 대한 우선권은 베들레헴 외방 선교회 스위스 지부 1922년도 회헌에서도 찾아볼 수 있다. 1925년도 성 골롬반회 회헌은 현지 사제단을 여러 목표 중 하나로 다루었을 뿐이다. 벨기에 성모 성심회와 살레시오회의 경우, 1923년도 회헌에서는 이 문제를 전혀 다루지 않았고, 라자로회나 도미니코회 회헌에도 언급되어 있지 않다. 신학교 설립과 현지어 습득 문제에 관해서는 유일하게 파리회Société parisienne만 강조했다. 일반적으로 이 회헌들은 수도회가 교회에 속해 있음을 환기시키는 차원에서 사제단 문제에 최소한의 자리를 할애한 듯하다.[49]

선교 역사가들은 「막시뭄 일룻」이 매우 중요한 문서임을 거듭 강조했다.[50] 교황 베네딕도 15세는 근본적으로 새롭고 구체적인 지시를 내림으로써 가톨릭 선교에 교회적·정치적 보편성을 부여했다. 이 문헌의 원천은 복합적이다. 국제 정세와 중국 선교지의 특수성이 이 문헌의 원천이었다.

---

[49] 수도회 회헌에 반영된 「막시뭄 일룻」에 관하여: R. Simonato, *Celso Costantini tra rinnovamento cattolico in Italia et le nuove missioni in Cina*, Pordenone 1985, 108-10.

[50] 참조: *l'Histoire générale comparée des missions* (Paris 1932) le chapitre de Mgr A. Baudrillart, *Les missions au XIXᵉ et XXᵉ siècles*, 517; A. Rétif, *Les papes contemporains et la mission*, Paris 1966, qui intitule son premier chapitre, consacré à l'encyclique, "L'ouverture symphonique" et souligne que le document "va donner le ton à tout le XXᵉ siècle missionnaire et ouvrir une ère nouvelle dans l'histoire de la mission, celle de la coopération de toute la chrétienté" (35); J. Bruls, dans le chapitre "Des missions étrangères aux Églises locales" de la *Nouvelle Histoire de L'Église*, t.V, 434-5, 438 et 461.

선교지 장상과 선교사의 의무에 관련된 「막시뭄 일룻」의 항목들은 앙토완 코타 신부와 게브리앙 주교의 보고서에서 영감을 얻었다. 중국 일부 선교지의 선교사들은 교황의 '엄중한 비난'의 표적이 되었음을 느꼈다.[51] 1920년 한 해 동안, 중국 감목 대리구들은 회칙을 통해 부당하게 공격당했다며 로마에 대해 불편한 감정을 표출했다.[52] 교황 베네딕도 15세 스스로도 좀 지나치지 않았나 싶을 정도였다.[53] 그러나 포교성 장관 반 로쑴G. van Rossum 추기경과 국무원장 가스파리P. Gasparri 추기경은 그것을 쇄신에 필요한 과정으로 이해했다. 이 회칙을 누구보다 반긴 뱅상 레브 신부는 메르시에 추기경Card. Mercier의 주선으로, 1920년 12월 말 교황청을 방문하여 교황과 두 측근을 만날 수 있었다. 그는 교황청 당국이 중국 주교단 구성 문제에 관한 한 양보하지 않으리라는 것을 알고 있었다. 그리고 반 로쑴 추기경을 만나자 기회를 놓치지 않고 주교 자격이 있는 4명의 중국인 사제 이름을 건네주었으니, 조회의趙懷義 필립보, 산시의 진국지陳國砥, 성화덕成和德 베드로, 조현의 이 바오로가 그들이다.[54] 그 4명 중 3명이 최초의 중국 주교로 임명되었다.

가스파리 추기경과 반 로쑴 추기경의 결정에 힘입어, 1922년 교황 비오 11세는 교황 베네딕도 15세가 「막시뭄 일룻」에서 명시한 새로운 선교 방향을 재가한다. 그렇게 시행된 중국 교회 쇄신 작업은 일부 선교사의 마음속에 잠재해 있던 대립 감정을 여러 해 지속시켰다.

---

[51] 참조: *L'encyclique Maximum illud*, VII, XVIII-XIX. 1920년 프랑스에 억류되어 있던 코타 신부는 선교에 만족하지 못한 로마 교황청이 이 회칙을 잊지 않도록 이 회칙에 대한 반응을 상세히 분석했다(참조: *ibid.*, 84-146).

[52] *Ibid.*, XX.

[53] *Ibid.*, III, n.1.

[54] 참조: *Lettres du Père Lebbe*, 188-94 (국역: 『뱅상 레브 신부 서간집』 237-46).

2 중국 교회를 향하여: 선교 쇄신 작업(1920~1937)

제1장_새로운 선교 정책

1. 선교의 교황 비오 11세

1922년 2월 6일, 비오 11세라는 이름으로 교황에 선출된 아칠레 라티 Achille Ratti는 학구적인 사람이었다. 밀라노 암브로시오 도서관장과 바티칸 도서관장을 역임한 그는, 수년 동안 폴란드 주재 교황 대사로 근무하다가 밀라노 대교구장으로 임명되었다. 그는 교황에 선출되자마자 가스파리 추기경을 국무원장으로 간택했다. 이는 교황사에서 매우 드문 경우다. 그런 암묵적 인사는 교황 선출 기간 중 사전 합의에 의한 것일 수도 있다.

교황 비오 11세의 재위는 두 근본축을 중심으로 전개되었다. 19세기 이래 교황 정치의 전통축이었던 그리스도 왕국의 수립과, 교황 베네딕도 15세의 새 선교 정책의 쇄신과 발전이다.

교황 비오 11세의 표어는 '그리스도의 나라에서 그리스도의 평화'Pax Christi in regno Christi로, 베네딕도 15세(마음의 평화와 국가들 간의 평화)와 비오 10세('그리스도 안에서 모든 것을 갱신하라')의 이념을 통합한다. 새 교황은 현대 사회의 이데올로기적 분열과 제1차 세계대전이 초래한 새로운 적대적 대립에 직면했다. 또한 러시아 혁명을 보며 교황 레오 13세의 '완강한' 계획, 즉 국가의 참모습인 그리스도교 공동체 복원 계획을 고수했다. 물론 그것은 중세 그리스도교 공동체나 신정神政사회는 아니었다. 하지만 교황권은 현대 사회에 현대적 방법으로 그 정신을 새로 심을 목표를 세웠다. 1922년 12월 23일, 새 회칙「우비 아르카노 데이 콘실리오」*Ubi Arcano Dei Consilio*는 교황의 완강한 노선을 제시했다.[1] 현대 세계에 만연하는 위기와 심각성을 가늠하고 교의적 근대주의 못지않게 유해한 '윤리적 근대주의'인 자유 속화주의laicïsme를 단죄한 후, 교황은 다음과 같은 이중 치유 방법을 제의했다: 그리스도의 평화를 마음속에 회복하여 개인 · 가정 · 사회에 그리스도 왕국을 수립한다. 그 왕국을 수립하기 위해서는 무엇보다 사제단과 신자들이 가톨릭 운동에 앞장서야 한다.

교황청은 그리스도교 이상에 유익하고 실천 가능한 법적 조치들을 실현할 수 있도록 국가들과의 우호 관계에 신경 썼다. 여러 협약(1922~1929년 8건)이 교황청의 국제적 위상을 회복시킨 것은 아니었으나 국제 질서 속에서 정치적 권위를 존중하는 그리스도교 공동체를 복원시킬 수는 있었다.

교황권의 둘째 주축은 선교정책이었다. '가톨릭 운동의 교황'인 비오 11세는 '선교의 교황'이기도 했다. 여기서의 문제는 정확하게 무엇이 교황의 목표인가를 이해하는 데 있다. 교황 비오 11세는 '로마 교회가 서양 세력과 영합하려는 위험을 간파'했음이 분명하다.[2] 그런데 둘째 주축은 교황권의 첫째 주축과 너무 동떨어진 방향이었다. 가스파리 추기경과 반 로쑴 추기경의 개방에 자극받은 비오 11세는 선교 지역에서 교회가 비서구화되는 것을 진정으로 원한 것 같지도 않다. 그의 태도와 지침들을 보면, 오히려

---

[1] 참조: G. Jarlot, dans *Doctrine pontificale et histoire: Pie XI. Doctrine et action (1922~1939)*, Rome 1973, 64-8.

[2] R. Aubert, dans *Nouvelle Hist. de l'Église*, t.V, 593.

그가 그리스도교 일치에 관심이 있었다는 생각이 든다. 즉, 지역 교회를 조직화하고, 교회의 메시지를 비유럽 문화에 "적응시키려 한 것이었다". 이는 한편으로, 옛 그리스도교 국가들에서 사라져 가는 그리스도교 공동체를 유럽 밖에서 재건하려는 희망이었다. 요컨대 옛 그리스도교 공동체의 광범위한 지리적 기반을 닦아 두려는 것이었다.

그리스도 회복과 세계 선교의 목표가 당장에 이루어지지는 않았다. 현실 상황에서 요구하는 교황권의 첫 선교 행위는 새 회칙「우비 아르카노 데이 콘실리오」를 능가했다. 1922년은 포교성 창설 300주년이자 신앙 포교회Œuvre de la Propagation de la Foi 100주년이었다. 제1차 사제단 선교연합회 국제대회와 함께 거행된 이 기념행사들은 교황에게 선교 사도직에 대한 로마의 성격을 분명히 확인시키는 계기가 되었다. 그것은 1922년 5월 3일 자 교황 친서「로마노룸 폰티피쿰」Romanorum Pontificum에서 특별히 증명되는데, 이 친서로 신앙 포교회가 로마 교황청으로 이관되었다.

이 신앙 포교회의 중앙집중화는 19세기부터 서서히 진행되어 오다가 급진전되었다.[3] 100년 전부터 프랑스는 신앙 포교회를 통한 모금액의 거의 2/3를 선교지에 보냈다. 독일인들은 모금액이 프랑스를 경유하여 프랑스 선교지들에 우선적으로 활용된다는 것이 불만이었다. 훗날 미국 신앙 포교회 책임자 프레리J. Fréri 신부는『개혁이 필요한 사업체 — 신앙 포교회』Une Œuvre à réformer. La Propagation de la Foi라는 소책자에서, 전쟁 중 미국 가톨릭 교회의 기여금에 변화를 줄 필요성을 피력했다. 프레리 신부는 반 로쑴 추기경의 비서 드레만스 신부P. Drehmanns와 친분이 있었다.[4] 이 책에서 그는 포교 사업부의 전향을 꾀하기 위해 프랑화에 대한 미국 달러화의 우

---

[3] 신앙 포교회의 중앙집중화에 관한 참고 자료: St. Trinchese, "L'accentramento a Roma dell' Opera della propagazione della fede. La missione Roncalli-Drehmanns nel 1921", *Fede, tradizione, profezia. Studi su Giovanni XXIII e sul Vaticano II*, Brescia 1984, 107-84.

위를 강조했을 가능성이 있다.⁵ 나아가 로마 당국이 결정을 내리도록 심리적 동기를 부여했을 수도 있다. 교황 베네딕도 15세의 회칙「막시뭄 일룻」에 대한 프랑스 선교 주교들의 불만은 선교지 일부를 포기하겠다고 위협하는 상황까지 치달았다.

1921년 12월, 포교성 장관은 그의 비서를 리옹과 파리에 사절로 파견했다. 신앙 포교회의 이전 결정에 찬성한 드레만스 신부는 론칼리don Roncalli 신부와 동행했다. 훗날 요한 23세라는 이름으로 교황이 된 론칼리 신부는 새로 설립된 이탈리아 지역 책임자로 얼마 전 부임했는데, 이번 여행에는 가스파리 추기경 사절 자격으로 동참한 것이다. 그는 프랑스인들의 비위를 맞추는 데 신경 썼다. 로마는 전향할 뜻이 없어 보였다. 그렇게 아무 구체적 계획이 없어 보이는 바로 그것이 전향의 신호탄이었다. 신앙 포교회의 프랑스 지도자들은 동의할 수밖에 없었다. 그렇게 내려진 로마의 결정은 프랑스의 강력한 외교적 압력에 직면했다. 비오 11세는 지체없이 새로운 조치를 발표했다. 1922년 5월 3일 자 교황 친서는 교황 선출 3개월 후, 두 프랑스 사절의 2월 14일 자 방문 보고서가 입수된 후 발표되었다.

교황은 친서에서 이렇게 밝힌다: "그리스도 신앙의 선포는 사목 임무 중 첫째로 꼽아야 한다." 포교 사업회의 지도 체제에는 변화가 없었으나 여러 개의 국내 운영위원회가 결성되었다. 중앙위원회의 초국가적 성격은 민족주의에 대한 명백한 반동이었다. 영해회嬰孩會 사업인 성영회와 1920년부터 포교성 소속이 된 베드로 사도회는 신앙 포교회와 같은 위상을 점했다. 1920년 중앙 조직이 포교성으로 이관되었던 '사제 선교 협회'Unio cleri pro

---

⁴⁴ Roermond의 구속주회 회원 J. Drehmanns (1882~1959)는 반 로쑴 추기경의 포교성 장관 임기 내내 비서로 있다가 그의 첫 전기 작가가 되었다. St. Trinchese는 포교성 장관의 여러 결정에서 그의 역할을 강조했다. 참조: *L'accentramento* …, 139, n.76 et 140-51.

⁵ 화폐의 역할에 관해서: G. Butturini, *Da una Chiesa "di missioni"* …, 22.

missionisbus도 인준되었다. '교황청 선교 사업회'Œuvres pontificales missionnaires 는 운영 면에서도 세속화를 탈피했다. 과거 리옹의 경우 책임자들이 재벌 실업가였고, 파리는 학술원 회원과 고위 장교들이었다. 그들에게 선교는 식민지 사업의 일부였다. 그러나 이제 중앙위원회 위원은 고위 성직자나 적어도 교회 책임자들로 구성되었다.

1922년 5월, 로마에 신앙 포교회가 설립되었다. 그해 6월, 교황 비오 11세는 사제 선교 협회 제1차 국제대회 참가자들에게 보내는 한 담화에서 선교의 책임자는 교황임을 상기시켰다. 6월 4일, 성령강림 축일과 포교성 창설 300주년에 때맞추어 베네딕도 15세의 계획이 실현되었다.[6] 교황청 중국 대표부 설치도 잠정적으로 실현될 것이다. 교황권 첫 선교의 근본 윤곽이 드러났다. 로마가 가톨릭적 보편성과 선교 확장의 중심임이 재확인된 것이다. 베네딕도 15세의 계획은 다음과 같이 구체화되었다.

- 교황청 공식 방문 증가(1922~1923년 인도차이나; 1924~1926년 인도; 1927년 에티오피아; 1928년 영국령 아프리카).
- 6개 교황청 대표부 신설(1922년 중국과 오스트레일리아령 아프리카; 1925년 인도차이나; 1930년 벨기에령 콩고와 영국령 아프리카; 1937년 이탈리아령 동아프리카).
- 관상 수도회를 포함한 모든 수도회[7]를 선교지에 파견함으로써 교회 관구들을 증가시킴(211개의 새 관구가 교황 재위 기간에 창설됨).

이 주제와 관련하여, 교황과 포교성은 선교지가 현지 활동 수도회 소유도, 유럽 국가 소유도 아님을 거듭 상기시켰다.[8] 이는 1926년 2월 28일에

---

[6] 6월에 열린 두 회의에 관해서는: A. Rétif, *Histoire universelle des missions catholiques*, t.III, 132-3; *Les papes contemporains* …, 55-7.

[7] 참조: *Rerum Ecclesiae*, AAS, t.XVIII, 78-9. 관상 수도회에 대해 암시한 사람은 중국에서 수도회 창설을 열망했던 프랑스인 베네딕도회 회원인 졸리에 신부다. 그는 로마에 수도회 창설 신청서를 제출하여 1928년에 꿈을 이루었다(그 과정과 영향에 대해서는: H.-Ph. Delcourt, *Dom Jehan Joliet*, 75-85 et 93-6). 1926~1939년, 80개 수도회가 선교 지방에서 창설되었는데 그중 가르멜 수도회가 23개, 트라피스트회가 7개였다.

반포된 교황 비오 11세의 가장 중요한 선교 회칙 「레룸 엑클레시애」에 특별히 명시·강조되었다.9

1922~1939년, 전 세계 가톨릭 선교사 수는 12,000명에서 18,000명으로 증가했고, 선교국에 등록된 그리스도교 신자 수도 거의 배로 증가했다(1,200만 명에서 2,200만 명으로).

교황 비오 11세는 선교를 목적으로 가톨릭의 권위에 호소하는 것도 교황의 책무로 여겼다. 이는 회칙 「레룸 엑클레시애」의 서두에 나타나 있다.10 선교지의 중요한 목표는 그리스도교 공동체를 위해 쓰이는 것이다. 선교지는 그리스도교 공동체 일치의 방편이자 그 자체로 그리스도교 공동체 복원 계획에 포함되어 있다.

교황 비오 11세 재위 기간 선교 활동의 다른 두 특징은 선교사들의 학업 장려와 새로운 지역 교회 설립이다. 후자는 중요한 장기 계획에 포함되어 있었다.

교황에 피선되기 전부터 학구적이었던 비오 11세는 학문과 기술의 중요성을 터득한 사람으로서, 선교사들은 바로 그런 자세로 선교지에 봉사해야 한다는 것이다. 1923년 5월 20일 자 훈령에서 포교성은 선교사를 파견하기 전에 사도직 활동을 목표로 정성껏 양성해 줄 것을 모든 선교회에 당부했다. 같은 해, 교황은 가톨릭 여론을 조성하고 선교사들을 현대 사도직 방법과 정신으로 양성하기 위해 1925년 바티칸이 선교 박람회를 주최한다고 발표했다. 1924년 12월 21일, 박람회 개막에 즈음하여 비오 11세는 다음과 같이 공포했다.

◀8 참조: 1923년 5월 20일 자 훈령; 1924년 3월 19일 자 교황 교서 *Unigenitus*; 1926년 6월 15일 자 교황 교서 *Ab ipsis*; 1929년 12월 8일 자 훈령.

9 참조: *AAS*, t.XVIII, 81-2.

10 *Ibid.*, 66-8.

우리는 지금 영웅주의와 선교지에서 바치는 희생도 사도직의 성공을 보장하기에는 불충분한 시대에 살고 있습니다. […] 가장 직접적이고 효율적인 길을 비출 수 있는 빛은 학문에서 찾아야 합니다.[11]

100만 이상의 관람객을 유치했던 이 박람회장은 그 후 라테란 선교 박물관이 되었다. 교황 비오 11세는 슈트라이트 신부P. Streit (OMI)와 슈미들린 신부P. Schmidlin가 독일에서 이룬 업적들, 1923년 벨기에 루뱅에서 시작된 선교 주간을 장려했다. 뮌스터의 슈미들린 신부와 루뱅의 샤를르 신부P. Charles는 가톨릭 선교학의 선두 주자들이다. 1932년 그레고리오 대학에 선교학 강좌가 개설되고 이듬해에 우르바노 대학에 선교학 연구소Institut scientifique missionnaire가 설립되었다.

2. 중국 교회의 호기

선교적 관점에서 교황 비오 11세의 큰 업적은 의심할 여지 없이 지역 교회의 탄생을 목적으로 교황 베네딕도 15세가 설계한 프로그램을 진전시켰다는 데 있다. 1923년 5월 20일 자 훈령은 이제는 교회를 한 지역 안에 설립된 지역 공동체로 볼 때라고 인정함으로써 그런 분위기를 자아냈다. 이는 공동체가 지역 사제단과 함께 나름의 방법으로 스스로 행동할 때, 더는 다른 데 속하지 않고 독립되어 있을 때 실현될 수 있다. 1924년 1월 16일 자 포교성 훈령은 사도적 선교사라는 명칭에 부여되는 특권를 폐지했다. 교황은 회칙 「레룸 엑클레시애」에서 이 조치를 확인했는데, 그로써 선교사들과 현지 사제들 간의 차별이 철폐되었다.[12]

---

[11] A. Rétif, *Hist. Univ. des missions cath.*, t.III, 140에서 인용.
[12] *AAS*, t.XVIII, 77.

회칙 둘째 부분은 지역 사제단 양성의 필요성과 존엄성을 토로하고 있는데 그 방식은 「막시뭄 일룻」보다 더 명료하고 완벽했다.[13] 원칙을 확인하여 다른 두 사안에 적용하는 건에 관해서는 로마가 거듭 재론해야 했다. 일부 선교사들은 교황의 주장이 시의적절하지 않을 뿐더러 미숙하다고 생각했다. 포교성 장관은 1927년 5월 23일 중국 내 수도회 장상들에게 훈령을 엄중히 상기시키는 공문을 보내야 했다.[14]

새로운 지침들을 실천에 옮기는 데는 많은 어려움이 따랐다. 선교사들의 다양한 민족주의와 특정주의와도 계속 싸워야 했다.[15] 주교들에게 보낸 1926년 6월 15일 자 서한에서도 교황은 중국과 관련해서 이 점을 강조했다. 그러나 이 서한의 주목적은 불과 수개월 후에 있을 초대 중국인 주교 서품을 정신적으로 준비시키는 데 있었다.

1926년 10월 28일, 중국인 6명의 주교 서품식은 지역 교계 제도의 수립을 향한 대전환을 시사했다. 우리는 뒷장에서 이 사건의 지지자들과 그 결과에 대해 상세히 보게 될 것이다. 이 사건이 교황 재위 중의 유일한 사건은 아니었다. 교황 비오 11세는 1923년 한 인도인 예수회 회원을 주교로 임명한 것을 비롯하여 1927년에 초대 일본 주교를 임명했다. 1939년 2월 교황 서거 당시 48개 선교 지역이 본토 주교들에게 위임되어 있었는데, 그 중 중국에 26개, 인도에 13개, 일본과 베트남에 3개씩, 실론·한국·에티오피아에 각 1개씩 있었다. 이는 교황 비오 11세 당시 설립된 선교 관구의 1/4에 달한다. 이러한 추세는 교황 비오 12세 재위 기간 중 가속화되었다.

교회의 신설은 지역 교회 발전에만 관련된 것이 아니었다. 그것은 복음의 토착화를 위한 전제조건이었다. 당시에는 일반적으로 토착화에 그리 큰 관심을 두지 않았다. 그러나 초대 중국 교황 사절 코스탄티니 주교는

---

[13] Ibid., 73-7.   [14] 참조: *Sylloge* …, 278.
[15] 1929년 12월 8일 포교성 훈령 참조: *ASS*, t.XXII, 111-5.

그 나라의 문화 전통에 적응하도록 애쓸 것을 권했다.[16] 그는 1935~39년 만주와 일본에 이어 중국에도 제사 금지법을 폐지하는 데 성공했다. 선교학 강의에서 많이들 다루는 당대의 토착화는 과거 일부 선교사들의 고압적 태도에 비해 다소 진일보했지만 대단히 만족할 만하지는 못했다.

1928년 로마와 코스탄티니 주교의 후원으로 프랑스 베네딕도 수도회의 졸리에(J. Joliet) 신부는 온전히 중국적인 수도회를 창설하고, 우선 중국인 평신도들을 수사 자격으로 입회시켜 최소한의 라틴어 공부만으로도 사제 수업을 받을 수 있도록 해 달라고 요청했다. 현행 수도 규칙은 유럽인 수도자와 중국인 수도자의 평등과 현지화를 실현하는 데 실질적 장애 요소였다. 장상들과 로마는 그 문제를 이해하지 못했다.[17]

그리스도교는 문화적 장식 없이 존재할 수 없다. 선교사들은 서양 문화의 '옷'을 입고 그리스도의 복음을 전했다. 양차 세계대전 동안 도처에서 식민지가 양산되었다. 피정복민들은 서양을 비난했다. 중국도 서양이 문화 제국주의를 통해 중국인의 자주성을 말살시킨다며 비난하기 시작했다. 서양과 그리스도교의 문화적 관계는 돌이킬 수 없는 대립으로 치달았다. 그러나 중국의 경우, 1920년대 물질적 이데올로기와 제국주의에 대한 비판적 각성은 교회 안에서 신속하고 과감한 반향을 얻지 못했던 것이 분명하다. 교황 비오 11세 치하의 문화 적응 노력은 그래서 어중간했다. 선교사들은 과거에 비해 분명히 더 개방적이었으나, 민속학적 견지에서 볼 때, 문화에 대한 당연한 관심에도 불구하고 그리스도교를 그 문화에 동화시키려는 진지한 노력은 없었다.

---

[16] 교황 비오 11세의 1937년도 서한 참조: A. Rétif, *Hist. univ. des missions cathol.*, t.III, 145.

[17] H.-Ph. Delcourt, *op. cit.*, 190-221. 졸리에 신부는 자기가 창설한 수도회를 떠나려 했다. 그는 1937년 쓰촨 은둔지에서 사망했다.

보편적 그리스도교 사회의 실현과 민족 문화의 각성으로 제기된 요구들은 서로 조화되기 힘들었다. 로마 측의 어려움은 이 점을 제대로 간파하지 못한 데서 비롯된 것이었다. 양차 세계 대전 후반기에 새로운 긴장감이 확산되었다. 그것은 로마의 계획이 내포한 모호함과, 탈유럽 그리스도교 사회의 희망과, 정치·문화적 새로운 민족주의 사이에서 발생한 긴장이었다. 로마 당국이 적어도 큰 틀에서나마 이 문제를 파악하고 있었다면, 선교지의 민족적 요구에 대해 좀 더 신중하게 반응했을 것이다. 그들은 이제 새로운 적대 관계의 위험에 봉착했다. 그런 태도는 그 시대의 교회론으로 설명된다. 교회의 지배 이념은 교회를 법적으로 완전하고 엄격한 계급 사회로 만들고 있었다. 교황 비오 11세와 함께 견고한 그리스도교 공동체를 재창조하려는 욕구는 컸으나 통섭과 다원주의에 대한 관심은 부족했다.

제2장_교황청 중국 대표부 설치(1922)

1. 무한 지연

18세기 초 중국에 파견된 교황 사절의 첫째 사명은 교황청과 중국의 외교 관계 수립이었으나,[1] 1707년 교황 사절 매야르 드 투르농의 추방으로 좌절되었다. 19세기에 로마는 여러 번 재시도했고, 중국도 같은 의도로 한 번 시도한 적이 있었다. 종교적 관점에서 교계 제도의 승격은 서로 다가갈 계기가 될 수도 있었을 것이다. 그러나 바티칸 공의회 이후 감목 대리들은 교회의 서열 조치를 배척하고 호교권을 수락했다. 교회 당국자들은 특권을 존중하여 오만한 프랑스 외교 정책의 개혁안에 순응해야 했다. 의화단의 난으로 매우 쇠약해진 중국 정부는 바티칸 대표부 설치를 직접 교섭하려는 뜻을 버리지 않았지만 조정朝廷은 그것을 해결할 입장이 아니었다. 교황 비오 10세는 프랑스와 외교 관계를 단절했지만 1906년 베이징 주재 프랑스 대사의 발언을 문제 삼아 호교권을 조정하려 했다. 제1차 세계대전

---

[1] 참조: F.-A. Rouleau, "Maillard de Tournon, papal legate at the Court of Péking", *Archivum Historicum SI*, 1962, t.31, 264-323.

이전 10여 년 동안 포교성은 중국 시노드를 촉구해 왔다.

교황 베네딕도 15세는 즉위식 때, 자신의 교황 피선을 알리는 서한을 베이징 감목 대리 자를랭 주교를 통해 공화국 대총통 원세개에게 보냈다. 이는 관계 재개를 위한 직접 교섭 방법의 하나이기도 했다. 중국 측의 답변은 정중했다. 그러나 원세개 사망 후, 1917~1918년 육징상 외무 대신이 주도한 외교적 시도는 프랑스 정부의 거부로 무산되고 말았다.

교황청 국무원장 가스파리 추기경은 포기하지 않았다. 1918년 8월 22일, 파리 대주교에게 1차 서한을 보내 프랑스 정부를 설득했고, 프랑스 외무 장관 피숑Pichon의 반박에 응답하는 2차 서한에는 이렇게 썼다.

> 교황청은 동양 가톨릭의 권익 옹호를 프랑스에 위임하면서 합법 정부와의 외교 관계 유지를 위한 권리를 포기한 적이 없고, 지금도 포기하지 않고 있습니다. 이 외교 관계는 프랑스의 호교권을 저해하지 않습니다. 오히려 교회가 추구하는 영적 목적 달성에 아주 유익할 것입니다.[2]

1919년 초, 국무원장은 평화협정이 체결되는 대로 곧 베이징에 교황 사절이 아닌 교황 대사를 파견하기로 결정하는 듯했다.[3] 알다시피 그 임시 방편은 바로 로마의 중국 공식 방문이었다. 게브리앙 주교는 1920년도 보고서에서 전국 시노드의 개최와 교황 사절 임명이 필요하다고 결론지었다. 같은 해 말, 가스파리 추기경은 언제 교황 사절이 임명되는지 묻는 뱅상 레브 신부에게 이렇게 확언했다.

---

[2] P. Gasparri가 Amette 추기경에게 보낸 1918년 10월 13일 자 서한: AEP, vol.65, fol. 265.

[3] 1919년 1월 21일 자 *Il Tempo*지 기사와 1919년 2월 4일 로마 주재 프랑스 대사관 공보관의 기록: AEP, *ibid*., fol.277-9 et 285.

멀지 않아서요. 아주 가까운 시일 내, 교황 사절을 기다리는 동안 … 성사 될 것입니다. … 여하튼, 우리는 포기한 적이 없습니다.[4]

2. 로마의 결정

1920년 12월, 포교성 장관은 중국 감목 대리들에게 시노드 준비에 관한 첫 지시를 내렸다.[5] 1922년 2월과 11월 사이, 시노드 주제들이 지역 주교회의에서 미리 논의되었다. 그러나 로마는 토의 결과를 기다리지 않았다. 여하튼 포교성이 지역 주교회의 보고서 제출을 강요하지 않은 것은 의미심장하다. 1922년 7월 31일, 포교성 추기경들이 모인 자리에서[6] 교황 사절 파견 문제가 결정되어야 했던 것이다.[7]

참석한 추기경 여덟 명이 교황청의 공식 방문 보고서에 실린 중국의 선교 상황을 면밀히 검토했다. 교회를 방치하여 사회적·심리적 발전에 뒤지도록 해서는 안 되며, 일본의 종교적 무관심주의가 중국에서도 되풀이되지 않도록 교회가 앞서 나가야 한다고 그들은 평가했다. 전국 시노드 소집이 중국 교회의 발전에 좋은 계기가 됨을 보여 주는 것이 토론의 목적이었다. 그들은, 교황 사절이 준비 작업을 맡고 추기경들은 시노드 본회의 진행과 결의 사항들의 시행을 맡는 안을 긍정적으로 검토했고, 아울러 교황 사절의 임명도 촉구했다.

---

[4] 1920년 12월 27일 자 레브 신부의 편지 참조: AVL, *DG*, XXI *a*; *Lettres du Père Lebbe*, 192 (국역: 『뱅상 레브 신부 서간집』 242).

[5] J. Metzler, *op. cit.*, 192.

[6] 반 로쑴 장관 주재하에 참석한 추기경들: V. Vannutelli, Merry del Val, Scapinelli, Billot, Lega, Marini et Laurenti. 참조: Arch. Prop., *Acta*, vol.293 (1922), fol.313.

[7] 7월 31일 자 회의 참고 자료: J. Metzler, *op. cit.*, 194-5. 회의 관련 문헌은 상당한 분량이다(Relazione: fol.261-312; sommario: fol.314-88).

1922년 7월의 추기경 회의는 중국의 발전이 10년, 아니 20년 전부터 진행되어 온 것치고는 다소 늦은 감이 있다. 그것은 그저 교황 비오 10세 시절 포교성이 견제해 온 프랑스를 움직이려는 의도였을까? 여하튼 1922년에도 같은 논지가 유효했을 것이다. 바로 그 때문에 국무원장이 교황 대사직을 만들 때를 기다리면서 교황 사절이라는 임시 방편을 수락한 게 아닌가 싶다. 1919년 말, 평화 협정을 체결할 때 일본 정부의 요구에 따라 일본에 교황청 대표부를 설치한 것은 프랑스의 반응을 떠보기 위한 게임이었음이 분명하다.

또 추기경 회의는 교황 사절 건과 관련하여 프랑스를 안심시키는 한편, 만반의 준비를 갖춘 국무원장의 바람막이 역할도 한 것 같다. 결국, 교황 사절 후보를 추천한 사람은 바로 가스파리 추기경이리라 추측된다. 교황 사절은 6월 초에 선발되어, 같은 달 11일 코스탄티니 주교에게 통보되었다. 남은 것은 교황 비오 11세의 공식 승인이었다. 비오 11세는 8월 5일 포교성 회의 결정 사항들을 승인·통과시켰고, 9일에는 교황청 대표부 설치를 공포했다. 그로부터 사흘 후 새 교황 사절이 임명되었고, 9월 12일 중국에 부임했다.

3. 초대 교황 사절 첼소 코스탄티니

새 교황 사절은 첼소 코스탄티니Celso Costantini였다. 그는 포교성에서 전혀 알려지지 않은 사람이었다. 이탈리아 프리울리Friuli 출신의 젊은 코스탄티니는 청년기에 교회 개혁과 관련하여 로스미니A. Rosmini의 자유사상에 영향을 받았다. 그것은 권위에 대한 자유, 정政·교敎 관계에 대한 자유사상이었다. 이 젊은 성직자는 교회와 이탈리아 국가의 화해가 가능하며, 신앙과 현대 문화가 대면해야 한다고 믿었다.[8] 훗날 '근대주의'라는 명목으로 단죄된 사조에 한때는 관심을 기울이기도 했고, 신앙과 예술의 접점에도 조예가 깊었다. 제1차 세계대전 중에는 조국 이탈리아에 봉사했다. 1920년 피우마Fiuma 교구 보좌주교로 임명된 그는 이탈리아가 영향권을 주장하던 이스트리아Istria에서 화해를 주선했는데, 이때 교황청 국무원장이 눈여겨보았던 것이다.

1922년 6월 11일, 코스탄티니 주교는 교황이 자신을 중국으로 파견할 계획이라는 것을 반 로쑴 추기경을 통해 알게 되었다. 선교의 적임자가 아니라고 스스로 판단한 피우마의 보좌주교는 일단 교황의 제의를 사양했지만, 7월 18일 비오 11세 알현 때 결국 그 제의를 수락하였다. 구체적인 임명 배경은 알려지지 않았다. 아마 예술 분야에 대한 우고 오제티Ugo Ojetti(동생이 예수회 회원으로 국무원에 근무)의 조언과 가스파리 추기경의 호평, 또 스스로 그 상황에서 보인 단호한 성격 등이 선발에 고려되었을 것이다.[9]

중국으로 출발하기 전, 교황 사절은 훈령을 받기 위해 한 달간 로마에 머물렀다. 훈령은 세 항목이었다: 준비 중인 시노드 회의를 잘 추진할 것, 선교지와 유럽의 정치적 관심을 분명히 구분할 것, 주교가 될 만한 중국 사제들을 물색할 것. 코스탄티니 주교는 「막시뭄 일룻」과 교황청의 공식 방문 보고서를 읽었다. 드 래De Lai 추기경의 소개로 졸리 신부의 저서 『그리스도교와 극동』Le Christianisme et l'Etrême-Orient도 접했다. 반 로쑴 포교성 장관은 출국 전에 임명 소식이 알려지면 안 되므로 가능한 한 빨리 출국할 것을 종용했다. 국무원장은 송별 모임에서 그에게, 중국에는 고매한 인품과 높은 학덕을 갖춘 학자와 대신들이 있다는 것을 알려 주었다. 그렇다면 왜 중국인 사제들 중에서 주교 한 사람을 찾을 수 없다는 것일까?[10]

---

[8] 참조: R. Simonato, *Celso Costantini tra rinnovamento cattolico in Italia e le nuove missioni in Cina*, Pordenone 1985.

[9] R. Simonato, *op. cit.*, 73-4.   [10] C. Costantini, *Con i missionari in Cina*, t.I, 2-3.

그해 9월 12일, 베니스를 떠난 코스탄티니 주교는 11월 8일 익명으로 홍콩에 도착했다. 싱가포르에 기항하고 있는 동안 누군가가 전보를 쳐 그의 도착을 알렸지만 아무도 믿지 않았다.[11] 현지에 도착한 후에야 교황 사절은 중국 내 주교들에게 자신을 파견한 포교성의 서한을 발송했다.

프랑스는 과연 어떻게 반응할 것인가? 교황 사절 건으로 프랑스와의 관계가 불편해지면 안 된다. 그것은 단지 주교들에 대한 교황의 사절이므로 중국 정부를 대상으로 한 외교 행위가 아니다. 그런데 왜 그처럼 삼엄한 경계가 필요했는가? 왜 교황 사절은 시노드를 주재하러 왔을 뿐이라는 헛소문을 흘리고, 현지에 도착할 때까지 주교들에게 자신의 참사명을 알리지 않았는가? 프랑스의 반대를 피하려 했던 것이다. 찰스 캐리Charles Carry는 8월 23일 자 「파리의 메아리」*L'Écho de Paris*에 이렇게 기고했다.

> 프랑스 정부는 교황 비오 11세가 파견한 사절의 동선을 예의 주시하고, 코스탄티니 주교와 베이징 당국의 직접 교섭을 막을 확실한 장치를 마련해 두는 것이 신중한 처사일 것이다.[12]

파리 외방 선교회가 프랑스의 이익을 위해 상하이에서 비공식 발간하는 신문 「중국의 메아리」*L'Écho de Chine*는, 교황 사절을 만난 누군가가 홍콩에서

---

[11] 교황 사절의 도착을 선교사들이 몰랐다는 또 다른 증거: 11월 8일, 톈진에서 레브 신부의 협력자였던 Morel 신부는 광시의 코타 신부에게 이런 편지를 썼다: "감목 대리들이 또다시 교황청의 공식 방문을 요청했습니까? 나는 모르겠습니다. 소문에는 새 교황청 순시자로 어쩌면 Lécroart 주교가 임명될지도 모른다고들 합니다"(AVL, *DG*, t.XXIV *a*, 95 *bis*).

[12] 인용: J. Bruls, *Nouv. Histoire de l'Église*, t.V, 459. 미국에서 코타 신부는 1922년 8월 27일 편지를 썼다: "어제 신문에는 바티칸에서 코스탄티니 주교를 '교황청 중국 순시자'(apostolic visitor to China)로 임명했다는 소식이 있었습니다. 프랑스의 반대 입장에 대한 답변으로 바티칸은 코스탄티니 주교가 전국 시노드를 주재할 목적으로 임시 파견된 것이라고 발표했습니다"(AVL, *DG*, t.XXIV a,48).

보낸 11월 10일 자 통신문을 게재했다. 필자는 프랑스 선교사일 가능성이 높다. 그는 코스탄티니 주교가 어디에 정착할 것인지에도 관심을 보였다. 만일 그곳이 베이징이라면 정부와의 접촉 의지를 의심할 여지가 있겠으나, "나의 상황 판단으로" 교황 사절은 선교 활동을 조율하기 위해 파견되었으며, 따라서 그의 활동은 "중국 정부와 외국인, 일반 행정과 관련된 문제 바깥에 머물러 있을 것이다"라고 썼다.[13]

프랑스와 이탈리아 외교관들은 교황 사절의 도착을 환영하면서 그에게 도움을 청했다. 일단 안심한 교황 사절은, 자신이 외교관들의 극진한 환대를 받았고, 주교들은 교황에게 헌신과 사의謝意를 표하며, 중국 신자들은 지극한 존경과 감사의 정을 품고 있다고 포교성에 보고했다.[14] 12월, 교황 사절이 광둥에서 나흘간 머무는 동안 그곳 프랑스 공사가 직접 안내를 맡겠다고 중국 관리들에게 제의했지만 정작 본인은 사양했다.

> 그는 비망록에 이렇게 썼다: "나는 유럽 국가의 보호를 받는 가톨릭이 그들에게 봉사하는 정치적 도구라는 공연한 의혹을 중국인들에게 확인시키지 않을 좋은 기회라 믿었다. 외국 사절은 중국 지방 관리들을 쥐락펴락했다. 나는 그들의 활동의 자유를 행동으로 보장하고 싶었다. 그렇게 하지 않았더라면 나는 그 공사의 지시를 받는 것처럼 보였을 것이다."[15]

그의 비망록은 훗날 추기경이 된 후 다시 손질한 듯하다. 그런 스타일은 인용 문구에도 드러난다: 우선 자기 미화의 흔적이 엿보인다. 교황 사절은

---

[13] 「중국의 메아리」 통신문, *La politique de Pékin*, 1922, 1120에 전재. 프랑스의 입장을 옹호한 시사 주간지 *La politique de Pékin*은 1914년부터 1941년까지 간행되었다.

[14] *Con i missionari* ⋯, t.I, 25-6.

[15] *Ibid*., 32; 인용은 J. Bruls의 번역: *Réforme des missions au XXᵉ siècle*, Tournai - Paris 1960, 60.

자신을 새로운 정치의 선두 주자, 혹은 적어도 진정한 첫 실천자로 소개하고 있다. 또 그런 정치의 원천은 오직 로마의 의지뿐이라고 밝혔다. 그는 레브 신부와 코타 신부가 교황청에 보고서를 제출한 사실도 알고 있었다. 또한 두 라자로회 회원들이 선교사 사회에서 얼마나 많이 두들겨 맞았는가도 잽싸게 간파했다. 그는 이렇게 썼다: "회칙「막시뭄 일룻」은 교황 문헌이다. 그 문헌은 모든 개인적 관점과 모든 정보의 원천과는 완전히 독립되어 문헌 그 자체로서 가치가 있다."[16] 1927년부터 로마의 격려와 지원에도 불구하고 레브 신부에 대한 코스탄티니 주교의 태도는 절제된 양상을 보여 줄 것이고, 그것은 훗날 그의 기록에서 때로 너무 엄격하고 적대적인 판단으로 발전될 것이었다.[17]

그가 '기계 인간' 같은 교황 사절이었음은 의심할 여지가 없다. 그는 철저히 로마의 노선을 견지하고 있음을 보여 주고 싶어 했다. 앞의 인용문에서 보듯이, 그의 제의에 다소 과장이 있긴 하지만 그는 유럽 정치와 선교지를 구분하는 일에서 유일한 선두 주자라 할 수 있다. 그는 가톨릭이 유럽의 보호를 받고 있다는 의혹을 확인시키고 싶지 않아서 이를 고지식하게 증명해 보이고 있는 것이다. 80년 전부터 중국 당국도 그 점에 대해 충분히 숙고했다. 그가 중국에 도착한 초기의 결심이 어떤 것이었는지 보여 주려고 훨씬 훗날 비망록을 기록했을 가능성도 매우 높다. 코스탄티니 주교는 신중하고 사려 깊은 외교 감각으로 자신의 결단과 용기를 증명했다.

교황 사절은 베이징에서 총통을 예방한 후 한커우에 자리를 잡았다. 우선 그렇게 외교가街를 안심시켰다. 그러나 그의 은밀한 희망은 베이징에

---

[16] *Con i missionari* …, t.I, 49 (trad. J. Bruls, 29).

[17] 제를리에 추기경(card. P. Gerlier)에게 보낸 코스탄티니 추기경의 1955년 8월 22일 자 서신 참조: (AVL, *DG*, t.L, 227): 이 주제에 관해서는 1985년 5월 Pordenone 신학교에서 발표한 C. Soetens의 논문 참조.

터전을 마련하는 것이었다. 1923년 7월부터는 베이징에 정착하는데, 외교가가 아닌 지방 가톨릭 교회가 제공하는 거처에서 출발했다. 그는 뱅상 레브 신부의 베이징 친구인 조 필립보 신부를 개인 비서로 택했다.[18]

4. 비전문가의 새로운 시각

「막시뭄 일룻」과 로마 출발 전에 받은 훈령에서 영감을 받은 교황 사절 코스탄티니는 중국 가톨릭 교회의 상황을 신속하게 분석했다. 문제의 주된 두 축은 다음과 같다: 어떻게 선교 방법을 발전시킬 것인가? 특히 현지 사제단의 선교 방법을 어떻게 발전시킬 것인가? 어떻게 선교지들을 호교권으로부터 분리시킬 것인가?[19]

그는 교황 베네딕도 15세의 회칙 「막시뭄 일룻」이 선교사들의 동의를 얻기에는 아직 시기상조라는 것을 간파했다. 그는 '수도회주의'(congrégationalisme) 또는 선교 단체들의 소위 '지역적 봉건주의'에 너무 놀랐는데 그 근원은 예수회, 도미니코회, 프란치스코회 사이에 전개되었던 17세기 논쟁에서 비롯된 것으로 인식했고 또 그렇게 믿었다.[20] 선교지 생활의 쇄신에 관한 주제는 1923년 1월 17일 웨이후이(衛輝)(허난 북부)의 이탈리아 선교사들과 만난 자리에서 교황 사절이 한 첫 공식 발언 중 하나였다. 바오로 사도가 말한 내적 인간의 쇄신은(2코린 4,16) 선교지에도 적용되어야 한다고 그

---

[18] 조회의(趙懷義) 필립보(1880~1927) 주교는 1901년 베이징 신학교에서 레브 신부와 동문수학했다. 1926년 5월 10일 쉬안화(宣化) 감목 대리로 임명되기까지 중국 교황 사절의 비서를 역임했다. 1952년 코파르 신부(P. Goffart)의 질문을 받은 코스탄티니 주교는 왜 조 신부를 비서로 택했는지 기억하지 못하는 것 같았다(AVL, Fonds II, sect.II, 2C: cahier bleu). 1920년 레브 신부는 반 로쑴 추기경에게 그를 중국의 주교 후보자로 추천했다.

[19] 참조: Con i missionari …, t. 특히 47-9.

[20] 참조: ibid., 273-5; Ultime foglie, 70-2, 94-8, 110-3, 129-30.

는 역설했다. "선교지들이 시대의 낙오자가 되면 실로 불행하다! 선교지들이 본당 업무에 얽매여 일상에 고착되어 버리면 불행하다!" 이 표현은 포교성에 보낸 게브리앙 주교의 서한에서 인용한 것이다.[21] "소중한 시간을 잃어버리고, 다시 없을 절호의 기회를 놓치고 있다는 생각이 듭니다. 선교사와 주교들까지도 신자들의 신심이 요구하는 무거운 사제직에만 몰두하고 있습니다. 사제직은 매우 교화적이기는 하나 진취적 기상은 뒤로 밀려 사라져 가고 있습니다."[22]

교황 사절은 1923년 7월 개인 노트에 이렇게 기록했다: "선교사들은 유행 지난 옛세상에서 끄집어낸 케케묵은 사상과 경험으로 중국을 판단하고 있다."[23] 한 명민한 선교사가 말한 중국인 개종의 장애물은 첫째, 중국인은 전통에 집착하기 때문에 종교 문제로 고민하지 않는다는 것이다. 또 제사 금지법 때문에 일반 대중은 가톨릭을 자손의 도리에 반하는 종교로 여긴다는 것이다. 그러면서 필자는 나름대로 그 현상에 대한 다른 설명을 덧붙였다: 그리스도교는 스스로 저지른 심각한 실수로 인해 중국에 해로운 외래 종교로 치부된다. 그리스도교 신앙의 윤리적 엄격성은 특히 관리와 부자와 지식인들에게 장애가 된다.[24]

중국에 도착하자마자 교황 사절은 가톨릭의 이국적 성격에 주목했다. 그는 모든 교계 제도가 이국적임을 간파했다. 자국인 주교를 낼 준비가 전혀 되어 있지 않았다. 중국 신부들은 변화를 원하지 않고, 선교지가 누리는 모든 특혜를 함께 나누며 지극히 행복해하고 있다는 말도 홍콩에서 들었다.[25]

1924년 9월, 그는 그런 상황을 오래 두지 않으리라 다짐했다. 실제로 그는 1923년 12월 12일과 1924년 4월 15일, 초대 중국인 감목 두 명을 임명

---

[21] 1918년 게브리앙 주교의 첫 번째 보고서를 언급한 것이 분명하다.
[22] *Con i missionari* …, t.I, 72-3.   [23] *Ibid.*, 91 (J. Bruls의 번역판, 34).
[24] *Ibid.*, 91-3.   [25] *Ibid.*, 47-8.

하여 1924년 5~6월 전국 시노드에 참석시켰다. 중국인 감목 임명에 즈음하여 코스탄티니 주교는 "법은 사실에서 나온다"ex facto oritur ius[26]는 말을 되새겼다. 이탈리아 그리스도교 예술의 쇄신에서 겪었듯이, 좋은 방법에는 저항이 따르지만 구체적인 행동으로써 새로운 감성을 자극한다는 것을 그는 믿었다. 유럽풍의 중국 성당들을 보고 놀란 그는, 1923년 4월 두 선교지 장상에게 서한을 보내 가톨릭에 필요한 중국 예술의 토착화 문제를 제기했다.[27] 그 무렵, 그는 신자들이 선교사 앞에서 부복하여 큰절을 올리는 모습을 보았다. 그런 모습은 자식이 부모를 공경한다는 의미로 왕조 시대에나 볼 수 있었던 것인데, 선교사들은 신앙 전파에 유익한 정신적 유산으로 여겨 그들에게도 그리하도록 했던 것이다. 코스탄티니 주교는 이 관습을 단호히 배격했다. 바로 15년 전 뱅상 레브 신부도 자기 교구장에게 불만을 토로하던 사안이었다.

교황 사절이 선교지와 유럽 정치 간의 광범위한 관계를 처음부터 냉철히 판단하려 했음은 앞서도 지적했다. 일례로, 선교사 피살 사건 보상금 문제와 관련하여 코스탄티니 주교는 태도 변화를 촉구하는 데 주된 역할을 했다. 그는 산시 지방 개신교 신자들이 의화단의 난 보상금을 대학 설립에 전액 기부한 것에 착안하여, 한커우 프란치스코회 감목 대리가 요구한 멜로토 신부P. Melotto 피살(1923년 9월) 보상금을 중국인을 위한 병원 설립에 사용하자고 건의했다.[28] 이 새로운 시행령은 신속히 전파되었다. 동시에 그리스도교를 빙자한 프랑스 외교관들의 간섭과 중국 관리들에 대한 오만불손도 완화되었다. 가스파리 추기경은 교황 사절의 태도를 존중했다. 1924년 2월 25일, 교황청 국무원장은 보상금 청구를 중단시켰다. 순교의 대가로 금전적 보상을 요구한다는 것은 교회 정신에 어긋나므로 선교

---

[26] *Ibid.*, 86. [27] *Ibid.*, 76. [28] *Ibid.*, 144-8.

사 피살 명목의 보상금을 청구할 수 없다는 것이었다. 재물 손괴에 대해서도 외국 정부의 개입 없이 선교사와 중국 당국자 간에 직접 협의가 이루어졌다.[29]

1925년 말, 교황 사절은 중국 선교 활동 보고서를 구상하고 있었다. 당시 그리스도교 공동체의 증가 추세로 미루어, 국민 전체를 개종시키는 데는 수천 년이 걸릴 것이었다. 그는 선교 방법에 문제가 있는 것은 아닌지 성찰한 후 이런 답을 얻었다: 초대교회 선교사들은 현지 교계 제도를 발전시키면서 교회를 세웠는데, 지금 동양에서는 선교지가 마치 선교사의 사유물이거나 자신의 궁극 목적인 것처럼 설정되고 있다. 따라서 결론인즉 초대교회의 사도적 전통을 계승해야 한다. 교회를 설립하되 중국적 교계 제도로, 가급적 덜 서구적으로 설립해야 한다는 것이다.[30]

교황 사절은 로마의 지침과 자신의 초기 관찰에 따라 활동 프로그램을 설정했다: 중국이 정치·경제 면에서 외세의 지배를 거부하듯이, 가톨릭도 그렇게 외세에서 해방되어야 한다. 문화적 존엄성을 원하는 중국에 대해 가톨릭 공동체는 중국적 조직과 중국적 면모를 드러내 보여야 한다. 코스탄티니 주교가 언급한 중국의 가톨릭 토착화는 전대미문의 새 장을 여는 것이었다. 이제는 행동할 때다. 그러므로 현실에 맞는 프로그램, 특히 일상적 저항을 견뎌낼 프로그램을 짜야 한다.

---

[29] 원문 수록: *ibid.*, 148.
[30] *Ibid.*, 276-8, 483-4.

제3장 상하이 주교회의(1924): 하나의 개혁?

1. 주교회의 개최 동기

교황청 중국 대표부 설치는 오래 기다려 온 희망의 목표였다. 18세기의 외교적 노력을 감안하지 않더라도 시노드(주교회의) 계획은 오랜 숙원이었다. 그것은 1848년으로 거슬러 올라간다. 교황 사절의 즉효는 시노드의 실현이었다. 코스탄티니 주교의 훈령은 명쾌했다. 그가 받은 사명의 근본적인 목표 중 하나는 시노드를 개최하는 것이었다.

메츨러 신부의 저서는 시노드에 관한 유일한 연구 문헌이다.[1] 보완이 필요하면 코스탄티니 주교의 비망록을 훑어야 할 것이다.[2]

> 교황청이 시노드를 원하고 있다 하니, 반대 의견은 죄다 없어졌고 이제 남은 일은 정성 들여 준비하는 것뿐이다.[3]▶

---

[1] J. Metzler, *Die Synoden in China, Japan und Korea, 1570~1931*, Paderborn - München - Wien - Zürich 1980, 181-222.

[2] 참조: *Con i missionari in Cina*, t.I, 77-8, 116, 161-3, 168.

게브리앙 주교의 1920년도 보고서를 보면 중국 주교들이 시노드에 그리 열의를 보이지 않은 듯하다. 지리적 구획 분할과 거리 조정에만도 상당히 복잡한 조율이 요구되었다. 선교회의 특정주의는 특히 심각한 장애였다. 1920년대 초 선교회가 증가하기 시작했다. 개방적인 고위 성직자들은 철저한 준비가 결단코 필요하다는 데 인식을 같이했다. 1907년부터 지역 주교들은 교육문제에 더 일관된 노력을 경주해야 한다고 주장해 왔다. 그런 면에서 1924년 주교회의는 가장 풍요로운 결실을 맺게 될 것이었다.

사목 조직은 100~200여 년 전부터 시도되어 왔지만 중국과 세계의 대혼란으로 더욱 절실해졌다. 개신교의 경우, 명칭의 다양성 때문에 적어도 활동 영역에서만이라도 일치가 절실하다는 것을 뼈저리게 깨달았다. 1922년 상하이 개신교 전국회의에서는 두 가지 관심사가 부각되었다: 첫째, 그리스도교적 증거와 선교사 그룹의 동의가 분명히 확인되어야 한다. 그것은 유럽과 미국 개신교 신자들의 동의를 얻는 데도 직접적인 영향을 줄 수 있어야 한다. 둘째, 진정한 중국 교회를 설립하는 것인데, 그 일은 종래의 이국적 시스템에 대한 '지적 비판'으로 시작되어야 한다.[4] 구성과 정신에서 철저히 중국적이었던 1922년도 개신교 회의는 당시 중국을 어지럽히던 지적·정치적 사조에 민감했다. 라투렛트는 개신교 회의와 1924년 가톨릭 주교회의가 그 준비 과정과 조직에서 밀접한 유사성이 있다는 것을 확인했다. 그는 전자가 후자에게 영향을 주었을 가능성이 있다고 결론지었다.[5] 이 상호 관련설은 당시 가톨릭 측에서는 확인되지 않았다. 또한 그런 유사성은 가톨릭과 개신교가 서로 모르고 있었거나 아니면 서로 투쟁하던 그

---

[3] 1920년 6월 1일 자 사도 방문 보고서.

[4] 참조: "Message du Concile" protestant de 1922, *Bulletin des Missions*, t.VII, 285-7. National Christian Conference의 내용에 관해서는 K.S. Latourette, *op. cit.*, 796-8과 807 참조.

[5] K.S. Latourette, *op. cit.*, 728.

시대의 상황에서 자연스럽게 나온 것으로 이해될 수도 있다. 경쟁 의식에서 빚어진 생각일 수도 있다. 가톨릭은 개신교 회의에서 자극받았을 것이다. 1919~1920년 교황청 공식 방문 프로그램에는 개신교의 성공이 불리한 요인으로 작용하는 것을 완화시키는 방법을 연구하는 내용도 있다. 상하이 주교회의에서는 개신교의 출판 영향력에 맞서기로 결정했다.

전국 주교회의는 외적으로 깊은 인상을 주기에 적절했다. 중국 최초의 상하이 주교회의가 바로 그랬다. 감목 대리(11명은 개인 사정으로 불참) 44명, 지목知牧 5명과 총대리 1명, 주교관冠을 쓸 자격이 있는 신부(트라피스트 회원) 1명, 부감목 3명, 결석 주교 대리인 7명, 수도장상 24명과 교구 임원 등이 참석했는데 그중 절반이 중국인들로, 교구 재판소 검사 · 비서관 · 고문 신학자 · 주교 비서 · 전례 주례자 · 성가대원과 신학생이었다. 1924년 5월 15일 아침, 총 109명의 참가자들이 장엄한 개막식을 위해 쉬자후이 성 이냐시오 성당으로 행진할 때 군중들은 폭죽을 터뜨리며 환호했다. 모두가 중요한 순간임을 느꼈다. 지역 시노드 또는 지역 주교회의의 특별한 사명(특히 당시에 생각했던 것)은 한 달 동안 엄격히 교회법에 따라 과업을 실현하는 것이었다. 그것은 정신이나 표현 면에서 발전을 소망하던 중국의 교회 책임자들에게 사도직의 전체적 방향을 밝혀 주기에 충분했다.

2. 로마의 영향

1920년 12월 3일 자 포교성의 공동서한을 통해 감목 대리들이 6개의 다른 지역에서 그룹별로 모여 주교회의에서 다룰 다양한 테마들을 검토하도록 초청되었다.[6] 7회에 걸친 주교 강연회가 1922년 2월과 11월 사이에 베이

---

[6] 통상적인 교회법적 주제 외에 포교성에서 요구한 주제들: 「막시뭄 일룻」 수용, 중국 유학생들의 사목 지도, 중국 순교자 공경, 화교들의 사도직 등.

징, 한커우, 상하이, 톈진, 통위안通源, 취푸曲阜, 홍콩에서 연이어 개최되었다. 각 주교가 동반한 2명의 고문 중 한 사람은 반드시 중국인이어야 했지만 사실 중국인 고문은 소수에 불과했다. 강연회의 결과는 제각각이었다. 교황 사절은 통일안을 마련하기 위해 준비 위원회를 구성했고, 이 준비 위원회는 1923년 6월 23일부터 25일까지 우창武昌 프란치스코회 회계 사무소에서 작업했다. 이 위원회의 위원 22명 중 8명이 중국인, 6명이 프랑스인, 6명이 다른 국적을 가진 사람들이었다. 한커우의 한 중국인 사제는 자기 그룹이 소수라며 항의했다.[7] 코스탄티니 주교는 그를 안정시켰다. 현재 중국에 주재하는 다양한 선교회들의 균형은 존중되어야 했고, 준비 위원회는 본문에 전혀 손대지 않고 단순한 편집 작업만 해야 했다.

포교성은 주교회의 참석 고문의 절반은 중국인이어야 하며 그 나라 주교들의 좌석을 배치하지 말라고 했다. 교황 사절은 중국인 준비위원들 중에서 고문을 선발했다. 다시 수개월간 계획안을 재작업한 끝에, 1924년 2월, 수정안이 주교들에게 발송되었다.

그 사이 1월 20일, 교황 비오 11세는 자신의 이름으로 주교회의를 소집하고 그 주관 업무를 위임하기 위해 교황 사절에게 사적으로 서한을 보냈다. 2월 4일, 교회 특무성과 포교성 소속 추기경들의 연석회의가 로마에서 열려 중국 교회의 상황과 프랑스 호교권 문제를 다루었다.[8] 추기경들은 프랑스 호교권이 베푼 혜택은 인정하면서 그 식민지적 형태는 근절해야겠다는 것을 재확인했다. 2월 25일 자 훈령은 추기경 회의의 결과였다. 훈령의 원천은 코스탄티니 주교가 가스파리 추기경에게 제출한 보상금 문헌에서 찾을 수 있다. 이 훈령은 선교지의 식민지적 호교권에 대한 로마의 새로운

---

[7] *Con i missionari* …, t.I, 78.

[8] J. Metzler, *Die Synoden* …, 197.

정책이 최초로 표명된 문헌이다. 교황 베네딕도 15세의 회칙 「막시뭄 일룻」에는 호교권에 관한 암시가 없다. 그러므로 프랑스 주교들이 상당수 포함된 중요한 그룹(49명 중 18명)은 상하이 주교회의를 시의적절하지 않다고 방해하거나 프랑스 외교권에서 그 위상을 재확인할 기회를 갖지 못했다.

2월 25일 자 훈령 외에도 반 로쑴 추기경은 교황 사절에게 보내는 서한에서 상하이 주교회의가 지켜야 할 규범들을 상세히 적어 보냈다:[9] 1) 교회가 호교권을 인정한다고 해석될 만한 일체의 행위도 해서는 안 된다. 2) 주교회의는 교회와 교황권의 완전하고 절대적인 독립과 자유를 모든 상황에서 드러내야 한다. 3) 교황기와 중국 국기 외 타국의 국기를 게양할 수 없다. 4) 종교적 문제는 중재 없이 중국 정부와 직접 논의해야 한다. 5) 외국 열강 대표들을 정중하게 대함으로써 그들과의 충돌을 피해야 한다.

포교성 장관이 또 강조한 것은 교회의 보편성이 명백하게 드러나야 한다는 것, 중국 교회를 지칭하는 유일한 표현은 '천주교'이며, 중국 성당 안에 국가 상징물 설치를 금하고 선교사와 신자들은 국법을 준수해야 한다는 것이었다.

• • •

천주교

'천주天主의 종교'라는 뜻의 이 표현은 마테오 리치 시대로 거슬러 올라간다. 프랑스와 중국 간에 체결된 조약문에는 '공교'公敎, 즉 '공번된 종교', 모든 인류에 해당되는 가톨릭 종교라는 단어를 택했는데 국민운동에 참여한 그리스도인들의 특별한 호감을 사지는 못했다. 포교성 장관은 선교사들이 공교라는 단어를 싫어한다는 사실을 알고 있었다. 그래서 혹여 제사 의례의 경우처럼 논쟁이 다시 불붙을 소지를 미연에 방지하기 위해 '천주교'로 결정했을 가능성도 있다.

• • •

---

[9] *Ibid.*, 197-8.

교황 사절은 앞의 권고 사항들을 주교회의 기간 중 호교권에 관한 언질을 일체 피해야 하는 것으로 이해했다. 하여, 이 주제는 토론에서나 주교회의 문헌에서 제외되었다.

로마가 중요 사안으로 여긴 또 다른 주제는 중국인 주교 임명건이었다. 주교회의 개최 전이라도 수명의 주교 후보자들을 지명해 두자는 안도 있었다. 하지만 그럴 경우 주교회의를 지연시킬 우려도 있었다. 사실 로마가 중국인 주교들을 임명하는 것만으로 끝날 일은 아니었다. 그들에게 관구를 설정해 주기 위해서는 선교회 주교들을 통해 계획을 세워야 했지만, 현지 중국인 주교단 창설이 그들의 주요 목표이기는 하나 장기 계획으로 미루어 둔 상태였기 때문이다. 1923년부터 코스탄티니 주교는 로마가 중국인 주교들에게 분할해 줄 관구들을 물색하는 데 전력을 다했다.

우창에서의 준비 위원회 모임에서, 교황 사절은 한커우 감목 대리구가 분리될 것이라는 소식을 그 지역 장상인 한 미국 프란치스코 회원한테서 들었다. 즉, 양쯔 강 우측 일부 지역을 미국 프란치스코 회원들에게 위임할 계획이라는 것이었다. 기회를 포착한 코스탄티니 주교는 푼지Punchi 지역을 답사했다. 그곳은 불과 신자 866명에, 가톨릭 단체도 거의 없는 곳이었다. 그는 미국 프란치스코 회원들에게 내정된 지역의 일부라도 중국인 주교에게 위임하면 좋겠다는 뜻을 한커우 이탈리아 감목 대리에게 밝혔다. 처음에는 젠나로 주교Mgr. Gennaro가 반대했으나 결국 양보하고 말았다. 베이징으로 자리를 옮긴 코스탄티니 주교는 중국인 주교에게 위임할 두 번째 지역을 중국 북부에서 물색했다. 로마에서는 이 사안에 누구보다 개방적인 산둥의 베르비스트회 헤닝하우스 주교Mgr. Henninghaus와 시엔시엔의 예수회 레크로아르 주교Mgr. Lécroart에게 부탁해 보라고 권했다. 그러나 두 주교 모두 자기 감목 대리구가 중국인 교구 지역으로 분할되기에는 아직 여건이 갖추어지지 않았다는 의견이었다. 반면, 바오딩 감목 대리로 있다가 얼마 전 베이징 보좌주교로 임명된 파브레그 주교Mgr. Fabrègues는, 그가 바오딩에 있을 때 한동안 아일랜드 라자로회 회원들에게 양도할 생각을 했던 일부 지역을 양도할 수 있다는 의향을 비쳤다. 그리하여 리시엔 감목구가 탄생하게 되는데 주로 최근에 세례 받은 새 신자가 많았다. 코스탄티니 주교는 그들을 '껍데기 신자'라고 불렀는데, 대부분 돈을 바라고 교회에 나온 사람들이기 때문이었다.[10]

여하튼 그런 협상은 한동안 비밀에 부쳐졌다. 포교성은 1923년 11월 26일 회의에서 한커우 감목 대리구에서 분리된 세 관구의 승격을 논의한바, 중국인 프란치스코 회원들과 미국인 프란치스코 회원들, 아일랜드 골롬반회 선교사들에게 위임하기로 했다.

12월 15일 푼지 관구가 승격되었다. 규모도 작은 데다가 교회도 없어서, 외국 선교사들은 부자가 많고 사업체가 다양한 좋은 지역만 선호한다고 비난했던 중국 사제단도 불편을 느꼈다. 현지 사제단은 우선적으로 사목활동을 하고, 선교사들은 사도직을 위한 새 선교 지역 개척에 힘써야 하므로 현지 사제단에게 제일 발전된 지역을 할당해야 한다고, 포교성은 늘 주장했다. 그런데 실제로는 그럴 수가 없었다.[11] 포교성은 종종 변두리 지역을 현지 사제단에게 주라는 외압을 받았고, 늘 수도회 장상들에게 밀려서 교황청이 중국 수도자들에게 위임한 지역을 줄 수밖에 없었다. 이탈리아에서 수련을 받은 프란치스코회 정 오도릭 신부P. Odoric가 1924년 3월 21일 푼지 교구의 보좌주교로 임명되었다. 리시엔 지역도 같은 날 설정되었다. 그 후 4월 15일 자로 임명된 두 번째 관구의 최고 책임자는 베이징 라

---

[10] *Con i missionari* …, t.I, 84-7.

[11] 2개의 중국 감목 대리구 신설을 목적으로 한 협상에 관해서는: F. Margiotti, "Cinquante ans après la consécration des six premiers évêques chinois des temps modernes", *Omnis Terra*, 16ᵉ année (1976~1977) 182.

자로회 회원 손덕정孫德禎 멜키올 신부였다. 그렇게라도 명분을 살려 이제는 두 중국인 교회 장상이 여러 주교회의 신부들과 나란히 주교회의에 참석할 수 있게 되었다.

3. 토의와 결정

1924년 5월 14일 오후, 진행 위원회 구성을 위한 준비 회의로 개막된 주교회의는 6월 12일까지 계속되었다. 수도회들의 특정주의와 선교 방법 때문에 사제 88명이 일치를 이룬다는 것이 결코 쉽지 않았다. 두 가지 근본적 이유로 불편한 분위기가 확산되기 시작했다. 우선 준비 초안이「막시뭄 일룻」의 정신에 따라 설정되었다. 그러나 결의가 지연된 이유는 일부 참석자들이 회칙에 선교사들의 활동을 비난하는 내용이 들어 있다고 보았기 때문이다. 주교회의 의장은 사적인 대화를 통해 그러한 해석을 정정하려 노력했다. 또 1917년 앙토완 코타 신부가 로마에 보낸 비망록이 있었다. 저자는 그 문헌을 몇몇 친구에게 돌려 결국 널리 알려지게 되었다. 뿐만 아니라 요약문이 익명으로 슈미들린Schmidlin 신부의 선교 잡지에 실리기도 했다.[12] 상하이 주교회의에 모인 주교들은 그 선교사들 중 누군가에게 고발당한 느낌을 받았을 뿐 아니라 그가 그들을 거슬러 중국인 사제단의 위상을 높였다고 여기게 되었다.[13] 코스탄티니 주교가 그들을 이해시키려고 끈질기게 노력한 결과 점차 불만이 해소되고 일도 순조롭게 풀려 갔다. 우선 다섯 위원회로 나누어 다섯 문헌의 초안을 검토했고 다시 전체 회의로 통합했다. 1917년 새 교회 법전과 교황 문헌에 의거한 861개항의 법조문

---

[12] "Zur Frage des einheimischen Klerus in China", *Zeitschrift für Missionswissenschaft*, 13ᵉ année (1923) 179-82.

[13] J. Metzler, *op. cit.*, 206.

과 로마 성청들의 훈령, 지역 시노드의 법령과 지역 선교지의 지침들이 이 주교회의의 결실로 잇따라 나왔다.[14]

제3권에서는 선교지의 목표를 설정한다. 선교지의 목표는 "모든 나라에 복음을 전하고 현지 사제단으로 구성된 지역 교회를 준비하는 데 있다".[15] 바로 그것이 수없이 되풀이되어 온 교황청의 정신이자 의지이며, 근자의 「막시뭄 일룻」에 표명된 내용이었다. 선교지는 특정 단체의 소유물이 아니다. 지역 교회는 교회 단체들과 현지 사제단, 자체 사업체들에 의해 만족스럽게 유지될 때 비로소 설립되었다고 볼 수 있다. 마지막 사항은 1923년 5월 20일 자 포교성 서한을 거의 그대로 인용한 것이다.

다른 4개 사항 중에는 2개가 중요하다. '세속 및 정치 분야 사업의 포기에 관하여'*De abiiciendis rerum saecularium et politicarum curis*라는 제목의 제5권에서는, '프랑스 선교지'니 '독일 선교지'니 하는 표현을 더는 쓰지 말고, 중국 신학생들에게 유용한 것이 아니라면 선교사 자신들의 모국어를 가르치지 말 것이며, 중국의 풍습을 무시하지 말라고 권고한다. 이 주교회의에서 호교권 문제가 반드시 다루어져야 했는가? 주교회의 의장은 이 문제를 단독 처리해 버렸다. 당시 성당 내 국기 게양만큼 고통스러운 논쟁을 야기시킨 문제도 없었다. 코스탄티니 주교는 관련 조항을 삭제하고 국기 게양을 금지시키면서 1924년 3월 26일 제사 문제에 대한 포교성 교령을 낭독하는 것으로 끝냈다. 교회법에 이어, 간단한 청원 사항Vota et postulata을 덧붙였다: 주교들은 규정에서 가장 좋다고 판단되는 규범들을 선별할 것이다.[16]

---

[14] 주교회의 법령에는, 법전(code)에 관해 500번, 1803년의 쓰촨 시노드에 관해 31번, 「막시뭄 일룻」에 관해 22번 언급되어 있다.

[15] Canon 17, *Primum Concilium Sinense*, Zi-ka-wei 1929, 27: "Primarius cuislibet Missionis finis est Evangelium gentibus annuntiare et ecclesiam ex Clero indigeno constantem praeparare."

[16] 참조: J. Metzler, *op. cit.*, 211.

정치적 문제들이 특별히 민감한 사안이었음을 알 만한 사건이 있다. 상하이 가톨릭 신자들이 주교회의 참석자들을 위해 마련한 성대한 만찬 석상에서 톈진의 한 외교인外敎人(레브 신부의 친구인 손중영孫仲英일 가능성이 크다)이 교회에 찬사를 보내며 중국인들과 현재 유배 중인 선교사와의 우정을 강조했다. 그는 레브 신부의 불참에 유감을 표명하고, 언젠가는 귀환하기 바란다는 말도 덧붙였다. 이튿날, 선교지의 한 주교가 교황 사절을 찾아와 레브 신부에 대한 선교사들의 생각을 전했다. "그는 좋은 분이고 학자인데 다만 다른 외국 선교사들과 상반된 정치적 입장을 가졌을 뿐입니다. 그는 '중국은 중국인들에게'라고도 했습니다." 코스탄티니 주교는 지금은 레브 신부의 귀환을 논할 때가 아니라고 답했지만 그 전언을 마음에 소중히 새기고 자문했다: 만일 중국이 다른 나라에 속해야 한다면 …!17

둘째로 민감한 사안은 제사 의례의 단죄였다. 제6권은 '중국 의례에 관한 판단' De iuramento circa ritus Sinenses을 1742년도 서약의 준엄한 의무를 주교회의 참석자들에게 상기시키는 것으로 만족했음을 보여 준다. 그 의무는 1895년까지 중국 사제들에게 적용되었다. 교황 사절과 주교들은 최근 중국의 발전을 감안해서 제사 문제는 완전히 재고되어야 한다고 생각했다. 그 문제는 교황청에서 단죄했으니 교황청에서 다시 다룰 일이라는 것이었다. 코스탄티니 주교는 감목 대리들에게 다음 세 질문에 두 달 내로 답할 것을 요구했다: 1) 시신에게 절해도 되는가? 2) 학교에서 공자孔子 상에 절해도 되는가? 3) 시신 곁에서 무릎 꿇고 기도해도 되는가?

일반 규범들 중 선교사의 상석권上席權과 부복俯伏에 관한 것도 지적해야 한다. 1924년 1월의 상석권 폐지는 선교사들의 신경을 자극했다. 중국 내 선교사들은 중국인 사제들 앞에서 굴욕감을 느꼈다. 폐지론을 더는 언급

---

17 *Con i missionari* …, t.I, 168-9 (J. Bruls의 번역본, 91).

하지 않기 위해서라도 교회법 53조의 초안은 수정해야 했다. 하지만 상석권 문제는 단순히 서품 서열에 따른 것이었다. 다른 교회법들은 현지 사제단과 외국 사제단과의 관계를 다루었다. 사제 앞에 부복하여 인사하는 것은 공식적으로 폐지된 사항이었다. 코스탄티니 주교 자신이 중국에 도착했을 때 그런 관습을 보고 충격을 받았기 때문에 수정을 주장했던 것이다. 이제 그런 행위는 정당화될 수 없을 뿐 아니라 교회를 중국 지식층으로부터 멀어지게 하는 것이기 때문이다.[18]

주교회의의 검토 결과, 우선 모든 직무에서 중국인 사제단을 인정하기로 했음을 언급해야겠다. 중국인 사제단이 자질을 갖추고 있는 한 어느 직무에서도 제외시킬 수 없을 뿐 아니라, 중국 사제들이 주교로 임명되는 날을 하루빨리 앞당기기 위해서라도 이는 바람직하다고 2개 항의 교회법은 규정했다.[19] 중국인 주교단 구성에 대한 희망은 경건한 약속이었으나 실현에는 오랜 세월이 걸릴 것이었다. 사실 약속은 이미 이루어졌으므로 감목대리들이 이를 수용할 마음의 준비를 시킬 수밖에 없는 상황이었다.

주교회의는 선교사들에게 중국어 습득을 거듭 당부했다. 중국인 수도회 창설에 관한 논의가 있었고, 평신도, 특히 여성의 권리 회복과 가톨릭 청년회 조직, 교리 교사들의 선교 조직에 관한 주제를 다루었다. 많은 문제를 다루기는 했지만 이 회의에서 결정된 사항들은 그 후 아무 실효성이 없었다. 가톨릭 운동은 주교 인준을 받지 못했다. 레브 신부가 전개한 톈진 운동의 경험으로 미루어, 평신도들이 그런 방향으로 나가는 것은 위험하다고 판단했기 때문이다. 한 장章이 특별히 마약 금지법에 할애되었다. 조상 숭배에 관해서는 장례와 염습을 미신으로 치부하지 말 것을 주장했다. 그리스도교 예술의 중국적 토착화 논의는 고무적이었다.[20]

---

[18] Ibid., 174-7.
[19] Canons 131-2: *Primum Concilium* …, 55.
[20] J. Metzler, *op. cit.*, 214-5.

복음화를 다룬 제4권은 「막시뭄 일룻」에서 직접 영감을 받았다. 여기는 선교사들의 거룩하고 헌신적인 행동거지를 비롯한 많은 사도직 방법이 제시되어 있다. 선교사들은 개종의 자유를 존중하되 복지를 이유로 개종하는 경우에는 신중을 기해야 한다. 예비신자 교리는 구체적인 방법론을 들어가며 질적인 준비를 강조했다. 지역 신학교 설립 문제도 통과되었다. 채택된 교회법 몇몇 조항은 다양한 부류의 사람들과 그리스도인의 관계를 다룬다: 현지 중국 관리들과의 교류는 활성화되어야 하나 외국인 관리들과의 관계는 억제하는 것이 합당하다. 비그리스도인들과의 관계는 장려되어야 한다. 우상 숭배나 미신에는 맞서야겠지만 숭고한 도덕 원칙을 제시한 공맹孔孟을 비방해서는 안 된다. 또 다른 당부 사항은 재외 중국인, 특히 중국 유학생 사목에 관한 것이다. 교회 학교들은 국가 발전에 중요한 기능을 발휘하는 것으로 판단되었다. 선교지 학교는 증설되어야 하고, 공립학교 수준에 준해야 한다. 특히 개신교 문서 선교에 대항하기 위해 출판물을 장려한다. 끝으로, 사회복지사업은 고통을 덜어 주는 현실적 목적도 있지만 무엇보다 하느님의 영광과 영혼의 구원에 활용되어야 한다.[21]

교회법에 이어 26개 항의 약속과 요구 사항들이 열거되어 있는데, 이를테면 성당 안의 국기 게양 문제와 17개 새 교구의 조직, 새 감목 대리구 명칭, 최소 2개 가톨릭 대학교 설립과 서광曙光 대학에 대한 격려 등이다.

그해 7월 주교회의 문헌들은 세 경로를 통해 로마로 보내졌다. 포교성에서는 특별 위원회가 구성되어 1년 동안 그 문헌들을 검토했다. 약간의 수정을 거친 문헌들은 1928년 6월에 인준을 받고 1929년에 발표되었다.

본디 3개 시노드 위원회를 두기로 했다. 그 하나는 성경 번역, 다른 하나는 교리교육과 기도문 통일, 셋째는 교육과 출판을 목적으로 구성하려 했

---

[21] *Ibid.*, 215-8.

다. 그러나 1928년 2월 8일 구성된 셋째 위원회만 제 기능을 발휘하여, 결국 다른 두 위원회의 역할까지 부분적으로 흡수하게 되었다.

메슬러 신부는 중국 교회 설립 당시 상하이 주교회의가 파란만장하고 항상 행복하지만은 않았던 그 오랜 전사前史 시대에 종지부를 찍은 동시에 중국 교회의 새로운 발전의 시발점이 되었다는 결론을 내렸다.[22] 주교회의 자체는 성공적이었다 할 수 있으니, 모든 (정치적) 외압에서 자유롭게 개최되고 또 작업할 수 있었다. 교황 사절이 말했듯이 1년만 늦어졌어도 아마 그 주교회의는 불가능했을 것이다. 왜냐하면 그 후 중국은 다시 혁명의 혼란 속에 빠지고 말았기 때문이다.[23] 교황 사절은 정치적 긴장을 피하고 중국 주교단 구성에 대해 선교사 주교들의 공식적인 격려를 받아냈다는 점에서 성공을 자축할 수 있었다. 한편, 주교회의는 사도직을 원활히 조정할 수 있는 요소들을 제공했으며, 특히 복지와 교육 분야에서 감목 대리구들 간에 발전적 경쟁심을 부추겼다.

상하이 주교회의는 준엄한 예언적 메시지를 던졌다고 평가된다. 그러나 명백히 위압적인 교회법적 업적 말고는 교황청이 기대한 만큼의 정신적 변화와 개방의 원동력은 되지 못했다. 중국인 주교단의 실현이나 선교사들의 정치적 태도 변화가 지연되고, 그 후 수년 동안 로마가 이 문제에 지속적으로 개입한 사실들이 그것을 광범위하게 증명한다. 그러는 사이 교황 사절은 일부 선교 책임자들의 지지를 얻으려 노력했다. 우선 광둥의 감목 대리 푸르케 주교Mgr. Fourquet가 새로운 노선의 지지자로 등장하는 성과가 있었다. 코스탄티니 주교가 신중한 설문지를 작성할 수 있었다는 것도 이 주교회의의 긍정적이고 결정적인 측면이다. 설문지는 물밑에 가라앉아 있던 호교권과 제사 문제의 해법으로 특별히 주교회의 동안 작성되었다.

---

[22] *Ibid.*, 222.

[23] *Con i missionari* …, t.I, 163.

교회의 관점에서 기대했던 긍정적인 작품이 완성되었다. 중국의 급속한 발전을 감안할 때, 생생한 현실적 이슈들을 배제한다는 것은 새로운 중국과의 만남을 통해 이루어져야 할 교회의 사회 참여를 지연시킬 뿐이었다. 이 지연의 더 근본적인 동기는 이것이다: 주교회의에는 나름대로 좋은 뜻을 품은 몇몇 중국인도 참석했다. 그러나 주교회의 참석자의 대부분인 외국인들은 현지인의 감각과 사고를 가질 수 없었고, 그 결과 진정으로 중국적인 교회를 자극할 결연한 혁신 노선을 모색할 수 없었던 것이다. 교회 출판물조차 이 주교회의에 대해 별로 언급하지 않았다. 프랑스 외교가의 심기를 건드릴까 전전긍긍하다가 오히려 신중성의 도를 넘어선 셈이다. 그러나 2년 후에 실현된 중국인 주교 6명의 임명과 서품에 대한 논평은 지나치게 활발했다. 1926년 중국 주교단의 탄생은 다른 측면에서 결정적인 사건이었다는 것은 다들 공감한 바였다.

제4장_새로운 노선의 실현: 중국인 주교단

교황 베네딕도 15세는 「막시뭄 일룻」에서, 문화 수준이 높은 중국 민족이 복음과 교회와 그토록 오랫동안 교류하면서도 아직 지역 그리스도교 공동체들의 으뜸인 현지인 주교가 없다는 것을 재확인하며 유감을 표명했다.[1] 1926년 초, 교황 비오 11세의 회칙 「레룸 엑클레시애」[2]에서 중국인 주교단 창설의 필요성이 거듭 강조되었다. 상하이 주교회의의 중요 결정 사항에도 그 내용이 부각되었거니와, 이미 구성된 공동체들은 현지 사제단에 위임하자는 등의 일부 민감한 문제들까지 논의되었다.[3] 교황의 뜻은 더 이상 의심할 바 없었다. 한 교황의 뜻이 후임 교황에게까지 계승되어 구체적 실현 단계로 넘어가는 데는 유능한 실무 책임자였던 가스파리 추기경과 반 로쑴 추기경이라는 결정적인 두 지주가 있었다.

---

[1] *AAS*, t.XI, 445-6.
[2] *Ibid.*, t.XVIII, 74-5 et 77.
[3] *Ibid.*, 75.

1. 현실적 장애와 선교사들의 저항

중국인 주교 임명이 가급적 빨리 이루어지기를 바라는 주교회의 참석자들의 희망도 모든 것을 수습하기에는 충분하지 않았다. 먼저 중국인 주교에게 자기 교구의 일부를 분할해 줄 만한 (외국인) 주교들을 물색해야 했다. 1923년 코스탄티니 주교는 선의를 가진 고위 성직자들을 찾아 나서기 시작했다. 앞서 언급한 푼지 교구의 경우처럼 교황 사절은 외교 수완을 발휘했다. 자기 나라의 한 주교에게 부탁하여 절반의 성공을 거두었는데, 조건인즉 변방의 작은 지역으로 시작할 것이며 프란치스코회 소속 사제로서 이탈리아에서 교육받은 장상을 선발한다는 것이었다. 중국 북부 리시엔 교구의 선택도 결코 쉽지 않았다. 리시엔에서는 두 가지 특징이 있었다: 시골이고, 주요 도시가 없는 데다가 오래전부터 그 지역 선교를 맡은 수도원 내에서 장상을 지명해야 한다는 것이다. 이미 그 지역에 자리잡고 있는 선교사 중 주교 한 명을 선발한다는 것은 인근 지역 유럽인 동료들과의 관계를 수월히 할 수 있고 교구를 교구 사제단에 이양하는 문제도 조정할 수 있는 이중의 이점을 제공하는 셈이었다. 하지만 로마의 경험에 비추어 볼 때 그런 일시적 상황은 오히려 일을 지연시킬 우려가 있었다. 그래서 포교성은 가능하면 완전히 중국적인 교회 조직을 수립하기를 원했다.

지역 선발에서 중국의 선교 지역은 통제된 개인 사냥터 취급을 받았다. 우선 외부, 특히 교구 사제들에 대한 간섭이 그랬다. 집단 심리 차원에서 설명되는 이런 태도들의[4] 사례는 허다하지만 여기서는 몇 가지만 들자.

---

[4] 이런 태도는 중국 현실에 대한 유일무이한 경험을 했다는 확신에서 나왔다. 한 수도원이 이미 많은 투자를 했고, 고통당하고 때로는 목숨까지 바친 그런 지역을 양도하기란 어려웠을 것이다. 교황청은 그간의 경험과 고통은 양도될 수 없다고 판단하면서 위임 지역에 대한 책임과 권리를 부여했다. 교황 사절이 복음의 활성화라는 진정한 관심에 대립하는 수도회의 봉건주의를 언급할 때는 바로 이런 인간적인 면도 구체적으로 고려했던 것이다.

1902년, 캐나다의 교구 사제 존 매리 프래이저John Mary Fraser(1877~1962) 신부가 저장에 도착하여 새 교구 설립을 추진하는데, 그 교구는 앞으로 중국과 유럽(또는 미국) 교구 사제단에 위임될 것이며 교구 책임자는 외국인 주교로 하되 승계권이 있는 중국인 보좌주교 한 명을 둔다는 것이었다. 그 계획은 현지 라자로회 회원들의 이익과 충돌했다. 사실 한 미국인이 제의한 그 계획은 프랑스 보호권을 수용하지 않을 위험도 있었다. 그 계획은 교구 사제단 제도 도입을 목표로 하는 것이었다. 장기적으로는 중국인 교구 사제단에 모든 방향을 이양할 계획이었다. 프래이저 신부는 1911년 그의 계획안을 변호하기 위해 로마로 갔다. 고티 주교Mgr. Gotti는 그 계획안을 인준했지만, 라자로회 측에서 갖은 장애를 내세워 실현을 방해하자 닝보寧波 교구장 레이노 주교Mgr. Reynaud는 더 이상 외국인 교구 사제 지망생을 모집하지 않기로 결정해 버렸다.[5] 실망한 프래이저 신부는 1918년 스카르보르 외방 선교회Scarboro Foreign Mission Society를 설립하고 다른 선교회들처럼 저장 서남부 한 지역을 위임받았다.[6]

1911년에 시작된 미국의 두 번째 시도는 메리놀회 신부들의 몫이었다. 그들도 재빨리 외방 선교회를 설립했다. 중국에 쉽게 정착하지 못했던 그 선교회는[7] 파리 외방 선교회로부터 광둥 감목 대리구의 한 지역을 양도받아 운영하게 되는데, 중국인 주교단 구성이 첫째 목표였다. 1925년, 메리놀회 신부들이 담당하던 구이양桂陽 지역이 독립했고, 그 독립지 일부를 프랑스와 미국 선교사들을 거느린 중국인 장상에게 양도할 가능성을 타진

---

[5] 프래이저 신부는 1917년 레브 신부에게 계획과 실패 원인에 대해 설명했다. 레브 신부가 코타 신부에게 보낸 1917년 6월 9일 자 서한 참조: AVL, *DG*, t.IX, 59.

[6] 이 지역은 1937년 리슈(Lishui)의 지목구가 된다.

[7] 1915년 월시 원장이 중국에 있는 상당수의 감목 대리들에게 편지를 보냈으나 구체적으로 제공하겠다는 주교가 아무도 없었고, 일부에서는 오히려 중국 아닌 다른 나라에서 찾아보라고 권고했다(J.-P. Wiest, *Maryknoll* …, 49).

했을 때, 광둥 메리놀 선교지의 장상 제임스 월시[8] 주교는 주교단의 중국화 계획을 '고귀한 생각'noble idea이라며 모든 지역을 우선적으로 그의 선교회에 위임했다. 1938년 광시 지역 우저우梧洲의 메리놀 관구가 감목 대리구로 설정되었다. 로마는 그 사이 총원장이 된 월시 주교에게 첫 주교가 될 만한 중국인 사제를 현지에서 물색하도록 위촉했다. 그때 월시 주교는 우저우의 선교사 절대다수가 그 해법에 회의를 품고 있음을 알게 되었다. 단 세 명뿐인 그 지역 젊은 중국인 사제들 중 그 누구도 미국 선교사들을 거느릴 만큼 권위 있는 적격자가 없어 보였던 것도 사실이다.[9]

1919년, 수년 전부터 파리 외방 선교회가 담당하던 청두成都 감목 대리구의 분할 계획이 구체화되었다. 그곳 주교 루슈즈Mgr. Rouchouse는 그 지역이 다른 선교회로 넘어가는 것을 막기 위해 프랑스 정부에 도움을 청하기로 결정했다. 로마가 원한다면 다른 프랑스 선교사들이나 '부득이한 경우' 벨기에 선교사들에게 새 지역을 맡기기 위해 현지 프랑스 공사를 개입시킬 생각이었다.[10] 프랑스 공사는 게브리앙 주교의 로마 방문 때 그 계획에 관해 언급하도록 요구했고, 주교는 감목 대리구가 분리될 경우 새 선교지는 프랑스나 벨기에 선교사들에게 위임될 거라고 그를 안심시켰다.

> 공사는 이렇게 결론 내렸다: "그리된다면 루슈즈 주교님이 두려워하는, 미국 사제들이 쓰촨에 오는 것을 사전에 막을 수 있을 것입니다.[11]

---

[8] 1891년에 출생한 James Edward Walsh는 1918년 중국에 파견된 메리놀 선교회 초대팀으로 와서 이듬해 선교회 원장이 되고, 1927년에 쿤밍의 감목 대리가 되었으며, 1936년부터 1946년까지 수도회 총원장으로 재임했다. 중국에 귀환한 후 1958년 투옥되었다가 1970년 외국 선교사로서는 마지막으로 풀려났다.

[9] 이 유감스러운 두 가치에 관하여: J.-P. Wiest, *Maryknoll* …, 252-7.

[10] 청두 주재 프랑스 영사 A. Bodard, 1919년 12월 12일 자 베이징 주재 프랑스 공사 Boppe. 외무 장관에게 보낸 사본은 AEP, vol.65, fol.301-302에 수록.

같은 맥락에서, 베이징 주재 프랑스 대사는 몇 주 전 중국에 온 교황 사절을 1922년 말 베이징에서 처음 만났을 때, 프랑스는 독일·미국·벨기에·네덜란드 선교 지역들과 기타 다른 선교 지역들에 대해 호교권을 행사할 준비가 되어 있다고 말했다. 그리고 프랑스 선교 지역들을 다른 국가의 선교지에 분할해 준다는 것은 불쾌한 일이라고 부언했다.[12] 이듬해, 한커우의 프란치스코회 선교사들은 푼지를 중국인에게 쉽사리 양도하지 않았고, 한양漢陽 지역을 아일랜드 성 골롬반 선교사들에게 양도하기도 어려웠으며,[13] 그리스도의 오상회五傷會(Stigmatins) 선교사들에게 후베이湖北의 다른 지역을 양도하는 것도 거부했다.[14]

이런 거부 사례들은 얼마든지 있다. 그런 태도는 앞서도 언급했듯이 완전히 수도회의 심리적 동기에서 비롯되었고, 그동안 겪어 온 선교지 수도회들 간의 갈등의 역사에 기인한 것으로 설명된다.[15]

중국인들에게, 그것도 수도회가 아닌 현지 교구 사제단에 지역을 양도하기가 어려웠던 이유는, 다른 나라 수도회들과 관련되는 문제인 데다가 중국 정부의 능력이나 민족적 우월성에 대한 열등감과 불신 때문이다. 제1차 세계대전이 끝난 후 중국에 유입된 민족주의 사상이 중국인 사제단 양성에 어느 정도 영향을 주었음은 의심할 여지가 없다. 그 사상은 1919년 5월 4일부터 1930년 5월 30일까지 5·4운동을 겪으면서 더욱 팽배했다. 교황청은 편협한 전략밖에 세울 수가 없었다. 교회를 유럽의 속박에서 풀어

---

[11] 1920년 1월 23일 자 외무 장관용 사본 AEP, vol.65, fol.304. 1929년에는 중국 교구 사제단에 위임된 청두 동부 지역에 두 개의 감목 대리구(지닝集寧과 완시엔)가 설정되었다.

[12] *Con i missionari* …, t.I, 60.   [13] 참조: R. Simonato, *Celso Costantini* …, 110, n.61.

[14] *Con i missionari* …, t.I, 273-5. 거듭된 시도 끝에 교황 사절은 라자로회로부터 바오딩 감목 대리구의 일부를, 1929년에는 리시엔 선교지를 오상회 회원들에게 위임할 수 있었다.

[15] 19세기 중국에서 예수회와 라자로회의 상호 긴장 관계와 관련하여 라자로회의 관점에서 본 문헌으로는: A. Thomas [J.-M. Planchet], *Histoire de la mission de Pékin*, t.II, 137-45, 126-287, 333-43, 461-9, 544-7, 642-8.

주려는 결의는 로마가 두려워하던 또 다른 위험에 노출되는 것이고, 사제단 내부의 민족적 갈등을 방치하는 격이었다. 새로운 민족주의 논리는 1930년 이후 현지 토착화 과정을 완화시킬 필요가 있다고 판단한 로마의 새로운 정책에 적용하기 위해 일부 선교 환경에 이용될 것이었다.

처음에 로마는 「막시뭄 일룻」과 더불어 시작된 운동을 따르기로 했다. 교황 사절이 1923년 10월 방문에서 관찰한 것은 베이징 감목 대리구 북서쪽의 쉬안화 관할구가 훌륭하게 조직되어 있으니 독립 관할구를 빠른 시일 내에 설정해야 한다는 것이었다. 따라서 그곳에 프랑스 감목 대리구를 설정할 생각이었다. 그러나 베이징 감목 대리구 중국인 사제들(103명)과 프랑스인 선교사들(고작 23명)의 비율이 그 해법에 장애가 되었다.[16] 자를랭 주교Mgr. Jarlin는 자기 관할구가 한창 발전 도상에 있을 뿐 아니라 18세기 라자로회에 위임되었던 유산 중 하나라는 이유로 그 감목 대리구를 내놓으려 하지 않았다.[17] 상황은 답보 상태에 놓였다. 1925년 7월 13일 세미나에서, 포교성은 베이징의 보좌주교 파브레그가 쉬안화를 양도하도록 힘써 줄 것을 코스탄티니 주교에게 제의했다.[18] 같은 모임에서, 추기경들은 타이저우太州(저장) 중국인 사제단 요구에 응하는데 그 지역은 중국인 라자로회에게 위임된 교회 관구로 설정되어 있었다. 다만 결정은 그 지역에 중국인 사제가 5명밖에 없어서 조건부로 했다.[19]

이런 추세라면 중국인 주교단 구성은 여러 해 연기될 우려가 있었다. 여러 정치적 사건이 로마 당국자들의 단계적 추진을 방해했다. 1925년 5월

---

[16] *Con i missionari* …, t.I, 116-7.

[17] J. Metzler, "Tätigkeit der Kongregation im Dienste der Glaubensverbreitung, 1922~1972", *SCPF memoria rerum*, t.III, vol.2, 470, n.8.

[18] F. Margiotti, *Cinquante ans après* …, 182.

[19] *Ibid.* et J. Metzler, *Tätigkeit* …, 468. 타이저우 지역에는 가톨릭 신자 4,540명과 성당 다섯 개, 소성당 50개가 있었다.

30일, 상하이 조차지租借地 치안 책임을 맡은 영국 경찰이 한 노동자의 피살로 야기된 시위 가담자(중국인 학생과 노동자)들에게 총격을 가해 21명의 사망자와 많은 부상자를 냈다. 그동안 내란으로 내분되어 있던 중국은 공동의 적인 외국을 향해 하나로 뭉쳤다. 대중의 분노는 모든 외국인 기관을 겨냥했다. 선교사와 그들의 사업체도 위험에 처했다. 교황 사절은, 제국주의 세력이 중국 민족의 속박을 준비하고 있다고 비난해 온 민족주의자들이 외국인의 선교 활동에도 정치적 목적이 있는 것으로 여긴다고 로마에 보고했다. 중국인에 대한 선교사들의 부당한 대우와 처신이 그런 선동을 부추긴다는 말도 덧붙였다. 선교지들이 계속해서 외국 호교권에 의존하려고 한다면 그들은 자멸하고 말 것이니 교황청은 무엇보다 먼저 중국의 독립을 지지해야 하고, 중국과 직접 교류해야 하며, 중국 선교를 위한 교회의 법적 존재를 보장하는 협정을 체결해야 한다는 것이었다.[20]

2. 로마의 결정

1926년 4월 12일, 이런 심각한 상황 속에서 교회 특무성과 포교성의 합동 세미나가 열렸다. 교황 비오 11세 착좌 후 두 번째 모임으로, 첫 모임에서처럼 중국 상황에 관한 문제를 다루었다. 교황 대사의 보고서를 검토한 추기경들은 세 가지 중재안을 교황에게 제출했다: 1) 교회 활동은 정치적 목적 없는 순수 영적 차원에 속하며, 신자들은 국법과 국가 지도자들을 존중해야 함을 장엄하게 선포한다. 2) 중국 신자들과 사제단의 상황을 정상화하기 위해 베이징과 협정을 체결한다. 3) 교회에 해가 되는 호교권과의 '연결고리'로부터 선교지들을 공식적으로 해방시키기로 노력한다.[21] 6월 15

---

[20] J. Metzler, *Tätigkeit* ···, 469.
[21] Ibid.

일, 교황 비오 11세는 즉시 중국에 있는 주교들에게 서한을 보냄으로써 첫 번째 개입을 추진하는데 그 서한의 제목은 '중국에 있는 교회사업과 관련된 그릇된 견해에 대하여'다.[22]

이 문헌에서 교황은 '아무 근거도 없이' vana illa fallaxque opinio 헛소문을 퍼뜨리는 민족주의 운동을 직접 겨냥했다. 선교사들이 외세를 이용하여 중국이 요구하는 독립에 대립하고 있었기 때문이다. 이런 태도는 교회에 파국을 초래하고 말 것이다. 그래서 교회는 무슨 수를 써서라도 선교사들의 과장된 조국애를 막으려 했다. 교황은 여러 선교지들이 중국인 사제단에 양도된 것을 기뻐하며 머지않아 중국인 주교들이 외국인 감목 대리들과 함께 교회의 성장과 중국의 번영을 위해 협력할 것이라고 했다. '대단히 심각한' sane gravissimis 이 모든 것은 애국주의를 악용하여 중국인을 하느님 교회의 적으로 만드는 자들에게 현혹되지 않도록 중국 그리스도인들을 보호하기 위한 방편이었다고 할 수 있다. 끝으로 교황은 호교권이 특히 박해 기간에 선교사의 생명과 권익에 이용되어 왔다는 것을 확인했다. 교회는 호교권을 거부하지 않았지만 다른 나라들이 그들의 시민들을 보호하기 위해 누리는 혜택들은 지지하려 하지 않았다.

코스탄티니 주교는 교황 서한을 중국에 있는 주교들에게 전달하면서 이런 요지의 사적 메시지를 첨부했다: 중국인에게 교회의 본질이 내포하는 참뜻을 가르쳐 줄 것, 모든 외국 민족주의에 대해 자제할 것, 중국인 주교 임명에 감사드릴 것 등. 그뿐 아니라 선교지 평신도들의 정치적 저항을 돕기 위해 교황의 서한을 중국어로 번역하여 알리라는 말까지 덧붙였다.[23]

4월 12일 회의에서 발의된 다른 두 추진 과정은 교황 사절을 통해 제2단계로 넘어가 국무원장과 교황청 사무총장의 인준을 받게 될 것이었다.

---

[22] 서한 *Ab ipisis*, *AAS*, t.XVIII, 303-7.
[23] *Con i missionari* …, t.I, 342-3.

그해 3월부터 포교성 장관 반 로쑴 추기경은 쉬안화 감목 대리구 설립과 중국인 감목 대리 임명을 준비하고 있었다. 그는 교황에게 상황을 알리는 동시에 교황이 직접 이 첫 중국인 주교를 축성해 주도록 건의하는 교황 사절의 서한도 전했다. 교황은 동의했다. 그는 푼지와 리시엔 보좌주교도 동시에 축성할 생각이었다. 준비는 5~6월에 공식화되었다. 교구 사제인 조 필립보 신부가 쉬안화 교구장으로 선임되었다는 것도 알려졌다. 조 신부는 그를 교황에게 후보로 추천한 교황 사절의 비서였다.[24] 포교성은 펀양汾陽 지역 산시에 중국인 교구 사제단에 위임할 교구 설립을 준비하고 있었다.[25] 코스탄티니 주교는 그 소식을 듣자마자 타이저우 지역과 펀양 지역 장상도 주교로 임명하여 함께 축성하는 계획을 추진했다. 7~8월, 프란치스코회의 전錢 알로이시오 신부는 펀양 감목 대리로, 라자로회의 허 요셉 신부는 타이저우 감목 대리로, 예수회의 주 시메온 신부는 난징에서 분리된 작은 지역인 상하이 북서부 하이먼海門 감목 대리로 임명되었다.[26] 주교로 임명된 6명의 분포는 이렇다: 교구 사제 1명, 라자로회 회원 2명, 프란치스코회 회원 2명, 예수회 회원 1명. 파리 외방 선교회 활동지역 출신 사제는 없었다.

---

[24] 로마에 있던 레브 신부는 5월 11일 조 필립보 신부의 주교 임명 소식을 들었다. 그는 포교성 차관에게 보낸 편지에서, 그 소식은 다른 무엇보다 "기쁜 소식으로서 […] 생각만 해도 눈물이 납니다"라고 밝히고 있다. "중국에서 프랑스 호교권은 엘리트의 개종에 아주 큰 장애가 되고 있습니다. 그리고 오래전부터 유명 인사들이 제게 거듭 말하기를, 그 결함이 중국 가톨릭 교회와 연결되어 있는 한, 즉 프랑스의 보호를 받고 있는 한 그리스도인이 되기란 불가능하다는 것이었습니다. 10년도 더 지난 오래전에 들은 말입니다. 지금이야 오죽하겠습니까! '모든' 중국 유학생은 예외 없이 호교권에 대해 적대감을 가지고 있습니다." 그리고 중국 유학생들은 그들을 모욕하고 그 논리를 인용하는 사람들에게 맞서서 자기들도 그들을 의심하는 방법을 쓰고 있다는 것을 상기시켰다. 로마가 그 문제를 신중히 다루고 있음을 의심치는 않으나 그같이 심각한 문제를 너무 지연시킨다면서 그는 또 이렇게 묻는다: "우리는 언제 '우리의' 교황 대사를 볼 수 있을는지요?"(1926년 5월 11일, V. Lebbe가 Marchetti 주교/van Rossum 추기경에게, AVL, DG, t.XXXII, 16 참조).

[25] J. Metzler, *Tätigkeit* …, 470.   [26] *Ibid.*, 470-1.

3. 첫 중국인 주교 6명

드디어 1926년 10월 28일, 첫 중국인 주교 6명의 서품식이 성 베드로 대성전에서 있었는데 그날은 교황 비오 11세의 주교 수품 7주년 기념일이기도 했다. 예식은 이례적으로 장엄했다. 깊이 감동한 교황은 그 사건을 "극도로 행복한 시작"이라고 극찬했고, "우리가 다른 지역에서 실현하려는 유사한 다른 계획들도 신속하게 잘 진행될 수 있게 해 주는 약속"이라고 표현했다. 그는 중국인과 그들의 문화를 높이 찬양했고, 많은 중국인이 축성식에 신중히 동의해 준 것을 경하했다. 교황은 그들에게 말했다: "주교의 품위를 간직하고 거기에 따르는 수고를 함께 감내하십시오. 머리를 들고 저 땅을 바라보십시오. 당신들의 광활한 저 중국 땅을! 거기는 이미 추수할 때가 되어 황금빛으로 무르익어 있습니다".[27]

이튿날 다룬 여러 문제 중 일부는 민감한 사항들이었다. 무엇보다 경제 문제였다. 새로 설립된 지역은 빈털터리였다. 어떤 선교회는 양도 지역을 떠나면서 모든 것을 가져가 빈집만 남기도 했다. 1925년 스페인 아우구스티노 회원들이 미국 고난회 회원들에게 후난 선교지 일부를 그런 식으로 양도했다.[28] 포교성은 새 감목 대리구들에 많은 보조금을 보내야 했다. 한편, 조 주교와 손 주교는 레브 신부의 중국 귀환을 주장했으나 상하이 주교회의 동안 몇몇 선교사 주교들 편에 얻어들은 선입견 때문에 교황 사절은 망설였다. 그러나 두 중국인 주교의 적극적인 태도에 자극받은 포교성 장관은 호의적이었고, 코스탄티니 주교도 라자로회 총원장에게 중재하여

---

[27] 이 강론의 라틴어 원문: *AAS*, t.XVIII, 267-8. 그날 사제 수품 25주년을 맞이한 레브 신부는 수도회 장상들의 허락 문제로 어려움이 있었으나 겨우 예절에 참석할 수 있었다(참조: A. Sohier, *Un an d'activité du Père Lebbe: 1926*, Louvain-la-Neuve 1984, 219-20).

[28] 참조: R. Carbonneau, *The Passionists* …, art, cité, 399.

마침내 1926년 말에 청신호가 떨어지게 되었다.[29] 그 사이, 1년 전부터 베르비에Verviers 본당 보좌신부로 있던 앙드레 볼랑 신부abbé André Boland는 벨기에 중국인 유학생 지도신부 뱅상 레브의 중요한 지지자 역할을 하면서, 유럽 교구 사제들을 중국인 주교들에게 파견할 목적으로 신학교 설립을 꿈꾸고 있었다. 메르시에 주교Mgr. Mercier는 그 계획을 장려했다. 임명된 중국인 주교들은 그 계획에 뜨거운 관심을 보였다. 조 주교의 도움을 받은 레브 신부는 반 로쑴 주교와 그 계획에 관해 상의하고 허락까지 얻어냈다. 그리하여 벨기에 리에즈Liège 교구에서 서품된 사제들이 중국인 감목 대리구 소속으로 파견되었다.[30]

첫 중국인 주교 축성은 온 가톨릭계에 깊은 반향을 일으켰다. 그것은 교회사 초유의 유색인 주교 임명이었다.[31] 그 사건은 특별한 상징적 의미가 있다. 레브 신부는 그때 "교회사의 중요한 순간"[32]을 체험했고 "감동과 우주적 기쁨의 날"[33]을 체험했다고 말했다. 코스탄티니 주교는 중국인 주교 6명과 함께 중국으로 떠나기 전, 일부 유럽계 선교 주교들의 반응을 확인했다. 그는 비망록에 전반적으로 호의적인 견해만 기록했다.

지루한 논쟁은 끝났다. 교황은 용감하게 이론을 실현시켰다. 이제 명백히 이해되었으니 교황과 함께 앞으로 전진하든지 사도적 생활 밖으로 밀려나

---

[29] 코스탄티니 주교의 대담에 관하여: AVL, *Fonds* I, sect.II, 2C: cahier bleu.

[30] 참조: A. Sohier, *Un an d'activité* …, 236. 신학교는 1930년 Louvain에 설립되었다. 이 신학교는 벨기에 외방 선교회[société des Auxiliaires des missions (SAM)]의 전신이다.

[31] 나(羅) 그레고리오 외에도 인도 예수회 회원 Roche 주교가 1923년 축성되었다.

[32] A. Sohier, *Un an d'activité* …, 233. 벨기에 방문에 관해서는 Yong-Ja Kim, *La réaction de la presse belge à propos du sacre des six premiers évêques chinois, 1926*, mémoire inédit de licence en Histoire, Université de Louvain 1972 참조.

[33] 1926년 11월 4일 자 코타 신부에게 쓴 레브 신부의 서간 참조: AVL, *DG*, t.XXXII, 41: *Lettres du Père Lebbe*, 245-7 (국역: 『뱅상 레브 신부 서간집』 306-7).

든지 해야 할 것이다. […] 다행히 큰 충격은 없었다. 일상적 습관에 길들여진 선교 정서에 소요가 없는 것도 다행이다. […] 교황은 강력한 키를 잡고 힘겹게 항해하던 저 심연의 배를 자유롭고 드넓은 바다로 인도했다.[34]

중국인 주교단 축성식이 민족주의 교회 지도자 문제에 관한 교황청과 중국 정부 사이의 협정이 성사되기 전에 이루어졌다는 것도 특기할 만하다. 교회생활에 관한 각국의 협정 체결에 관심이 많았던 교황 비오 11세 당시, 로마의 일상 업무 스타일에 비추어 결코 흔한 일은 아니었다. 어쩌면 로마 당국자들은 주교 축성이 중국 정부 입장에서는 교황청과 중국 정부 간 직접적인 이해관계를 증명할 최상의 계기라고 판단했을지도 모른다.

선교 심리가 야기한 소요 사태의 사례들을 자신의 저서 서론에서 밝힌 바 있는 플랑쉐 신부는 1927년에 쉬안화 지구에서 헌신적으로 활동하면서 베이징 라자로회를 널리 알렸다.[35] 저자는 베이징 감목 대리구에서 쉬안화를 분리시키기로 한 결정에 "결코 무심할 수 없었던" 동료들의 반응을 전했다. "그처럼 좋은 관구였는데 […] 은인들을 저버리는 것을 보니 많이 섭섭하다"는 그 지역 출신 중국 학생의 말도 인용하면서, 그런 섭섭함은 그 지역 신자들에게서 흔히 볼 수 있는 태도라고 부언했다.[36]

같은 시기, 광둥 감목 대리 푸르케 주교[37]는 한창 발전하는 중국 교회를 "은연중에 질투"하는 선교사가 꽤 된다고 기록했다. 어느 감목 대리구에서

---

[34] *Con i missionari* …, t.I, 348-9 (trad. J. Bruls, 134-5).

[35] J.-M. Planchet, *Les lazaristes à Suanhoafou, 1783~1927*, Pékin 1927, 185. 이 책에는 1829년부터 그 지역에서 사목 활동을 했던 유럽과 중국 사제들에 관한 자료집이 실려 있다.

[36] *op. cit.*, préface (non paginée).

[37] Antoine Fourquet, MEP (1872~1952)는 1896년에 중국에 도착, 감목 대리가 되었고, 1923년부터 1947년까지 광둥 교구 주교로 일했다. 이 선교사의 면모에 대해서는 L. Wei, *Le Saint-Siège et la Chine de Pie XI à nos jours*, Sotteville 1971, 207-9 참조.

는 교구장이 중국인 사제들에게 고위직을 맡겼다고 구체적으로 명시했다 (혹시 자신의 교구가 아닌지?).

> 선교사들은 중국 사제들을 고위직 서임자들로 인정하지 않았다. 그들은 중국 사제들을 잡무나 맡아도 고마워할 하위직에 머무는 조건으로만 사랑했다. […] 교황청이 주도한 그 일을 비판하는 데 시간을 허비하는 이는 많지만 그 민족의 복음화에 진정한 관심을 가진 이는 많지 않았다. […][38]

로마 교황청의 예측대로 중국 정부는 중국인 주교 선임을 환영했다. 한 장관은 교황 사절에게 이렇게 말했다: "중국에서 가톨릭 교회의 보편 교리는 하나의 이론으로서 이해하기 매우 어려운 것이었습니다. 그런데 이제는 명백한 현실이 되었습니다." 외무 장관 왕성정王成庭 박사도 기쁨과 감사를 표했다. 코스탄티니 주교에 의하면 일반적으로 외교가와 언론도 호의적인 반응을 보였고 사제단과 신자들도 자신이 인정받은 것을 자축했다.[39]

로마에 있던 주교 6명은 이탈리아 도시들(아시시, 로레토, 마체라타, 파도바, 우디네)과 프랑스의 리옹과 파리를 방문했다. 그중 넷은 벨기에, 한둘은 네델란드도 방문했다. 그들은 어딜 가나 호감과 존경에 넘치는 환영을 받았다. 벨기에 방문은 한때 취소되었다가 레브 신부의 노력으로 성사되었다.[40] 그들은 브뤼셀, 말린, 앙베르스, 나뮈르를 방문했다. 루뱅과 리에즈와 베르비에서 특히 성대한 환영을 받았는데, 이곳에는 중국 파견 선교사를 집중 양성하는 신학교가 있었다.

---

[38] A. Fourquet à l'abbé A. Boland, 21 juin 1927: Arch. SAM, *Papiers Boland*에 수록.

[39] *Con i missionari* …, t.I, 349. 교황에게 보낼 선물과 주교들의 여행비용을 부담하기 위해 기금을 조성하기도 했다.

[40] 참조: A. Sohier, *Un an d'activité* …, 251, 257-9.

1926년의 역사적 사건 이래 1928년부터 1933년까지 13개 교구가 중국인 주교에게 위임되었다. 그 후 다소 부진해진 이유는 나중에 설명하겠다.

4. 중국 교회를 향하여

교황 비오 11세 재위 초, 중국 교회의 발전은 중국인 주교단 구성에 국한되지 않는다. 우선 교황이 중국 주교와 사제, 신자들에게 보낸 서한에 대해 언급해야겠고, 또 1928년 8월 1일, 장개석이 중국을 재통일할 즈음 "그 지역의 고귀한 민족"에게 보낸 서한도 언급해야겠다.[41] 이는 1926년 4월, 정치 발전에 대한 추기경들의 조언과 같은 맥락에서 볼 수 있다. 국무원장은 전 중국인에게 보낸 이 새로운 메시지에서, 바티칸이 그 사건의 추이를 지켜보고 있으며, 교황은 친히 그 나라 초대 주교들을 축성함으로써 중국을 완전히 대등한 관계로 대했을 뿐 아니라 매우 각별한 호의를 지니고 있음을 상기시켰다. 교황 비오 11세는 내전 종식을 기뻐하며 항구적 평화를 기원했다. 그 평화는 세계 최대 인구와 장구한 문화를 지닌 중국 민족의 합법적 소망과 권리가 완전히 인정될 때 보장될 것이다. 선교지들은 중국의 평화와 안녕과 발전을 위해 협력해야 한다. 교회는 합법 정부에 대한 존경과 순명을 전파하고 가르쳐야 하고, 선교사와 신자의 법적 자유와 안전을 요구한다는 것을 서한 「압 입시스」*Ab ipsis*를 통해 명백히 규정했다.

이 서한 첫째 부분에는 중국 정부와의 직접 협상을 통한 협약이라는 새로운 지표가 뚜렷이 드러나 있다. 프랑스 외무 당국은 추호의 실수도 없이, 교황이 중국과 직접 협상하려는 시도에 착수했음을 감지했다.

1928년 8월, 서한 둘째 부분에서 가스파리 추기경은 주교들에게 가톨릭

---

[41] *AAS*, t.XX, 245-6. 교황 서한에 대한 반응: *Con i missionari* …, t.II, 29-33; *Ultime foglie*, 22-4.

운동을 조직·발전시키되, 복음화의 관건인 가톨릭 청년 운동에 주력하라고 당부했다. 이 평신도 운동은 조국의 평화와 공익에 공헌하되 복음과 그리스도교를 전하며 애덕으로 사제단을 도와야 할 것이었다. 여기서 그리스도 왕국의 사회적 조직이라는 원대한 계획을 재발견한다. 이는 교황 비오 11세가 주창했고 1910~1915년의 톈진 운동에서 비롯되었다. 1924년 상하이 주교회의의 반대를 무릅쓰고 또 다른 가톨릭 운동 대회가 교황 사절의 격려로 상하이에서 열렸다.[42] 1922년 4월 레브 신부도 프랑스에서 중국 가톨릭 청년 연합회를 창설했다. 1928년, 코스탄티니 주교는 가톨릭 운동의 임시 정관을 만들었고, 육백홍 요셉이 초대 회장으로 선임되었다. 이듬해, 중국 가톨릭 청년 총연합회가 창설되었다.[43] 1932년 포교성은 가톨릭 운동의 정관을 인준했다.[44] 1935년 9월, 상하이에서 열린 가톨릭 운동 제1차 전국대회에는 많은 교회 인사와 평신도 대표들이 참가했다.[45] 중국인 주교단 구성은 로마가 추진했다. 이 운동은 1910년경 레브 신부가 톈진에서 주창했고 그 전개 과정에서 선교사들의 반대를 유발시킨 가톨릭 운동과 그 뿌리가 같다.

교황 비오 11세는 회칙 「레룸 엑클레시애」에서 현지인의 사고와 사회 조건에 합당한 지역 수도회의 창설을 강조했다.[46] 이는 상하이 주교회의 결정 사항의 재강조일 뿐이다. 19세기 이래 중국에는 선교사의 사도직을 돕는 여자 수도회들이 여럿 있었다. 하지만 진정한 쇄신의 자극은 교황 사

---

[42] *Con i missionari* ···, t.II, 25-8.

[43] *Ibid.*, 103-4.

[44] 참조: *Sylloge* ···, 449-51.

[45] 일부 선교사 주교들은 로마의 관점을 따랐다. 이창(宜昌, 후베이)의 벨기에 프란치스코회 회원 감목 대리 N. Gubbels 주교(1874~1950)는 1934년 교구 시노드에 뒤이은 대회를 통해 가톨릭 운동을 전개했다.

[46] *AAS*, t.XVIII, 78.

절과 레브 신부에 의해 다시 가해졌다. 6명의 중국인 주교가 로마에서 수품받을 무렵 코스탄티니 주교는 주님의 제자 수도회Congrégation des Disciples du Seigneur를 창설했다. 수도회는 조 주교의 지원을 받아 쉬안화 인근에 자리를 잡았다. 창설 목적은 교회의 중국 토착화를 이룩하여 지식인들에게 신앙을 전파할 자질을 갖춘 중국인 사제단을 양성하는 데 있었다.[47]

1927년 초, 중국으로 귀화한 뱅상 레브 신부는 1929년 안궈安國 감목 대리구로 승격된 리시엔 관구장으로 임명되었다. 뱅상 레브 신부는 트라피스트 수도회 입회를 기다리던 그 지역 몇몇 젊은이를 모아 가톨릭 운동을 지향하는 수도 공동체를 만들었다. 1928년 세례자 요한을 주보로 하는 수도회가 발족했다. 회원들은 가급적 대중과 가까이 살면서 중국 민족을 위한 그리스도의 선구자가 되기를 원했다. 이 남자 수도회는 얼마 후, 같은 정신과 목적을 가진 성녀 데레사의 작은 자매 수녀회도 설립했다. 1933년 작은 형제회 수사들과 작은 자매회 수녀들은 200명에 달했다. 그들은 복음화와 서민 봉사를 지향하는 기도를 통해 중국 재건 활동에 동참했고, 1937년 중일전쟁 중 창설자 레브 신부와 함께 전선에서 의료봉사 활동을 펼침으로써 두각을 드러냈다.

---

[47] *Con i missionari* …, t.II, 175-8; Ultime foglie, 230-2, 236-8, 242-6, 250-3. R. Simonato, *op. cit.*, 104-6에 의하면 1949년 수도회 회원 수는 35명이었다.

제5장_1930년대의 진척과 답보

역사가들이 1930년을 바티칸 정책의 중요한 전환점으로 보는 것은 그때가 교황 비오 11세 재위 중반기여서가 아니다. 쇠퇴기 초반이라는 설명도 불충분하다. 이때부터 적어도 큰 정치 분야에서는 관심의 전환기였다고 볼 수 있겠다. 예전에는 인접 그리스도교 국가로부터 인정받는 일에 비해 중국처럼 먼 국가들과의 직접 교류는 비교적 방치되었다. 바티칸은 유럽 전체주의의 확산을 우려했다. 1929년 2월 라테라노 협약 체결 후, 교황 비오 11세는 가톨릭 운동 때문에 불원간 이탈리아와 갈등을 빚게 될 것을 간파했고, 무솔리니를 계속 권좌에 두려면 그보다 못한 인물, 가스파리 추기경보다 약한 인물이 국무원장 자리에 있는 것이 좋을 거라 생각했다.[1] 그리하여 가스파리 추기경은 1930년 2월, 교회 특무성 비서관을 역임하고 독일 대사직도 성공적으로 수행한 54세의 고위 성직자 에우제니오 파첼리

---

[1] 참조: *Gasparri, Pietro*, de R. Aubert, *DHGE*, t.XIX, col.1372.

Eugenio Pacelli에게 자리를 내주게 된다. 국무원장의 임무는 교회의 자유를 수호하고 공산당과 나치스의 세력 증강에 맞서 투쟁하는 것이었다. 새 국무원장 파첼리 추기경은 교황청의 주요 관심사를 국제 질서에 두고, 교회와 그리스도교 문명이 주축이 되어 날로 심각해지는 민족주의의 위험에 대항하기를 원했다. 그는 전임자가 추구한 정치 노선을 수정했다. 9년 후, 자신의 교황 재위 기간에 추구할 근본 노선을 예고한 셈이었다.

1. 선교사들의 부정적 반응

초대 중국인 주교 임명과 1928년 교황 서한은 솔직히 교황청의 대對 중국 정책을 더는 의심할 수 없게 만들었다. 중국은 선교사 문제를 외교관과 동등하게 다루려 하지 않았다. 1929년 초, 왕王 외무 장관은 교황 사절에게, 장개석 정부는 그 문제를 교황 대표부와 직접 처리하고 싶어 한다고 밝혔다. 협상에 앞서, 코스탄티니 주교는 국무원장의 훈령도 없이 벌써 열린 마음으로, 종교 자유 보장, 선교지 소유권 인정, 정부 시책에 맞는 학교 설립권 인정을 골자로 하는 계획을 추진했다.

그 무렵 중국은 인도차이나 문제와 관련하여 프랑스와 협정을 맺었다. 중국 대사는 이 협정에 신중을 기했다. 교황 사절과 난징 정부와의 관계는 일부 선교사와 프랑스 언론, 프랑스 공사관에 경종을 울렸다.[2] 왕 장관과

---

[2] 1929년 2월 26일, 프랑스 대사 마르텔 백작(Comte de Martel)이 닝보 감목 대리구를 방문한다. 대사와 감목 대리는 프랑스 선교지 호교권을 멋지게 재확인할 기회를 포착했다. 참조: 3월 3일 자 *Journal de Shanghai*에 실린 기사(*Con i missionari* ⋯, t.I, 89, n.1에 재수록). 2월 6일부터 같은 신문에 Jean Fontenoy의 기사 *Diplomatie romaine et politique de Mgr. Costantini*가 실렸다. 필자는 이 기사에서 여러 가지를 암시했다: 이탈리아 고위 성직자들의 대 파시즘 태도 변화의 가능성, 교황 사절의 불량한 조언자들, 특히 레브 신부와 호교권의 포기를 종용하는 정치 선동의 일반적 양상에 관해 언급했다(*Ibid.*, t.II, 87-8). *Le Petit Parisien*에 실린 G. Moresthe의 1929년 3월 18일 기사도 참조할 것(extrait dans *Ibid.*, 90-1).

코스탄티니 주교는 후일을 기약했다. 상호 접근의 호기를 놓친 셈이었다.[3]

이탈리아와 접근할 무렵 교황청은 장개석 정부와도 접촉했다. 이 우연의 일치 때문에 베이징 주재 프랑스 공사관은 코스탄티니 주교에 대해 예민해졌다. 새로운 선교 노선 지지자들에 대한 적대 운동은 1927년 베이징 감목 대리구 소속 프랑스 선교사 가르니에의 저서 『중국에 오신 그리스도』 Le Christ en Chine와 함께 시작되었다.[4] 이 책에서 그는 레브 신부와 중국 민족, 중국 그리스도인들을, 간접적으로는 로마의 현지 교회 정책을 공격했다. 선교사들의 이런 반응은 30년 이상 발행된 일련의 팜플렛을 통해 지속되었다.[5] 1928년부터 코스탄티니 교황 사절은 가르니에의 저서를 중국에서 판금시키고 저자를 유럽으로 소환하는 데 성공했으나 결국 자신이 더 치열한 공격의 대상이 되었다. 우선 「베이징 신문」이 신랄하게 공격했다.[6] 불만이 많았고 그 양상도 다양했다. 더러는 확대·재생산되고 더러는 시들해졌다. 불만의 끝은 소송이었다. 교황 사절은 소송을 통해 현지 수도회들의 배타적 정신과[7] 호교권[8]과 구사도직 방법과 단절하려 했던 것이다.[9]

---

[3] 참조: *Con i missionari* …, t.II, 83-6.   [4] Paris, R. Picard, s.d., 261p.

[5] H. Garnier의 목록 참조: *Bibliotheca missionum*, t.XIII, 587. 보완된 목록은 레브 신부 아카이브에 소장되어 있다. M. Soetens, *Inventaire des Archives Vincent Lebbe*; Louvain-la-Neuve 1982, 72-4 et 81 참조.

[6] R. Simonato, *Celso Costantini* …, 110-3.

[7] 1929년, 코스탄티니 주교가 촉발한 포교성 훈령은 그동안 지나친 영향력을 행사했던 주교들과 선교회 원장들의 권한을 축소시키는 방향으로 되어 있다.

[8] 프랑스 공사와 교황 사절에 반대하는 북부 지역 프랑스 선교지들을 긴장시킨 첫 사건은 파브레그 주교가 최근 프랑스 정부가 설립한 베이징 가톨릭 대학교에 방해되는 초급대학을 설립한 것이었다. 코스탄티니 주교는 처음부터 설립을 반대했다. 로마는 공식 방문을 추진했다. 설명하러 로마로 가던 파브레그 주교는 여행 중 사망했고(1928년 11월) 코스탄티니 주교는 원인 제공자로 비난받았다.

[9] 개인적인 불만은 교황 사절에 대한 것이었다. 특히 1928년 8월, 중국 북부 지역의 어느 주교가 교황 서한에 대해 사신(私信)으로 반응을 드러냈는데 그 사신은 후에 중국 전역에 알려졌다. 또 다른 불만은 이탈리아 선교지들을 활성화시킴으로써 프랑스의 우월성을 와해시키려는 데 대한 것이었다. 실제로 1922년 10개 선교회에서 10년 후에는 25개 선교회로 불어

현지인 주교 임명과 관련해서 코스탄티니 주교는 구식 선교 전통을 '방향 감각 상실'(fuorviamento)이라 표현했다.[10] 1932년 초 그는 이렇게 썼다: "중국인 주교 임명을 수용하지 않는 선교사들도 있다."[11]

1927년 5월, 포교성은 교황이 일부 선교사의 순명 거부와 교황청 조치에 대한 비판을 슬퍼하고 있다고 전했다.[12] 같은 시기에 푸르케 주교는 중국 사제단의 승격을 '질투'하는 선교사들에 대한 글을 남겼다.

회칙 「레룸 엑클레시애」가 발표된 후, 파리 외방 선교회의 총원장이 된 게브리앙 주교는 중국인 주교단 설립 준비와 관련하여 선교회 소속 주교와 선교사들에게 1926년 3월 5일 자로 상세한 지침서를 보냈고, 주교단 준비가 너무 지체되었다는 것을 인정했다. 말하자면 이제는 유럽이나 미국 선교회에 양도하지 말고, 장차 "분리될 선교지들"을 현지 사제단에 위임해야 하며, 퇴거하는 외국인 주교와 선교사들은 "가장 덜 발전되고 가장 덜 경작된 지역"을 맡아야 한다는 것이다.[13] 하지만 그 지침이 효력을 거둘 때까지는 한동안 기다려야 했다.[14]

1930년 이후, 중국 주교단 구성과 특별한 선교 중심지들을 중국인 주교단에 양도하는 문제를 놓고도 선교 쇄신의 어려움을 겪었다.[15] 1928년, 베이징 프랑스 고등학교가 실패를 겪자 푸르케 주교가 교회의 이름으로 공

난다. 그러나 새로 진출한 선교회들은 7개 국적에 속했다. 참고문헌: R. Simonato, *op. cit*, 111. H. Garnier가 프랑스에서 제작하여 중국에 보급한 팜플렛 중 다음 기사를 볼 것: *Un péril mondial. Le fascisme catholique exotique*. 이 기사는 1930/1931년에 익명으로 발표되었는데 '무솔리니 관리 체제'와 '독재자'에 관해 논하고 있다. *Con i missionari* ⋯, t.II, 311, 312-4에 실린 코스탄티니의 해설도 참조할 것.

[10] *Con i missionari* ⋯, t.II, 311.   [11] *Ibid*.   [12] *Sylloge* ⋯, 278.

[13] 코스탄티니 주교의 간청으로 이 회람이 *Bulletin des Missions étrangères de Paris* 1926년 7월 호 392-7에 발표되었다.

[14] Guébriant 주교는 1929년 스위스 Grand-Saint-Bernard회 신부들에게 외방 선교회 선교 지역인 티베트 국경에 양로원을 설립할 것을 요구했다. 그 제의는 수락되었다. 그러나 여러 사정으로 양로원 설립이 어렵게 되자 신부들은 그 지역에서 다른 선교 활동들을 전개했다.

식 방문했다.[16] 푸르케 주교는 사제와 중국 평신도들의 설명을 들은 다음 중국인이 베이징 보좌주교로 임명될 것이라는 섣부른 약속을 했다. 그 뜻을 너무 일찍 밝힘으로써 반대파 선교사들에게 반대할 시간을 벌어 준 셈이 되었고, 결국 그 계획은 수포로 돌아가고 말았다.[17]

현지의 반대가 모든 것을 설명하지는 않는다. 1930년, 코스탄티니 주교는 처음으로 사임을 생각했다. 중국에서 그를 표적으로 전개되는 운동이 그의 사임 결정에 영향을 주었다. 어쨌든 1929년 중국 정부와의 협정 실패로 입은 상처가 깊었다. 게다가 같은 시기에 그가 투린Turin 교구 대주교로 임명된 것도 문제였다. 그는 1931년에 수술을 받고 1933년 초에는 임시휴가를 얻어 중국을 떠났다. 그것이 영원한 출국이 되고 말았다.[18] 파첼리 추기경의 국무원장 임명과 1932년 8월 반 로쑴 추기경의 사망으로 교황청의 선교 정책에 변화가 있으리라는 불안도 느꼈을 것이다.[19] 근거 있는 불안이었을까? 국무원이 다소 충격은 받았겠지만, 선교사들의 제국주의에 대한 중국 민족주의자들의 저항에 자극받아 토착화 지지자들의 요구를 충족시켜 줄 만큼 적극적이지는 않았음이 분명하다.[20] 토착화 지지자들은 가장

---

[15] 이 어려운 사안에 대해 코스탄티니 주교는 다음과 같이 말했다: "종종 선교 지역에서 명분도 없는 은밀한 여론이 조성되고 있다. 하나하나 살펴보면, 모든 선교지가 다 훌륭하다. 그런데 한 지역에 다 모아 놓으면 '군중심리' 때문에 각각을 대할 때보다 훨씬 더 힘들다"(*Con i missionari* …, t.II, 101: trad. J. Bruls, 178).

[16] 같은 시기, 푸르케 주교와 예수회의 엘리아 신부는 중국-바티칸 협정의 결론을 도출할 제안서를 작성하기 위해 교황 사절과 함께 일했다.

[17] 1931년 2월 2일 A. Boland 신부에게 R. de Jaegher(Samiste 회원으로서 처음으로 중국에 파견됨) 신부가 보낸 서한 참조: AVL, *DG*, t.XL, 4.

[18] 코스탄티니 주교는 1933년 11월 3일 사표를 제출했다.

[19] 참조: R. Simonato, *op. cit.*, 114.

[20] J. Metzler, *Tätigkeit* …, 472. 코스탄티니 주교가 1931년 3월 21일 교황 비오 11세 알현을 정리한 기록에는 교황청과 중국 정부 간의 직접적 이해관계가 드러나 있다. 교황은 일을 너무 서둘지 말고, 행운의 시간을 기다릴 줄 알아야 하지만 기회만은 놓치지 말아야겠다고 생각했다(BSVP, *Fonds Costantini*, dossier "Udienze dal S. Padre").

소중한 옹호자 코스탄티니 주교를 잃었다. 그는 1935년 말에야 포교성 차관으로 임명되었다. 새 교황 사절 자냉 주교[21]는 정치적 요구와 중국 문화에 덜 개방적이었다.[22] 그는 중일전쟁 중 민감한 태도를 보이며 중국과 교황청 간의 직접적인 관계 수립을 지연시켰다.

중국인 주교단은 발전했다. 수도 난징의 감목 대리로 우빈 바오로가 임명되었다. 그는 정계에 인맥이 넓고 활동적이며 유능한 사제였다.[23]

1930년대 중국과 교황의 관계가 냉각된 다른 이유는 만주 문제 때문이었다. 일본은 19세기부터 그 지역에 발을 들여놓았다. 1932년 일본은 만주국을 창건하고 2년 후 꼭두각시 황제를 내세웠다. 중국은 항거했다. 국제연맹이 리튼Lytton 조사단을 파견했을 때, 레브 신부가 가톨릭을 대표해서 증언해야 했다.[24] 24명의 중국 감목 대리와 부주교들이 레브 신부의 항의 서한에 서명했다. 그 서한에서 레브 신부는 '정의'를 거론하고, 국제 연맹이 중국민에게 '명예와 권리와 평화'를 회복시켜 줄 것을 요구했다.[25]

---

[21] 출신 교구(Feltre et Belluno)에서 13년간 활동한 다음 Mario Zanin(1890~1972) 주교는 1930년 사도 베드로회의 총비서로 있다가 1934년 1월 7일 중국 교황 사절로 임명되었다. 그는 1946년까지 중국에 머물렀다.

[22] 참조: G. Butturini, *Da una chiesa "di missioni"* …, 41 et 48. 당시 고문서들은 공개되지 않았으므로 상황을 정확히 설명할 수는 없다. 새 교황 사절은 옛 선교 방식으로 복귀하라는 훈령을 받았는가? 코스탄티니 주교가 노선 전환을 아쉬워했음은 분명하나, 자냉 주교가 중국 주교 임명을 완전히 봉쇄했다고 보아서도 안 될 것이다. 당시 작은 지역들이 계속 중국 사제단에 이양되고 있었다. 1938년 이창(宜昌) 대목구에서 분리된 시난(西南) 대목구의 경우, 임명받은 주교가 세 번씩이나 수락을 거부했다(Gubbels 주교가 행정 보좌주교직 대행). 자냉 주교는 전임 코스탄티니 주교처럼 분열을 일으키면서까지 무리하게 관구를 증가시키지 않고, 기존 교구 책임자로서 중국인이든 외국인이든 더 권위 있는 후보자를 택하는 편이었다.

[23] 난징 대목구는 1933년에 분할되었다. 일부는 상하이 대목구가 되었고 교구장 Haouisée 주교는 난징 행정 보좌직을 2년 이상 수행했다. 우빈(于斌, 1901~1978) 신부는 1936년 7월 7일 자로 임명되었다. 그는 1946년 난징 교구 대주교가 되었고, 타이완 보인(輔仁) 가톨릭 대학교 총장을 역임했다.

[24] 그러나 그렇게 할 수 없었다. 그가 베이징에 도착하자마자 라자로회 순시자가 즉시 그곳을 떠나라는 명령을 내렸기 때문이다.

[25] 참조: AVL, *DG*, t.XLI, 27.

교황청은 만주국에 우호적이었다.[26] 그런 태도는 1935년 이탈리아가 에티오피아를 침공했을 때 교황 비오 11세가 취한 관대한 조치에 비견할 만하다. 일본을 지지하던 무솔리니와 단절하지 않으려는 배려이기도 하고, 이탈리아 가톨릭 운동을 위한 것으로도 볼 수 있다. 중국은 납득할 수 없었다. 당시 집권당이었던 국민당은 단합하여 일본에 대항할 상태가 아니었다. 친일파와 급진적 민족주의자들이 대치해 있었다. 집권당이 일본에 대한 태도를 명쾌히 정리하지 못하는 것이 중국의 근본적인 불안이었다. 이것을 일본이 이용했고 훗날 공산주의자들도 이용했다. 어려움이 가중되었다. 가톨릭 선교지들은 일본의 침략에 우호적이었다. 중국과 달리 일본은 질서와 안정과 효율의 나라로 보였다.[27] 1932년부터 일본이 만주에 이어 중국 다른 지역도 점진적으로 침략해 들어올 것이 예견되고 있었다.

만주국 정부도 교회에 우호적이었다. 로마는 중국과의 관계를 고려하여, 만주국 정부에 공식 대표를 파견하지 않았다. 그러나 만주국 정부는 포교성이 지린吉林 감목 대리인 가스패 주교[28]를 공식 사절로 임명한 것을 교황청이 만주국을 공식 승인한 것으로 해석했다.[29] 의도와는 달리, 만주에 대한 교황청의 태도는 중국과 접근하는 데 촉진제 역할을 하지 못했다.

---

[26] 교황 비오 11세는 황제와 선물을 교환하고 정부 각료들에게 명예훈장을 수여했으며, 1938년 만주 대사를 알현했다.

[27] 성모승천 수도회의 총원장이 1937년 만주를 방문하여 수렴한 선교사들의 여론을 참조할 것: G. Quénard, *Le tour du monde par l'Extrême-Orient 1937*, Paris 1938, 95-7.

[28] 1907년 만주에 도착한 외방 선교회 회원 Auguste Gaspais (1884~1952)는 1923년 지린 감목 대리로 임명되어 1952년 초 추방당할 때까지 일했다. 그가 임시 교황 사절로 선임된 것은 새 국가의 수도인 신장(新疆)이 그의 감목 대리구에 속했기 때문으로 설명될 수 있다. 가스패 주교는 자신을 교황 사절로 임명해 줄 것을 수차례 로마에 건의했다.

[29] J. Metzler, *Tätigkeit* …, 473. 1937년 12월 22일 알현 기록에서, 코스탄티니 주교는 당시 비오 11세의 관점을 지적하고 있다: "Rimanere vigilanti e imparziali. Non dare incarichi a Mons. Gaspais, perché i giapponesi direbbero subito che il Papa ha riconosciuto il nuovo regime nel nord della Cina" (BSVP, *Fonds Costantini*, 문서 "Udienze dal S. Padre").

2. 의례 금지법 폐지

상하이 주교회의를 개최하면서, 교황 사절 코스탄티니 주교는 선교사와 신자들에게 유교와 죽은 이들에 대한 전통 의례를 어디까지 허용할 것인지 설문 조사를 해 보았다. 적어도 포르데노네Pordenone 신학교에 보관된 추기경의 서류에서는 설문 조사 결과에 대한 흔적이 발견되지 않았다. 그런데 1929년의 두 상황 때문에 교황 사절은 그 문제와 관련 있는 두 양상에 입장을 취했다. 그해 예수회 중국학자 파스칼 델리아 신부가 손문의 삼민주의三民主義에 대한 저서를 출판했다. 당시 이 삼민주의는 학교에서 가르치는 교의 같은 것으로, 델리아 신부는 그리스도적 관점에서 그 가르침의 가치에 합당한 국민당 설립자의 본문집록을 제의했다.[30] 그 저서는 1928년 11월 13일 자 교황 사절의 서한으로 시작된다.

> 나의 개인적 판단으로는, 공립학교에서 손문의 삼민주의를 가르치거나 설명하는 것은 무방하다고 봅니다. […] 그리스도교 신자 아이들이 손문 초상화 앞에 고개 숙여 인사하는 것도 걱정할 것 없습니다. 고개를 숙인다는 것은 그 자체로나 내면적으로나 아무런 미신적 의미를 지니지 않습니다. 그를 국부로 여기는 한 인간에 대한 순수한 존경의 표시일 뿐이라는 것이 정부 입장입니다. […] 의례의 시민적 의미에 의심이 간다면 그런 의식을 왜곡 해석할 것이 아니라 오히려 학생들에게 충분히 설명해 주어야 합니다.[31]

---

[30] P. M. D'Élia, *Le triple démisme de Suen Wen*, Shanghai ²1930. 삼민주의(triple démisme)가 내포하는 것은 1) 탈제국주의 국가 확립 2) 대의 정치와 직접 민주주의 간의 중도 노선 3) 경제적 삼민주의이다. 손문은 토지를 제외한 모든 기업체를 공영화시키면서 집단주의와 자본주의 사이에 있는 제3의 길을 제의했다. 그는 완전한 중립을 지향했다.

[31] *Ibid.*, XXII et XXIII-XXIV.

코스탄티니 주교는 난징 정부와 같은 생각으로 그 문제를 다루었다. 이로써 가톨릭 학교가 국가의 인증을 받을 가능성이 열리게 되었다.[32]

1929년 6월, 난징에서 거행된 손문의 장례식에 외교관들이 초빙되었다. 의전의 목표는 국부國父에게 경의를 표하고 국가의 단합과 재건을 기념하는 데 있었다. 정부는 장례식이 완전히 비종교적 성격을 띨 것이라고 발표했기 때문에 교황청은 코스탄티니 주교를 임시 대사로 승격시켜 사절로 파견하기로 했다. 교황청 사절은 장개석과 따로 만나기도 했다. 순수하게 비종교적인 장례식은 중요한 전환점이 되었다. 장례 형식이, 적어도 공식적으로는, 그리스도인의 참여에 큰 장애였던 통상적 장례식의 거룩함을 포기한 것이었기 때문이다. 그러나 외교관 행렬이 관 앞에서 세 번 고개를 숙이며 지나갈 때, 교황 대사는 어떻게 처신해야 할지 잠시 생각했다. 결국 그는, 죽은 이들에게 경의를 표하는 것을 신자들에게 금지시킨 준엄한 전통의 파기를 의식하면서 남들처럼 고개를 숙이기로 했다. 가스파리 추기경은 그의 행동을 칭찬했다.[33]

1920년 전후로 중국식 전례에 관한 여러 연구서가 출판되었다. 그것은 그 문제의 재론이지 1930년 성청이 발표한 교령에 대한 코스탄티니 주교의 해설에 관한 것은 아니었다. 1930년의 교령은 의례 문제에 관한 해석이나 발표의 금지가 계속 유효하다는 것을 강조했다.[34] 그 모든 이유에서, 코스탄티니 주교는 중국에서 야기된 문제를 진전시킬 가능성을 발견하지 못했다. 훗날 그의 책임하에 신학적 관점에서 문제를 검토하는 위원회와 거리를 두고 있던 로마도 마찬가지였다. 1929년, 손문 장례식에서 보인 그의

---

[32] *Con i missionari* …, t.II, 101. 이 상황에서 대표자의 개입은 프랑스 신문에 새로운 가십거리를 제공했다(참조: *ibid.*; l'article de A. Nachbaur, "La Cappa magna de Mgr. Costantini", *Le Rire jaune*, 1929년 4월).

[33] *Con i missionari* …, t.II, 108-9.

[34] 1930년 7월 13일 자 교령: *AAS*, t.XXII, 344.

행동이 전통과의 단절을 의미했다면, 의례 금지법 폐지 과정은 놀랍게도 중국이 아닌 일본에서, 그리고 1932년부터 만주국에서 재개되었다.

현실적 상황에 근거하는 이 지리적 이동으로 로마의 선교 노선이 수정되었음을 알 수 있다. 국무원의 파첼리 추기경은 국제적 배경 속에서 선교지의 동화를 유도했다. 로마는 동양 문화의 긍정적 측면을 이론적으로 더 공고히 하기 위해 선교학자들에게 도움을 청했고, 민족적 열정이 문제 본질을 가리지 않도록 신중을 기했다. 1925년부터 국무원에서 근무하다가 1937년 대변인이 된 몬티니 주교Mgr. Montini는 노선 조정에 핵심 역할을 했다.[35] 이 새 노선의 진전에 유리한 상황을 제공한 나라는 일본이었다.[36]

1919년 베르사유 평화회담에 참석한 일본 대표 중에는 가톨릭에 몸담고 있던 해군 장교 야마모토가 있었다. 로마에 주재하던 그는 교황청에서 영향력 있던 프랑스의 티벨지앵 주교Mgr. Tiberghien를 만나 신도神道 의식에 대한 일본 가톨릭 신자들의 어려움을 털어놓았다. 티벨지앵 주교는 그가 일본 가톨릭 신자들의 상황과 로마 제국의 종교의식에 맞섰던 고대 그리스도인들의 상황을 비교분석하는 것에 깊은 인상을 받았다. 티벨지앵 주교의 요청에 따라 교회사가 바티폴 주교Mgr. Battifol와 비잔틴 문화사 연구가 브레이에L. Bréhier는 얼마 후 연구서를 냈다.[37] 그 연구에서 그들은 콘스

---

[35] 문화적·신학적 방향 암시: G. Butturini, *Da una chiesa "di missioni"* …, 42-3.

[36] 코스탄티니 주교와 연결되어 있던 두 교황 사절은 일본의 전례 문제 해결을 촉진했다. 그들은 1923년부터 1931년까지 일본에 주재한 Mario Giardini(1877~1947)와, 1933년부터 1942년까지 교황 사절로 있던 Paolo Marella(1895~1984)로, 후자의 1935년 12월 8일 자 서한은 일본 선교사와 신자들이 본국의 문화적 가치에 긍정적인 인식을 가지고 단호히 대처하도록 격려하고 있다(참조: *Le Siège apostolique et les missions*, t.I, 122-32).

[37] P. Batiffol/L. Bréhier, *Les survivances du culte impérial romain*, Paris 1920. 야마모토–티벨지앵 대담: H. Bernard-Maître, "De la mission apostolique à la mission moderne", *Hist. universelle des missions catholiques*, t.I (1956), 33-9; G. Minamiki, *The Chinese Rites Controversy* …, Chicago 1985, 130-4. 뒤이어 A. Huonder는 *Der chinesische Ritenstreit*에서 이 문제에 대한 예수회의 관점을 옹호했다(Aix-la-Chapelle 1920).

탄티누스 공의회 이래 제국의 종교의식이 다소 약화되기는 해도 존속되었고 비잔틴에서는 오히려 강화되었는데, 종교적 성격이 배제된 의식들은 정치적 색채만 농후했음을 증명했다. 그리고 교회는 그리스도교 신자인 황제에 대한 경의를 저버리지 않은 채 외적으로 미신적이고 이교도적인 것과는 아무 상관이 없는 그 의식을 수락했다고 결론지었다. 따라서 이제는 일본 제국으로부터 신도는 비종교적인 성격을 띠고 있다는 공식 표명을 받아내면 되는 것이었다.

이 연구의 영향은 아직 입증되지 않았다. 19세기 이래 로마가 의례 문제를 어떻게 다루어 왔는지 알려면 좀 더 거슬러 올라가야 할 것이다.[38] 1932년, 도쿄 대주교는 모든 학생의 신사 참배 의무화가 애국심과 충성심의 표현일 뿐, 종교 행위는 아니라는 확답을 문부 대신에게서 받아냈다.[39] 얼마 후, 만주국에서는 '왕도'王道의 관습에 따라 공자 의례가 의무화되었다. 가톨릭 신자들에게는 과거의 문제가 갑자기 현실로 불거진 것이다. 임시 교황 사절은 어떻게 해야 할지 로마에 상의했다.[40] 1934년 12월 새로 부임한 포교성 장관 푸마소니 비온디 신부P. Fumasoni Biondi는, 그 문제를 연구하여 로마가 결정을 내릴 수 있는 자료를 제공해 줄 것을 만주국 주교들에게 요청했다. 감목 대리들은 공자 의례가 전혀 종교적 성격을 띠지 않는다는 확답을 정부 당국자에게서 받아 낸 다음, 허용 행위와 금지 행위의 목록을 작성하여 로마 포교성에 보고하니, 1935년 5월 28일 인준 서한이 내려졌다. 1742년 교황 베네딕도 14세의 교령을 처음 수정한 이 서한은 본질적으로 가치가 있다.[41] 서한은 선교사들에게, 유교 의례가 비종교적 성격을

---

[38] 참조: Ch. Molette, *Mission et missions* (*Dict. de spiritualité,* t.10, col.1393-5); G. Minamiki, *The Chinese Rites Controversy* …, 123-5.

[39] 참조: 1936년 5월 26일 자 포교성 훈령, *AAS*, t.XXVIII, 407 참조.

[40] 참조: J. Metzler, *Tätigkeit* …, 472-4.　　　[41] 참조: *Sylloge* …, 479-82.

지닌다는 것을 백성들에게 잘 이해시키라고 요구했다. 가톨릭 학교 안에 공자 상을 비치하고, 국가가 지시하는 경의를 표해도 된다는 허락도 내려졌다. 공자 제사에 수동적 참여가 허용되었는데, 그것은 지역 장례식 참석을 인정하는 것이었다.

이 서한이 공개되어 중국 교회 책임자들에게 전달되었다. 그것은 1936년 5월 26일 자 일본 주재 교황 사절에게 보내는 훈령 「플루리에스」*Pluries*로 확인되었는데 그 훈령에서 포교성은 일반 지침을 내리는 것으로 만족했다.[42] 즉시 한국과 인도네시아계 화교들, 특히 중국에서 질문이 쏟아졌다. 중앙 몽골의 감목 대리는 1936년 10월부터 만주국에 내려진 지침들을 자기 교구에 적용할 수 있게 해 달라고 요청하여 허락을 받기도 했다. 다른 주교들도 같은 절차를 밟아서 허락을 받아 냈다. 1939년 12월, 포교성 추기경들은 의례 금지법이 폐지되어야 하고, 만주국과 일본에 내려진 조치가 중국 전역에도 적용되어야 한다는 데 의견의 일치를 보았다. 1939년 12월 8일 자 훈령 「플라네 콤페르툼」*Plane compertum*은 의례 문제를 공식적으로 종결지었다.[43] 공자 참배, 즉 공개적 의식에서나 가톨릭 학교에서 공자 상과 위패에 경의를 표하는 것이 허락되었다. 고인의 시신이나 영정, 또는 위패에 절을 하거나 기타 다른 존경의 표현들이 합법적인 것으로 선포되었다. 훈령에서 전혀 무익한 것으로 판단된 선서 의무도 폐지되었다.

고문서에 대한 접근이 불가능하여, 의례 문제를 해결한 모든 조건을 아직 조명하지 못하고 있다. 일부 측면은 아직 부족한 상태로 남아 있다. 우선 신도神道 의식과 유교 의식이 비종교적이라는 점과 관련하여 만주국과 일본 정부가 표명한 견해에 대한 주장은 분명하게 강조되어 있다. 동시에 가톨릭이 전문가들의 자문을 받았음을 지적한다. 선교학 연구에는 우호적

---

[42] AAS, t.XXVIII, 406-9.   [43] AAS, t.XXVII, 24-6.

이었으나 해결책에서는 로마를 자극했을 법하다. 하지만 동양에서, 정부의 확답이 제사의 의미에 대한 확실한 해석을 지지하기에 충분했을까? 17~18세기 교회 당국은 제사를 미신으로 여겼고, 각국에서 부여하는 의미에 따른 선교사들의 주장을 회의적으로 보았다. 1702년, 로마는 제사 의례를 비종교적인 것이라고 단정한 강희제의 해석을 인정하지 않았다. 1930년대 민중 신심이 전반적인 정치·사회적 발전으로 인해 변화되었음을 부정할 수는 없다. 그럼에도 로마는 일부 비종교 책임자들의 견해를 근거로 삼았다. 결국 로마는 의례 문제의 해결 방법을 찾았다. 그리고 유교와 신도의 신사神社 참배에 한해 허락한 것을 만주와 일본에 대해 확대시켰고, 또 그 일을 중국 정부와 협의 없이 성사시켜 버렸다.[44] 이 일에 인도와 일본 주재 교황 사절이었던 신임 포교성 장관과 더불어 1929년 코스탄티니 주교의 역할이 컸다.[45]

1939년의 훈령은 기대와 달리 그리 해방적인 행위로 받아들여지지는 못했다. 물론 전쟁 중이었으니 새로운 방향을 뚜렷하게 실천하는 데 장애도 있었을 것이다. 그리고 중국에 있는 주교들은 여전히 절대다수가 외국인이었다. 새 훈령은 그들을 난처하게 만들었을 것이다. 그들 보기에 로마의 지침은 너무 일반적이었다. 차라리 허용 행위와 금지 행위의 구체적인 목록을 받고 싶었을 것이다.[46] 1941년, 포교성은 그런 구체적 목록 작성이 해묵은 논쟁을 불러일으킬 빌미를 제공할까 봐 그럴 수 없음을 분명히 했

---

[44] 참조: G. Minamiki, *The Chinese Rites Controversy* …, t.XVI, 208-9, 214-5.

[45] 그 사건에 대한 입장 변화는 교황청 때문이 아니라 지역적 환경 탓이었다. 참조: H. Bernard-Maître, "Chinois (rites)", *DHGE*, t.XII, col.739-40; J. Bruls, *Nouv. Hist. de l'Église*, t.V, 466; J. Metzler, *Tätigkeit* …, 476. 반박: F. Margiotti, "un cambiamento di idee anche al centro" (*de l'Église*): chap. "La questione dei riti cinesi", *Evangelizzazione e culture*, Rome 1976, t.II, 291. 같은 의미에서: G. Minamiki, *The Chinese Rites Controversy* …, XVI.

[46] 참조: Mgr. Ph. Côté의 1940년 12월 8일 자 사목 서간(J. Langlais, *Les Jésuites du Québec en Chine*, 329-33에 수록).

다.⁴⁷ 로마의 결정은 그 중대성에도 불구하고 동양 문화와 종교들의 문을 활짝 여는 것으로 보이지 않았다.

당시 상황들(외국 주교단, 전쟁, 공산 세력의 진입과 교회 조직의 붕괴) 때문에 1939년의 문헌이 실현되는 데는(대만은 제외) 30년이라는 세월이 걸렸다.⁴⁸ 그리고 중국 신자(특히 구교우)들은 관습과 축제와 유교식 장례 예절을 거부하도록 교육받아 왔다는 점도 소홀히 생각하지 말아야 한다. 로마의 결정이 그들의 사고를 바로 바꿀 수는 없었다. 의례 논쟁으로 1세기를 보냈고, 금지 조치로 2세기를 보냈다. 훈령이 발표된 지 50년이 지나도록 결실을 보지 못하는 것도 충분히 이해가 된다.

---

⁴⁷ 참조: "Chinois (rites)" de H. Bernard-Maître, col.740.
⁴⁸ 참조: F. Margiotti, "La questione ...", *Evangelizzazione e culture*, t.II, 291-4.

3
전쟁에서 공산주의까지: 혼란 속의 중국 교회

제1장_12년 전쟁(1937~1949)

1. 일본의 침략에서 세계대전까지

1937년 7월, 일본이 중국을 전면 공격한 다음 날, 교황청은 중국 주재 가톨릭 선교지 점령을 자제하라고 일본에 요구했다. 일본은 선교지들이 중립을 지킨다는 조건으로 요구를 수락했다. 사실 여러 선교지가, 특히 이탈리아계 선교지들이 점령국 일본에 우호적이었다. 그들은 중국 신자들에게 저항을 지시하지 않고 자국 국기와 바티칸 국기를 게양했다.

선교사들은 베이징의 보좌주교 몽테뉴Mgr. Montaigne와 함께 난민 구호에 나섰다. 중국 가톨릭 신자들은 외국 사제들과 함께 전쟁 중의 조국에 크게 기여함으로써 교회를 그 어느 때보다 부각시켰다. 그것은 장개석 총통에게도 영예로운 일이었다.

특기할 것은 군부대 의료봉사다. 뱅상 레브 신부와 그의 작은 형제회 수사들은 1940년까지 2만 명의 부상병을 치료·후송하고 전투 지역 주민들을 도왔으며, 프랑스 예수회 자키노P. Jacquinot 신부를 통해 상하이 중립 지역 주민 25만 명을 수용하고 구호 활동을 펼쳤다.

교황 사절 자냉 주교는 일본군이 점령지를 이탈하지 않도록 막고 국민 정부 수중에 남은 지역을 돕기 위해 미국 프란치스코회 신부를 상하이에 사절로 파견했다. 뱅상 레브 신부는 중국과 연대하자고 자냉 주교에게 거듭 건의했다. 자냉 주교는 중국인을 위해 기도하고 그들의 고통을 덜어 주자고 선교사들에게 당부하면서도 자신은 완전한 중립을 지키면서(1939년 주교들에게 보낸 서한 참조) 이제 막 시작된 레브 신부의 활동은 규탄하고 금지했다. 일본군의 폭격 피해를 겪고 확인한 충칭重慶의 주교처럼, 주교들은 중립을 지키지 않았다. 가톨릭 신자까지 합세한 주민들은 교황 사절에게 반기를 들었다. 중국 정부는 파리 주재 중국대사를 통해 교황청에 항의했다.

선교지들은 치명적인 손실을 감수해야 했다. 1941년 12월까지 교회 인사 83명이 살해된 것으로 집계되었다.[1] 일본군은 미국의 참전을 빌미로 참전국 출신 선교사들을 다른 외국인과 함께 홍콩, 완시엔, 쉬자후이, 그리고 1943년부터는 만주 수용소에 억류했다.[2] 이렇게 한자리에 모인 것이 오히려 선교사들에게는 선교 방법론을 공유하고 중국의 언어와 역사와 문화를 공부할 기회가 되었다. 그로부터 베이징 수도원에서 성모 성심회 회원들이 감시 속에서 쓴 『신학교 지도서』Directorium Seminariorum의 출간은 특기할 만하다. 전쟁이 끝나자 많은 선교사가 휴가차 출국했고 젊은 선교사들까지도 다투어 출국한 데다 내전 발발로 1945년 이후 결실을 기대했던 상

---

[1] 전쟁 중 미국 가톨릭 선교지 상황에 관해서는 Th. A. Breslin, *China, American catholicism* ···, 89-105 참조. 1937년 10월 9일 정딩(후베이)에서 Fr. Schraven 감목 대리와 선교사 7명, 평신도 1명이 일본군에게 학살되었다.

[2] 완시엔(萬縣, 산둥) 수용소에는 선교사 320명, 수녀 160명이 수용되어 있었다. 참조: E. Hanquet, *Mémoires, 1938~1948. Dix ans d'apostolat dans la Chine en guerre*, Louvain-la-Neuve 1955. 만주에서는 Szepingkai 감목 대리구와 Lintong의 감목 대리구 소속 선교사들이 1941년부터 구금되었다. 그 선교사들은 캐나다 외방 선교회, 생비아퇴르(Saint-Viateur)회 사제단, 메리놀 선교회, 성모 성심회 신부들과 그리스도 교육회의 수사들, 베들레헴 외방 선교회 신부들이다. 참조: Ed. Gilbert, *Entr'qutr'murailles. Quatre ans d'internement en Mandchourie*, Pont-Viau (Canada) 1946.

호 교류가 제대로 이루어지지 않았다. 선교지들은 1차 대전 때보다 2차 대전 때 더 많은 피해를 입었다.[3] 현지 성직자단이 외국인 선교사들의 뒤를 이었다. 적어도 1941년까지는 가톨릭 신자가 증가했다.

2. 바티칸과 수교

자냉 주교의 태도로 중국 측의 불만이 고조되자 교황청 국무원은 벨기에 주재 교황 대사 미카라 주교Mgr. Micara에게 생앙드레 수도원abbaye de Saint-André의 노盧 셀레스탱 신부를 만나도록 요청했다. 노 신부는 중국 정부와 조율하여 외교 갈등을 원만히 봉합하는 역할을 했다.

1차 대전 중 실패했던 외교 노력이 2차 대전 중에 성공을 거두었다. 노 신부의 역할이 중요했다. 1942년 3~4월, 중국 외교관 사수강謝壽康과 교황 대사 베르나르디니Bernardini가 스위스 베른에서 협상했다. 1943년 2월, 스위스 주재 대리대사는 교황청 전권대사 자격으로 교황 비오 12세에게 신임장을 제출했다. 당시 일본의 경우도 그랬다. 바티칸은 상호 직접 교류를 요구하지 않았다.[4] 일단 호교권이 공식 폐지되어야 했는데, 그것은 전쟁 말미 파리 주재 교황 대사인 론칼리 주교Mgr. Roncalli의 중재를 통한 프랑스와 교황청 간의 협정으로 일단락되었다. 교황대리 대사관이 1946년 중국에 설치되었고, 리베리Antoine Riberi 주교가 초대 대리대사로 부임했다.

---

[3] 중국 신부들은 애국 활동 명목으로 체포되었다. 훙둥(洪洞, 산시) 지목구의 성화덕(成和德) 베드로(1876~1942)의 경우 리시엔(산시) 감옥의 악조건 속에서 사망했다.

[4] 1942년 2월, 교황청이 일본 외교 사절을 만나려 하자, 미국 정부는 강력히 반발했다. 3월 회견에서 뉴욕의 스펠만(Spellman) 대주교는 그 대가로 네덜란드 및 중국과의 수교를 교황청에 요구하라고 루즈벨트(Roosevelt) 대통령에게 제의했다. 베른 협정이 이행 단계에 있었다지만, 4월 2일 미국이 교황 비오 12세에게 한 이 제안은 중국과 관련한 로마의 최종 결정에 영향력을 행사했을 수 있다. 이 협상에서의 미국 개입에 관해서는 G. Fogarty, *The Vatican and the american hierarchy* (coll. "Päpste und Papsttum", 21) Stuttgart 1982, 280-3 참조.

3. 선교 발전

코스탄티니 주교의 포교성 활동을 여기서 상세히 다룰 수는 없다. 전직 교황 사절 코스탄티니 주교는 중국 부임 초기, 교회 전례에 중국어를 도입하려 했다. 훗날 그는 인류의 약 1/4이 사는 중국을 라틴어가 장악하는 것이 불가능했다고 기록한다. 그는 베이징에서 만나Manna 신부와 이 문제로 이야기 나눈 적이 있다. 그때 만나 신부는 4억이나 되는 중국인이, 나름대로 완벽하고 유구한 언어를 가진 그 고대국가가 왜 모국어 신학서를 가질 수 없고, 모국어로 전례를 할 수 없는지 물었다.

사실, 중국의 언어와 전통을 전례에 도입하는 것은 당시의 언어적·교의적 관점에서 대단히 어려운 문제였다. 이는 또, 의례 문제와도 무관하지 않았다. 코스탄티니 주교는 로마에서도 이 문제를 연구했다. 처음에는 중국에서 전례 개혁을 추진하려 했다. 그리하여 교황청은 1941년에 중국어 전례서 번역을, 1949년에 중국어 전례를 각각 허락했다. 그러나 이 사실은 중국 전역에 전파·적용되지 않았다. 중국어로 미사를 드릴 만큼 문어체 중국어에 능통한 선교사와 중국인 신부가 그리 많지 않았기 때문이다.

코스탄티니 주교의 전례 개혁 의지는 선교지 발전은 교회 전체의 개혁을 위한 것이어야 한다는 의식의 발로였다. 그런 관점에서, 선교 문제를 교회론과 보편 교회 실현에 활력적으로 동화시키려 했던 교황 비오 12세의 정책에 포교성 차관이 담당한 역할은 명백하다. 개혁 공의회 소집을 목표로 1939년 교황 비오 12세를 선출한 선거 당시의 제의들은 또 다른 결정적 증거를 제공한다. 이 제의들의 근간은 교황청의 세계화, 행정 방법론 검토, 새로운 교의적 정의의 지양止揚 및 생활언어 전례 도입 등이었다.[5]

---

[5] 참조: G. Butturini *Alle origini del Concilio Vaticano secondo: una proposta di Celso Costantini*, Pordenone 1988. "proposta"의 본문: 69-116.

게다가 엄격한 선교 차원에서, 교황 비오 12세는 지나치게 급진적인 코스탄티니 주교의 노선을 따르지 않았다. 설령 1950년경까지는 새 교황이 문화적 토착화 수준에서 포교성 차관을 추종했을지 모르나 여하튼 그 후 그 노선에서 탈피했다. 중국 공산주의의 성취나 독립의 진전 같은 당시 상황들이 더 정치적인 비상 조치들을 요구하고 있었기 때문이다. 1953년 코스탄티니 주교는 추기경으로 서임되어 포교성을 떠났다.

전쟁 직후, 7억 중국 인구 중 가톨릭 신자는 3,276,282명(1948년도 집계)으로 인구의 0.5%였다. 약 5,700명의 사제 중 외국 선교사는 3,015명, 중국 사제는 2,676명이었다. 146개 교회 관구 중(1949년도 집계) 1/4이 중국인에게 위임되어 있었다(35개). 학교의 발전은 몇 년 더 지속되었다. 1946년 각급 가톨릭 학교에 50만 명이 재학 중이었고, 2개 가톨릭 대학에는 재학생 3,600명이 등록되어 있었다.

수교 외에도 전후에 부각된 두 사건은 중국인 첫 추기경 임명과 교계 제도 설립이다.[6] 1946년 2월 18일 거룩한 말씀의 수도회Société du verbe divin 소속 전경신田耕莘 토마스(1890~1967) 주교가 첫 추기경으로 피선되었다. 1939년 10월 교황 비오 12세가 축성한 칭다오 교구(산둥) 보좌주교였던 그는, 비오 12세의 요청으로 중국 교회 비망록을 집필하고 교계 제도를 확립했다. 1933년 자를랭 주교의 후임이 된 베이징의 보좌주교 몽테뉴는 몇 주 후 은퇴했다. 4월 초, 포교성은 주교 서열을 설정하기로 결정, 5월 10일 전경신 추기경을 베이징 교구장으로 임명했다. 당시 중국에는 20개 대교구와 79개 교구가 있었다. 중국인 대주교는 베이징, 난징, 난창南昌(장시江西)에 있었다. 1949년부터 1955년 9월까지 로마는 50여 명의 주교와 보좌주교 또는 총대리를 임명했는데, 그중 28명이 중국인이었다.[7]

[6] 참조: J. Metzler, *Tätigkeit* …, 476-8.
[7] 당시 선교사들의 우위권 유지에 대해서는 본서 234쪽 지도 참조.

전경신 추기경을 베이징 교구장으로 임명하기 전에 포교성은 프랑스 측의 이견이 없음을 확인했고, 교구장이 라자로회 회원들의 협조하에 물질적으로도 부족함이 없도록 배려해 주었다. 그러나 어려움에 봉착했다. 전경신 추기경이 1948년 6월 갑자기 베이징 교구를 떠난 것이다. 그는 상하이에서 몇 달간 지낸 후 미국으로 건너갔다.

1946년부터 중국은 내전 체제로 들어갔다. 난징에서 돌아온 국민당 정부는 산시를 장악한 공산주의 세력과 대결하고 있었다. 교황청은 외교적·종교적 측면에서 1946년 분위기로 선교 활동이 재개될 것이고, 중국 교회의 발전이 완전한 성숙을 향해 1930년대보다 더 가속화되리라 기대했다. 그러나 정정政情의 혼미로 모든 사도적 노력은 교회가 기대한 열매를 맺을 수 없게 되었다. 전쟁은 교회에도 영향을 주었다. 일본에게 우호적인 선교사들도 있었고, 미국에 의지한 선교사들(중국인을 포함한)도 있었다.

국민당 정부가 공산주의자들과 싸워 승리한 1947년 한 해 동안 공산주의자들은 북부 지역의 모든 반대파 배후 조직을 공격했다. 그때 가톨릭 공동체들도 치명상을 입었다. 내부로 파고들던 국민적 저항은 1948년부터 와해되기 시작했다. 공산군은 1949년 1월 23일 베이징에, 5월 23일에는 상하이에 입성했다. 그해 10월 1일 중화인민공화국 건국이 선포되었다. 이 일련의 사건들로 중국 교회의 상황은 날로 혼미해졌다.

제2장_공산주의 체제하의 중국 교회(1949~1990)

1. 선교의 종말과 중국 국가 교회

중국 공산당은 범국민적 항일 투쟁에서 결정적 역할을 했다. 제2차 세계대전 직후, 장개석의 국민당 정부를 지지하던 미국은 내분된 양 진영의 화해를 모색했다. 협상은 바로 실패했다. 모택동毛澤東에게 중국은 자력갱생되어야 했다. 당시 동맹국들을 탐색 중이던 그는 옌안延安(산시) 지역에 가톨릭 선교사들을 정중하게 받아들였다. 사실 외세에 대한 공격은 도처에 타격을 입혔고 그 위세를 떨쳤다. 중국 내 그리스도교 선교지들은 쉽게 희생되었고, 선교사들은 '제국주의의 스파이요 주구走狗'로 취급되었다.

1946년 초부터 공산당의 점령으로 북부 지역 선교사들이 고초를 겪었다. 성당은 전부 약탈당했다. 그해 12월, 시완쯔 대성당이 불탔다. 1947년 8월, 양자핑楊家坪(쉬안화)의 트라피스트 회원들이 추방되었다. 수사 5명이 학살되고, 7명이 강제노동에 끌려갔다. 수도원은 불탔다.[1] 같은 해 사제와

---

[1] 트라피스트회 회원 35명이 강제수용소에서 사망했다. 트라피스트회 시복 청원 총서에 이 참상이 명시되어 있다: P. Beltrame Quattrocchi, *Monaci nella tormenta*, Cîteaux 1991.

수도자 100여 명이 폭동 현장에서 목숨을 잃었다. 다른 이들은 강제수용소에 재소환되었다.[2]

　1948~1950년, 종교 박해는 어느 정도 소강상태를 보였다. 공고해진 공산체제는 인민의 지지를 얻을 궁리를 하고 있었다. 1949년, 권력을 장악한 지 불과 몇 달 동안 공산당은 자신에게 유리한 방향으로 교회를 이용했다. 1950년 말, 그리스도인들은 완전한 독립 의지를 천명하는 세 개의 자주독립 운동을 전개했다. 여기에 관해서는 다음 장에서 보게 될 것이다.

　1950년부터 1990년까지의 중국 그리스도교 역사는 4단계로 구분할 수 있다. 우선 1956년까지는 선교 기관들을 제거하고, 중국 가톨릭이 새로운 체제를 지지하도록 정부 차원에서 유도한 시기다. 이런 정책은 공산당과 가톨릭의 첫 대결을 유발했다. 제2기인 1956년부터 1966년까지는 당국이 중국 가톨릭 공동체를 세계 교회로부터 격리시키려고 대대적인 정책을 펼쳤던 시기다. 그때 중국 가톨릭 신자 단체인 애국회가 탄생했고, 많은 지역 교회 책임자가 인민들의 신앙을 위해 최선을 다했다. 그 후 문화혁명으로 점철된 10년간은 실제로 모든 종교를 박해했다. 모택동이 사망하고 자유화의 징표가 싹튼 1976년부터 오늘날까지를 종교 정책 면에서 하나의 시기로 묶기에는 다소 이른 감이 있다. 좀 더 시간이 흐르면 현 시류 속에서 명멸하는 다양한 변화 과정을 구별하게 될 것이다. 현재 가톨릭을 대하는 중국 지도부의 태도에서, 교황청이 접근을 시도하는 다양한 방책에서 어느 정도 파악이 되기는 하지만 전부를 설명할 수 없는 어려움은 남는다.

　제2기까지만 해도 중국 가톨릭 교회를 지배하고 있던 선교 분위기가 일거에 사라진 것은 아니었다. 당시 중요한 세력들, 즉 중국 가톨릭 신자들

---

[2] 참조: A. Van Buggenhout, "La situation en Chine du Nord", *La crise des missions* (actes de la 18ᵉ semaine de missiologie de Louvain), Louvain - Bruxelles 1948, 26-9; A. Bonningue, "Chine rouge: premier bilan", *Études*, mai 1947, t.253, 165-87.

과 그들의 목자들, 중화인민공화국 정부, 교황청과 현지 특사 등의 역학관계도 참작해야 할 것이다.

새 정부는 외세의 영향으로부터 철저히 독립할 것을 모든 사회 계층에 요구하면서 1950년 말 '삼자운동'(自治·自傳·自養: 스스로 운영하고, 스스로 전도하고, 스스로 먹고삶)을 전개했다. 애국주의는 정치·경제·종교 분야를 막론하고 외국과의 모든 관계를 끊으라고 요구했다. 신자들은 공동체를 유지하고 메시지를 전달하며 물질적 지원을 모색하기 위한 방편으로 이 운동에 동참해야 했다. 1951년 2월, 주교 2명을 포함한 북부 지역 가톨릭 대표 40여 명이 모여 자주독립을 수락하되 이는 교황의 '교의적' 권위 아래에서만 행사된다고 선언했다.[3] 관영 신화사 통신은 다음과 같이 주장했다.

> 서양 전통으로부터 해방되어야 하고, 새 체제·새 법령·새 전례를 창안해 내야 한다. 중국 그리스도인들은 그리스도의 복음 속에 들어 있는 보물들을 스스로 발견해야 한다. 그러기 위해서는 서양 신학으로부터 해방되어야 하고 그들 수준에 맞는 새로운 신학 체계를 창안해야 한다. 그것만이 우리나라에서 복음을 실천하는 유일한 방법이다.[4]

이 신학적 토착화 요구 자체는 나무랄 것이 하나도 없다. 당시 교회의 본격적인 중국화는 이제 겨우 뿌리를 내리기 시작한 터라 전통적 교회 체계 안에서는 미미하게 표출되고 있었다. 가톨릭 신자들에 대한 제사 금지법이 폐지된 것이 불과 12년 전, 아직 전례에는 적용되지도 못한 상태였다. 1952년 1월에 보낸 서한에서 교황 비오 12세가 그리스도교를 중국 문화의 특성에 맞게 적응시켜야 한다고 말한 이유를 이해할 수 있겠다.

---

[3] 참조: J. Lefeuvre, *Shanghai. Les enfants dans la ville*, 46-52.
[4] G. Zizola, *Dialogue de la grande muraille*, 55.

1946년 중국에 도착한 교황 대리대사 앙토완느 리베리 주교는 자주독립 운동을 강력히 금지하고 추종자를 파문으로 다스렸다. 1950년 말부터 인민정부는 쓰촨을 비롯한 국내에서 가톨릭 자주독립 단체들을 조직하도록 장려했고, 중국 주교나 신부 같은 교회 책임자들은 자기도 모르게 추종 단체에 소속되고 있었다. 이 운동은 적어도 그 당시에는 제대로 파급되지 못했다. 1951년 6월 3일 충칭에서 행한 동세지董世祉 요한 신부의 용기 있는 강론에서 보듯이 반응이 대단히 신랄했기 때문이다.[5]

1951년 2월, 중국 정부는 자주독립 운동의 일환으로 모든 방법을 동원하여 외국 선교사들을 출국시킬 수 있는 국가종교사무국을 신설했다. 그해, 중국 정부 당국의 주도로 자행된 반서양 투쟁은 한국전쟁으로 더욱 강화되었다. 공산 정권은 영향력 있는 도시 조직 레지오 마리애를 표적으로 삼아, 처음에는 베이징, 1951년 중반에는 톈진, 10월부터는 중앙 지도부가 있는 상하이를 공격해 나갔다. 그해 2월부터 자주독립 운동에 반대하며 레지오 마리애를 지도하던 성 이냐시오 신학교(쉬자후이) 학장 장백달張伯達 베다 신부가 11월 11일 옥사하자, 레지오 마리애 회원들과 상하이 가톨릭 신자들은 크게 격앙했다. 정부 당국자들은 가톨릭 신자들의 저항운동에 잠시 당황했으나 곧 제압했다.

1951년, 인민정부 당국자들은 외국인 선교사들을 직접 공격하기 시작했다. 그들을 반대하는 논리는 종교적인 것이 아니었다. 공산체제에 대한 모든 도전자와 마찬가지로 그들의 '반항적' 태도와 그들이 과거 1949년 혁명 때부터[6] 저질러 온 실정법 위반을 고발했다. 정부 당국자들은 종교적 불만을 피하면서 선교사들을 순교자로 만들려 했다. 교황 대리대사의 지시는 분명했다. 각자 현 위치를 사수하라는 것이었다. 이런저런 이유로 체

---

[5] 본문 수록: J. Lefeuvre, *op. cit.*, 93-5.

포 · 투옥 · 약식 소송 등이 자행되었고, 그것은 대개 신속한 추방으로 이어졌다. 선교사 대다수가 모욕과 교화와 자아비판을 통한 '세뇌 교육'이라는 정신적 고문과 박해를 받았다.[7]

신학교와 수도원과 가톨릭 학교들은 하나 둘 폐쇄되었다. 영향력 있는 교회 기관들, 특히 사도적 사업을 촉진하고 전국 교구에 대한 정보를 취합해 온 상하이 가톨릭 중앙 사무국은 사실 그때부터 근본적으로 와해되기 시작했다. 1924년 시노드가 끝난 후 신설된 이 중앙 사무국은 1946년부터 교육과 출판 관련 시노드 위원회의 역할을 계승했다. 1951년 말, 주교 14명과 선교사 1,136명이 국외로 추방되었다. 주교 22명이 상하이 중앙 사무국의 주요 책임자들과 함께 투옥되었다.

중국의 새로운 공산 정권과 단교를 결정한 나라들이 자국 대사들을 소환했을 때, 교황 대리대사 리베리 주교는 중화인민공화국 수도 난징에 남아 있었다. 그의 희망은 가톨릭을 위해 공산당과 조정할 방법을 찾는 것이었다. 자주독립 운동 반대 지시에 대한 보복으로, 교황청 사절은 언론으로부터 열강의 협력자 혹은 첩자라는 조직적 공세를 감내해야 했다. 중국 공

---

[6] 무기 소지와 미군에 대한 정보 제공은 정치적 범법 행위였다. 범죄의 제1위는 수녀들이 운영하는 고아원 원아 학살이다. 중국 수녀에게 내뱉었던 중국 간수의 말이 본서 제1편 말미에 언급된 불만을 대변한다: "당신들이 우리를 거지로 만들었다." R.W. Greene(광시 메리놀 선교사)은 *Mon calvaire en Chine* (Trad. de l'américain, Paris 1954)에서 이렇게 기록한다: "그들 눈에 나는 평화롭게 그리스도 교리를 전하는 단순한 가톨릭 신부가 아니었다. 공산주의가 그들 나라에서 추악한 머리를 쳐들기 전에 이미 그들이 증오하고 있던 그 무엇의 상징이었다. 내가 의인화한 것은 오랫동안 중국을 모욕하고 망쳐 놓았던 바로 그 서양이었다. 내 양심으로, 그 서양의 죄는 바로 변화라는 이름으로 불리고 있었다"(162). J.-P. Wiest에 의하면, 공산주의의 승리가 아니더라도 메리놀회 선교사들의 책임을 중국 사제단에게 이양하는 데는 1950년까지도 많은 장애가 남아 있었다. 그 선교회 신부들은 시대의 산물이었고 확고한 인종적 편견을 가지고 있었기 때문이다(J.-P. Wiest, *Maryknoll* ⋯, 258-9).

[7] 참조: E. Winance, "'La persuasion' communiste. Ses techniques, son efficacité", *Rythmes du monde*, n.s., 1953, t.1, 89-105 et 239-53; Fr. Legrand, "Pourquoi j'ai avoué" dans *La Revue nouvelle*, 1955, t.21, 33-46; D. Van Coillie, *J'ai subi le lavage de cerveau*, Paris - Bruges 1964.

산당은 그의 외교 기능을 인정하지 않았고, 가톨릭 신자들에게는 그의 추방 탄원서에 서명하도록 압력을 가했다. 1951년 6월 26일, 그는 안전 가옥에 감금되었다가 그해 9월 5일 추방되었다. 타이완 국민당 정부가 리베리 주교를 타이완으로 초빙했다. 그는 잠시 홍콩에 머물다가 1952년 10월 타이완으로 갔다. 그러나 후임 카프리오 주교Mgr. Caprio는 1958년에야 비로소 로마의 허락을 받아 신임장을 제출할 수 있었다.

1952년 1월 18일, 교황 비오 12세는 그 사건 후 처음으로 중국 인민과 가톨릭 신자들에게 편지를 보냈다. 편지에서 그는 각 민족의 특수성 속에서 그리스도교를 존중하라고 단호히 말했고 교회 박해에 대한 분노와 고통을 표출했다. 중국 가톨릭 신자들의 종교적 저항에 감동했다는 말도 곁들였다. 가톨릭이 민족과 문화를 초월하는 종교이기는 해도, 중국 민족을 돕고 올바른 토착화의 길로 정진하려는 교회의 의지를 표출하는 데 메시지의 근본 강조점이 있었다.[8]

추방은 계속되었다. 1949년까지 중국에는 5,500명의 선교사가 있었는데 1952년 말에는 고작 723명에 불과했다. 200~300명의 중국 사제들이 투옥되었다. 당시 반가톨릭 투쟁은 소강상태였으나 그것도 몇 달을 넘기지 못했다. 교회 분열에 반대하는 사제와 신자들의 체포, 선교사들의 투옥과 재판, 추방이 재개되었다. 1954년 말 100여 명의 선교사가 남아 있었으나 1년 후 다시 20여 명으로 줄어들었다.

1954년 10월 7일, 교황 비오 12세는 중국 교회의 자주독립에 관한 회칙 「앗 시나룸 젠템」Ad Sinarum gentem을 통해 다시 개입한다.[9] 교황은 중국 가톨릭 신자들의 애국주의를 찬양하고, 상황이 악화된 데 대해 위로의 뜻을 전했다. 교황은 현지 지도자들이 운영하는 중국 그리스도교 공동체를 보

---

[8] 서한 Cupimus imprimis, *Le Siège apostolique et les missions*, t.II, 226-31.

[9] 원문 참조: *ibid.*, 249-57.

고 싶다는 의향도 비쳤는데, 이것이 중국 교회가 로마 교황청과 분리·독립해 있다는 뜻은 아니었다. 외국 원조 자체는 그리스도교 교의에 입각한 것도 대립되는 것도 아니라고 부언하면서, 가톨릭 공동체들이 가급적 하루빨리 재정적으로 독립하기를 바란다고 했다. 또한 복음화 활동이 각 민족에 맞게 토착화되어야 한다면 신앙의 유치留置는 부패할 수밖에 없으며, 소위 '국가' 교회는 더 이상 가톨릭 교회가 될 수 없다고 보았다. 이로써 삼자애국운동三自愛國運動에 유죄판결을 내린 것이다.

1955년, 가톨릭 신자들의 저항에 대규모 공세가 가해졌다. 9월 8일부터 이튿날 밤 사이, 상하이의 공품매 이냐시오 대주교가 사제 21명과 수녀 2명, 신자 300명과 함께 체포되었다.[10] 두 주 뒤, 사제 20여 명과 수녀 5명, 신학생 38명과 평신도 600명이 같은 운명에 처했다. 이런 참변은 전국에서 일어났다. 바오딩·타이저우·한커우의 주교를 비롯, 적어도 신자 3천 명과 사제 70명이 투옥되었다.[11] 이제 남은 선교사는 27명이었고, 사제 13명과 주교 1명은 영어囹圄의 몸이었다. 마리아의 전교자 프란치스코회 수녀 11명만 마지막으로 남아 외교관 자녀들을 위한 베이징 학교에서 계속 활동할 수 있었다. 1956년 초, 60명의 사제와 24명의 수녀가 강제수용소에 반대하여 국제사면위원회에 제출한 호소문이 공개되었다.[12] 그 문서에는 서명자들과 그들의 서양 동료들뿐 아니라 사제단과 중국 신자들까지 고통으로 몰아넣은 동기와 가학행위들이 기록되어 있었다.

기록이 알려짐으로써 진상 파악이 가능했겠지만 이 또한 잠시뿐이었다. 확신을 가지고 정치권의 요구에 굴복한 사람들과 가톨릭 저항운동에 참여

---

[10] 1960년, 공품매(龔品梅) 주교는 "종교를 위장하여 반혁명적 파벌을 조성했다"는 이유로 무기 강제노동형을 선고받았다. 그는 1985년 7월 초 84세의 고령으로 석방되어, 상하이 주교관에 억류되어 있다가 미국으로 떠났다.

[11] J. Lefeuvre, op. cit., 359.

[12] 참조: La Documentation catholique, t.53 (numéro du 5 février 1956), col.175-8.

한 사람들의 정확한 비율을 파악하는 것은 불가능하다. 독실한 가톨릭 가정들이 해체되었다는 것만은 확실하다.

1949년부터 많은 중국 사제와 선교사가 중국인들과 함께 타이완으로 건너왔다. 이제 이 섬에 교회를 세워야 했다. 타이완 남서쪽의 유일한 선교지 가오슝高雄은 19세기 푸젠에서 온 스페인 도미니코 회원들이 설립했다. 가오슝은 1949년부터 타이완 북부와 함께 지목구知牧區로 설정되었다. 이어서 로마는 새로 교회 행정구역 3개를 신설했는데, 메리놀회 신부들의 도움으로 타이종臺中(1950)과 자이嘉義는 중국 사제단에(1952), 화롄花蓮은 파리 외방 선교회에 각각 위임했다(1952). 1952년 교계 제도가 설정되면서 타이베이는 대교구로 승격되어 중국 교구 사제단에 위임되었고, 다른 4개 지역도 1961~1963년 사이에 교구 수준으로 격상되었다. 1961년 두 지역으로 분리된 신주新竹와 타이난臺南이 새 교구로 설정됨으로써 마침내 모두 중국인 사제단에 위임되었다.

타이완은 현재 중국의 21번째 관구로, 1989년 2천여 만 인구의 2.7%인 29만 명이 가톨릭이다. 이 수치는 약 15년째 고정되어 있다. 성소 종사자는 중국인 사제 220명과 선교사 560명, 수녀 1,200명인데, 그중 900명이 중국인이며 수사도 수십 명 있다. 교황 바오로 2세는 타이완 가톨릭 공동체에 중국 본토 교회를 잇는 '교량 교회'의 사명을 위임했다.

2. 선택의 기로에서

1956년 5월, 소위 '백화'百花운동이 시작되었다. 지식인들이 언론의 자유를 요구하고 종교 대표자들이 종교 탄압을 비판하는 자유화의 시대가 도래했다. 평신도와 사제와 주교들이 강제수용소와 감옥에서 풀려났다. 교회는 다시금 안정을 되찾고 있었다.

정부는 거국적 종교 기구를 설립하기 위한 가톨릭 지도자 회의를 촉구했다. 사제 투표로 선출되었으나 축성받지 않은 주교 3명은 제명되었다. 1957년 8월, 241명의 대표가 참석한 가운데 '중국 가톨릭 애국회'가 설립되었다.[13] 참석자들은 애국회 각 전담 기구의 임원과 회장을 선출했다. 최근 석방된 지린의 피수석皮漱石 이냐시오 대주교가 회장에 피선되었다.

그 후 수개월 동안 교회 책임자들은 예외 없이 애국회를 추종하라는 외압에 순응해야 했다. 1958년 1월부터 석 달 동안 현직 주교와 대리 주교 110명이 바티칸의 관여에 반대하는 교화 모임에 참석해야 했다. 26개 관구(자치 도시와 지역)가 각종 대회와 연수회를 개최했다. 소위 '우파' 요인들을 공격하고, 주교를 비롯한 그리스도인들의 자아비판을 유도하며, 교회 인사들을 등에 업고 교회 구조를 재조정할 목적이었음은 익히 아는 바다. 수개월 동안 계속된 연수회도 있었다. 교회와 정부 간의 관계 조율을 목적으로 설립된 애국회가 사실상 교회를 철저히 통제하고 있었던 것이다.

오늘날 교회가 동의한 조건들을 규정하기란 매우 어렵다. 관계자들의 태도는 다양했다. 할 수만 있다면 자신의 동의를 취소하는 경우도 많았다. 협조하는 것이 신자들의 신앙 생활을 구제하는 최선의 방법이라고 여기는 사람들도 있었다. 실제로 가톨릭 공동체의 내부 분열이 표면화되었다. 이 복잡한 상황에서 애국회 회원들은 선택의 기로에 서 있었다.

1958년 4월 13일, 공산당 감독하에 치른 한커우 지역 애국회 집회에서 2명의 주교 서품식이 거행되었다. 로마 교황청의 인준을 받지 않은 것이었다. 그해 6월 29일, 교황 비오 12세는 교황청과 결연된 중국의 주교·신부·신자들에게 보내는 회칙「앗 아포스톨로룸 프린치피스」Ad Apostolorum Principis에서 애국회를 단죄했고,[14] 그리스도인들에게 가해지는 정신적 박

[13] 대주교 1명, 주교 10명, 사제 70명이었다.
[14] 본문 수록: AAS, t.L, 601-14.

해를 비난했다. 교황은 회칙 둘째 부분에서 주교 불법 선출과 서품에 대해 반대를 표명했다.

> 결과적으로 그런 식의 주교 축성이 모든 교회법과 법률을 거슬러 이루어짐으로써 교회 일치가 심각한 위협을 받을 때, 교황청은 특단의 조치에 해당하는 파문을 고려한다. 파문법은 무책임한 방식으로 서품을 주는 자나 받는 자 모두에게 자동 적용되는 법령이다.[15]

이 제도를 수용하겠다고 나서는 사람들은 1789년 프랑스 혁명 당시 사제단의 사회 헌법에 서약했다가 교황 비오 6세에게 파문당한 프랑스 사제들과 비견되는 상황에 처해 있었다.

1958년에 '대약진'을 구가한 '백화제방'百花齊放의 시대는 1962년에 완전히 막을 내렸다. 모든 부르주아적 경향은 이제 새로운 혁명의 공격 대상이 되었다. 중국에는 로마의 인준 없이 서품받은 주교들이 50여 명이나 되었다. 신학교는 전부 폐쇄되었고 성당들도 다투어 문을 닫았다. 1958년 12월 15일, 신임 교황 요한 23세는 부당하게 추방된 주교들의 자리에 앉아 있는 불법 주교들은 불행히도 절망적 이단에 길을 터준 셈이라고 공표했다. 교황은 1959년 1월 25일 공의회 개최를 발표하면서, 그리고 5월 17일 성령강림축일에 같은 표현을 두 차례나 되풀이했다.[16]

1959년 포교성 장관 아가지아니안 추기경Card. Agagianian의 주도로 홍콩에서 열린 전문위원회는 주교 서품이 불법일지언정 유효하며 중국 교회는

---

[15] *Ibid.*, 612-3.

[16] 참조: R. Laurentin, *Chine et christianisme. Après les occasions manquées*, 186; J. Heyndrickx, "L'Eglise en Chine et le Saint-Siège", *Le Saint-Siège dans les relations internationales* (dir. J.-B. d'Onorio) 373.

분리된 교회가 아니라는 결론을 내렸다. 그 무렵, 닝샤寧夏 교구장 카를로 반 멜크벡크 주교Mgr. Carlo van Melckebeke도 교황에게 유사한 견해를 표명했다.[17] 1961년부터는 교황도 이단에 관해 더는 언급하지 않았다.

교황 요한 23세는 중국 주교들 모두가 제2차 바티칸 공의회에 참석하기를 기대하며 준비시켰다. 카이로 중국대사의 중재로 수차 접촉을 시도했다. 훗날 벨기에 대사가 된 카르디날 주교Mgr. Cardinale는 교황청 국무원 명의의 초청 서한을 작성했다. 초청 서한에는 거주지 명칭(추방·유배된 고위 성직자에게 붙여진 명칭)만 부여했을 뿐 주교들을 직접 거명하지는 않았는데, 이는 중국 정부가 주교들의 공의회 참석을 방해했기 때문이다.

공의회 소집 기간 중인 1962년 11월 26일, 중국 주교 59명(외국인 49명과 중국인 10명)은 중국 교회 상황 평가서를 교황에게 제출했다. 평가서에는 중국 그리스도인들에 대한 찬사와 이해가 표명되었고, 애국회 추종자들을 파문하지 말아 달라는 건의도 들어 있었다. 평가서 작성자들은 주교직을 불법 수락한 일부 사제들이 좋은 목자였음을 증언하기도 했다. 그 주교들이 로마를 등지고 싶어 하지는 않음이 분명하다는 것이었다.[18]

1963년 10월, 교황 바오로 6세는 중국 주교 전원의 공의회 참석을 열망했으나 허사였다. 중국 언론은 교황청을 공격했다. 1965년 10월 4일 UN 연설에서 교황은 모든 나라의 완전한 평등과 국제기구 참여 필요성을 역설했다. 그 연설은 작년부터 프랑스가 승인한 중국 정부에 손 내민 것으로 해석되었다. 교황은 서한 「가톨릭 신자들과 현대 카타콤바」*Les catholiques et les catacombes modernes*에서 중국 지도자들과의 대화에 관해서도 피력했다.

---

[17] R. Laurentin, *op. cit.*, 186. 벨기에 성모 성심회 회원 C. van Melckebeke(1898~1980)는 1923년에 중국에 도착, 1946년부터 1952년까지 닝샤(광시) 교구장으로 일했다. 추방 후 1953년, 화교를 위한 (싱가포르 주재) 교황청 순시자로 임명되어 1977년까지 봉직했다.

[18] R. Laurentin, *op. cit.*, 186-7; P. Gheddo, *Lettere di cristiani dalla Cina*, 13.

가톨릭 교회는 선의의 명백한 징표들을 보기 위해 슬픈 과거보다는 현재와 미래를 지향할 만반의 준비가 되어 있다.[19]

교황 바오로 6세가 차후 수년간 인내롭게 추진할 외교의 작은 행보는 그렇게 시작되었던 것이다.

중국에서 1962~1965년은 가톨릭 신자들에 대한 일련의 조치와 제한적 자유가 대비된 해였다. 사제들은 세례 희망자 명단을 당국에 제출해야 했다. 명단에 포함된 그리스도인들은 자동적으로 의심을 받게 될, 실로 위협적인 제도였다. 성당뿐만 아니라 주일학교도 자동 폐쇄되었고, 사제들의 구금도 계속되었다. 이슬람교, 불교, 도교 등 다른 종교 신자들도 같은 처지였다. 반면, 광둥에서는 사제들이 공장으로 강제노동하러 가기 전 매일 미사를 드릴 수 있었고, 가톨릭 신자의 10%가 당 기관원의 감시에도 불구하고 성당에 다녔다. 홍콩에 주문한 종교 서적도 정기적으로 받아 볼 수 있었다. 개신교 신자들은 외부 세계와도 접촉할 수 있었다.[20] 그러나 1966년의 문화혁명은 그런 상황을 송두리째 뒤집어놓고 말았다.

3. 고뇌와 희망

여기서 이야기하는 사건들이 우리와 가장 가까운 시대의 사건이라는 점에서 진술은 더욱 연대기 성격을 띤다. 아직 사료들이 많이 부족한 판국에, 우리가 가진 사료들의 중요성을 어떻게 평가해야 할 것인가? 아직 많은 것이 불확실한 지금, 그 사건들의 진전을 일관된 방식으로 설명한다는 것이 무모하지는 않은가? 일단 이해하려 애써 보자는 것이 우리의 은근한 욕심

---

[19] J. Heyndrickx, chap. cité, 373.
[20] R. Laurentin, op. cit., 202.

이다. 교회의 사명에 대한 우리의 생각이 어떻든, 신앙에 대한 중국 교회의 태도가 그리스도교의 현실적 보편성이라는 관점에서 결정적 잣대가 될 수 있고 또 앞으로도 그럴 것이기 때문이다. 1932년 미국인 침례교도 오웬 카르버W. Owen Carver는 이렇게 썼다.

> 중국에서의 성공과 실패에 상관없이 그리스도교는 인류 구원에 부적격한 것으로 확인되었다.[21]

1966년부터 전개된(이전에도 다른 양상으로 자행되었다) 모택동의 문화혁명은 3년 동안 치열하게 지속되었다. 당에서 인정받지 못한 이 지도자는 자유사상에 대한 투쟁을 강화하는 데 군대와 청년들을 동원했다. 그 투쟁은 당의 숙청 조짐에 직면하여 공화국 창건자의 권력을 유지하기 위한 '문화적' 구실에 불과했다.[22]

모택동은 '부르주아적' 요소들, 특히 지식인과 예술인 사회에 만연한 자유사상과 투쟁할 홍위병을 모집했다. 종교는 혼란에 빠졌다. 1962년부터 착수한 숙청작업을 마무리할 호기였다. 독립 단체를 결성하여 반反공산주의 메시지를 전파하는 공동체들을 말살할 절호의 기회였던 것이다.

문화혁명 헌장을 채택한 지 20일 후인 1966년 8월 26일, 마지막까지 남아 외교관 자녀의 교육을 담당하던 수녀들이 추방되었다. 1969년에는 중국에 문 열린 성당이 없었다. 홍위병들은 성당을 약탈·파괴했다. 광둥과 상하이에서는 가톨릭 성당 8개와 개신교 예배당이 침탈당했다. 이슬람교

---

[21] F.K. Means, "Southern Baptist China Mission History Project", *International Bulletin of Missionary Research*, 1985, t.9, 64.

[22] 문화혁명에 관해서는 S. Leys [P. Ryckmans]의 연대기 *Les habits neufs du président Mao*, Paris 1971 참조.

사원들의 운명도 이와 다르지 않았다. 종교 생활의 흔적을 깡그리 지워 버릴 작정이었다. 그나마 덜 부서진 성당들은 학교나 창고, 공장, 박물관, 강당 등으로 개조되었다. 주교·사제·목사·승려들은 공개재판에 회부되어 고문당하고 투옥되었다. 각종 애국회 가입자들도 면책되지 않았다.[23] 언론에서 종교는 금기였다. 1967년 1월, 중국민에 대한 애정과 존경을 재확인한 교황 바오로 6세의 발언은 빈 메아리가 되고 말았다.

1970년, 약간의 휴지기가 있었다. 간첩죄 및 선동죄로 20년 형을 받고 수감되었던(1960) 미국 메리놀회 제임스 에드워드 월시 주교Mgr. James Edward Walsh가 그해 6월 석방되었다.[24] 같은 해 말, 아시아·오스트레일리아와 태평양 지역을 순방하던 교황 바오로 6세는 홍콩 주교를 초청했다. 교황은 1970년 12월 4일 오후 홍콩에서 그를 만났다. 타이완 주교들은 초청되지 않았다. 교황 메시지 초고에는 화해를 호소하는 내용이 들어 있었다. 그러나 발표 직전에 서양의 관심을 진정시키는 호소의 완화 쪽으로 수정되었다.[25] 그 무렵 교회 대민 업무위원회 총무 카사롤리 주교Mgr. Casaroli는 다음과 같은 성명을 발표했다.

> "주교들을 불법 선출한 사람들이나 그것을 수락한 사람들에게 이단의 '마음'이 있었다는 것을 적어도 우리는 쉽게 인정할 수 없다." 이러한 가정은 호의로 보일 수 있고 또 사실이기도 하다. 하지만 그것은 오늘날 결함으로 여겨야 할 외적·법적 일치를 재확립해 줄 수 있을지도 모른다.[26]

---

[23] 불교와 이슬람교의 애국회는 1953년, 개신교는 1954년, 도교는 1957년에 설립되었다.

[24] 교황은 이렇게 말했다: "전혀 예상 못한 기쁜 소식이다. 처음으로 중국에서 좋은 소식을 들었다." J. Metzler는 *Tätigkeit* …, 480에서 석방 이유를 이렇게 밝힌다: 3개월 전 미국 주교들은 중국 공산당과 접촉하려면 아무것도 소홀히 하지 말라고 미국 정부에 충고했다. 공식 접촉은 1972년 2월 닉슨 대통령의 중국 방문과 더불어 재개되었다.

[25] 베트남 전쟁에서 미국의 입장은 특히 난처했다.

1970년 한 해에 세 차례나 교황청이 UN에서 역설한 것은 중화인민공화국을 UN에 가입시키는 것이 세계 평화를 위해서 바람직하다는 생각에서였다.[27] 바야흐로 중국이 실제로 개방을 시도하던 시기였다. 결국 중국은 1971년 10월 UN에 가입했다.

이런 정치적 발전이 현실적으로 반종교 투쟁을 전회시키지는 못했다. 1971년 11월, 베이징의 난당南堂 성당이 이탈리아 문정관의 요청으로 주일 미사를 재개했지만, 전례는 수년간 외교관들이나 외국인 방문객들에게만 허용되었다.[28] 1978년 이전에는 전국에서 개방된 성당이 아무 데도 없었다. 1972년의 반유교운동은 종교 탄압을 수반했다. 1975년 공포된 신헌법은 '종교의 자유'에 관한 제28조를 유지하면서 무신론을 선전할 수 있다는 조항을 추가했다. 이전 수년간의 경험에 비추어, 종교의 자유는 그 실천 면에서 사실상 정치 당국에 완전히 종속되어 있었다.

1973년부터 1974년 사이, 주교·사제·평신도들이 겨우 구금에서 풀려났다. 가톨릭 공동체에 대한 문화혁명의 파괴적 영향력은 1979년부터 외국에서 인식되기 시작했으나, 그 모든 비밀이 밝혀지려면 아직도 멀었다.[29]

체계적인 박해가 계속된 5~6년 동안, 중국의 그리스도인들은 정신적 충격 때문에 공개적 공동체 형성을 꺼렸다. 애국회 소속 신자들은, 특히 성전 건축물 같은 외적인 측면에서 영원히 배척하고 싶은 과거 식민지 역사의 유물인 교회 조직에 생명을 불어넣으려는 열의가 부족했다.[30]

---

[26] 1970년 12월 3일 자 *Il Giorno*지와의 인터뷰 기사. 인용: G. Zizola, *op. cit*., 60.

[27] R. Laurentin, *op. cit*., 191.

[28] *Ibid*., 205-6.

[29] 지하교회 P. Gheddo 신부의 1981년 발표문에 구체적인 증언들이 나와 있다. 참조: *Lettere di cristiani dalla Cina*.

[30] 참조: R. Laurentin, *op. cit*., 206-18.

4. 자유화를 향하여?

1976년 9월 9일, 모택동 사망 후에야 중국에 그리스도인이 있다는 것이 공론화되기 시작했다. 바야흐로 '4대 분야(농업 · 산업 · 기술 · 군사) 현대화'의 시대였다. 중국은 서양과 일본에 도움을 구했다. 개방정치는 내부적으로 어느 정도의 종교적 관용을 용인했다. 1978년은 종교계를 포함한 모든 사회 구성원을 '단합'시키려는 의지를 공공연히 드러낸 해였다. 그해 6월, 카사롤리 주교는 타이완 주재 교황청 대표부의 어려움을 인정하면서도 중화인민공화국과의 직접 대화를 원하는 바티칸의 기대를 숨기지 않았다.

그때부터 가톨릭에 대한 중국 정부의 관용은 전 신자를 유일하게 공인된 교회 안에 통합하려는 목적이었음이 분명히 드러났다. 1978년부터 1987년까지 1,900개의 본당과 소성당이 복구되어 전례를 재개했다.[31] 최근 일련의 사건들은 가톨릭 공동체의 두 경향을 보여 준다: 체제와의 협력 아니면 저항이다. 중국인은 공식교회와 지하교회를 단순하게 구분하면서도 타협을 허용한다.[32] 전체 가톨릭 신자 수는 5백만 명으로 추산된다. 관측자들은 그들을 여섯 범주로 나눈다:[33] 1) 불법으로 서품되었다고 여겨지는 사제와는 일체 접촉하지 않고, 숨어서 신앙생활을 하는 신자. 2) 첫째 범주에 속하지 않으면서 공식적으로 전례를 재개한 성당의 기도 모임에 참여하는 신자. 3) 애국회에 가입한 적이 없거나 가입했더라도 최근 탈퇴하여 공식 성무를 재개한 사제와 주교(1988년 8월, 핑량平凉 교구장 마지 주교의

---

[31] 중국 가톨릭 애국회 사무국 통계로는 1990년 6월 현재 3,000명이다(*Églises d'Asie*, n° 91, 16 juillet 1990, 1).

[32] '애국회' 산하의 교회들은 로마와의 결속을 유지하기 위해 친분이 있는 사제들에게 고해소를 개방해 놓고 있다. 참조: "'Vox", Chatholiques chinois. Une Élglise, ou deux?", *Études* (mai) 1987, t.366, 666.

[33] Catégories établies par J. M. Calle, SJ, *Églises d'Asie*, n° 27, 15 avril 1986.

경우). 4) 자기 신앙의 완성과 로마 교황청과의 결속을 고려하기 시작한 애국회 회원. 5) 교황청에 신실하고 교황청에 신앙을 고백하는 애국회 회원. 6) 소위 가톨릭이라고 자처하지만 이기적 목적으로 물질적 이익이나 추구하면서 종교단체에서 활동하는 사람.

1963년부터 1979년 사이 공식교회에서, 1979년에 주교 한 명이 베이징 교구장으로 발령받은 것 말고는 공식 축성을 받은 사람이 없다. 1958년부터 100여 명의 주교가 축성을 받았다. 1990년 6월 현재, 정부 인준을 받은 64명이 아직 생존해 있다. 신학교가 폐쇄되었던 1963년부터 1980년 초에 서품된 사제도 물론 없다. 나이 지긋한 사람들이 성품성사를 받은 적이 있기는 하다(1985년에 2명). 1987년 상하이 교구에서 35세 미만의 첫 수품자가 나왔다. 공식 자료에 의하면 1983년 이래 새 사제 200명이 배출되었다.[34]

중국 교회에서 유명한 인물은 상하이 교구장이자 예수회 회원인 김노현 金魯賢 주교다.[35] 유럽에서 공부한 그는, 상하이 신학교 학장이던 1955년에 공 주교와 함께 체포되어 18년 동안 복역하다가 1973년 첫 사제단 석방 때 함께 풀려났다. 일부 동료들은 그의 복귀를 수락하지 않았다. 재수감된 그는 8년간 감시를 받으며 번역사로 일했다. 1982년 상하이로 돌아온 그는 다시 신학교 책임을 맡았다. 1986년 보좌주교로 임명되었으나 로마에 대한 독립서약은 하지 않았다. 2년 후에는 96세의 고령으로 사망한 장가수張家樹 주교의 후임이 되었다. 그는 제2차 바티칸 공의회와 중국 전통을 배경으로 그리스도교 토착화를 지향했다. 아울러 신학생 교육에 전념하면서, 예루살렘본 4복음서와 공의회 문헌도 번역했다.

1988년, 김노현 주교는 중국 가톨릭 신자 대부분이 교황청에 충실하며, 중국 정부와 교황청의 관계 정상화를 원하고 있다는 견해를 표명했다. 그

---

[34] *Églises d'Asie*, n° 91, 16 juillet 1990, 1.
[35] 참조: J. Heyndrickx, chap. cité, 377-80.

에게 이 정치적 사안은 쉽게 해결될 것 같았다. 또한 그는, 주교가 없으면 지역 교회가 마비된다는 이유로 정부에 충성서약을 했다. 당에 대한 충성은 거부했다. "공산당은 공산당 주교가 있어 봐야 별 쓸모가 없다는 것을 알 만큼 충분히 똑똑하다." 왜냐하면 신자들이 그 주교를 거부할 것이기 때문이다. "신자들은 몇몇 결혼한 주교들을 따르지 않는다." 그는 자기 교구를 신념대로 이끌어 가려면 애국회와 맞서야 한다고 했다.

현금現今의 중국 정치 체제로 미루어, 중국은 정부가 통제하는 가톨릭 공동체만을 바티칸이 승인한다는 조건하에서만 수교할 가능성이 크다. 중국 가톨릭 신자들은 고분고분 국내 정치 발전을 기다리는 수밖에 없고, 저항하는 성직자와 평신도들에 대한 조치를 주기적으로 요구하는 강경보수파 당 간부들에게 순응해야 할 것이다. 그래도 현실 정치는 부분적으로나마 개방을 지향할 것이다.

70권짜리 중국 백과 사전 '종교' 항에는 종교가 "아주 오래전부터 중국에" 있어 온 것으로 기록되어 있다. '사회·역사 현상에는 긍정적인 면도 있어서, 그리스도교 선교지들도 학교와 병원을 설립하고 서적과 신문을 발간함으로써 학문과 국가의 전반적 발전을 촉진시켰다'는 것이다.[36] 그런데 그 수준에 관해서는 수정한 흔적이 있다: 이를테면 '가톨릭 교회의 사회적 역할은 일시적인 것이라, 중국이 완전히 현대화되면 종교는 저절로 사라질 것이다. 더 극단적으로 말하면, 중국은 분명 무신론으로 남을 것이다. 중국 그리스도교가 성장 일로에 있고 삶에 의미를 주며 부패와 타락에 맞설 힘이 있다는 것을 정부가 인정한다 해도 결과는 마찬가지일 것이다.'

분열이 체제와 공식교회의 결속을 위협할 때마다 반종교 조치들이 재개되었다. 1989년 6월 천안문 사건이 있은 후, 또 사제와 신자들이 체포되었

---

[36] J. Heyndrickx, chap. cité, 381.

다.[37] 그해 11월, 정권과 무관한 주교회의 결성을 기대하던 주교들도 사정은 마찬가지였다.

　지금까지 지난 40년간 중국 가톨릭을 둘러싸고 일어난 사건들을 개관했다. 중국과 바티칸, (제3의 경로를 통한) 베이징과 타이베이, 또는 중국 내 여러 계파들이 서로 만날 기회는 언제쯤 올까? 이제 이 질문을 던지면서 이 책을 끝맺으려 한다.

---

[37] 후난에서 100여 건의 구금 사태가 있었으나, 1960년과 1981년 두 차례 형을 받은 74세의 예수회 회원 진(陳) 가브리엘은 석방되었다. 참조: *Églises d'Asie*, n° 76, 1ᵉʳ décembre 1989, 3-4.

결론

이 책은 중국 본토 교회의 점진적 출현 과정을 다루었다. 중국 교회가 형성되던 긴 태동기에 중국과 서양은 우주론과 철학을 포함한 모든 가치 체계에서 크게 차이가 있었다. 그 심오한 차이는 식민주의가 중국의 '영광스러운 고립'을 포기하도록 강요한 지난 세기에 이르러서야 비로소 이해되기 시작했다. 이 고대 중화제국의 엄청난 변화가 지금은 과연 완성되었을까?

근 4세기 동안, 극동 아시아 교회의 역사는 유럽과 중국이 서로의 역사적 위상에 대해 지닌 엇갈린 시각에 지대한 영향을 받아 왔다. 16세기 말 예수회 회원들의 문화적 접근이 유럽 사회와 사상에까지 공명을 일으켰지만 복음화 차원에서는 기대만큼 결실을 거두지 못했다. 그 후 18세기 말부터 1830년경까지는 유럽이 당면한 종교적 위기와 중국을 배경으로 시도된 교회 노선의 적잖은 실패 때문에 우유부단의 시기로 기록되었다. 로마는 오직 선교 활동만 한다는 명목으로 다시 주도권을 잡지만, 그것도 제국주의라는 정치적 배경을 떠나서는 선교 활동도 할 수 없던 시절에 한했다.

서양인의 눈에 빛의 철학으로 묘사된 이상향, 중국은 한때 독수리 날개를 단 대국이었다. 중국의 제도와 사상 체계는 과거 지향적이었다. 영국이 물질적 발전을 기반으로, 필요하다면 정복이라도 해서 교역 상대를 얻으려 세계를 휘젓고 다니던 그 시절, 중국은 이미 쇠약해져 있었다. 중국에 대한 서양의 관심은 즉시 강제적 침탈의 형태로 바뀌었다.

　1840년부터, 특히 1860년 이후, 중국 선교 사업은 식민주의를 배경으로 현격히 발전했다. 현지 선교가 대개 그렇듯이, 그리스도교와 중국 문화 사이의 해묵은 문제도 로마에게는 완전히 불가사의했다. 선교사들은 우호적인 정치 상황에 힘입어 그 나라에 다시 발을 들여놓을 계획이었다.

　1840년에서 1950년 사이, 중국에 대한 교회의 전반적 계획에는 사태의 진전을 파악하는 열쇠인 두 차원이 구분된다: 선교는 로마적이었고 정치적 보호막 속에서 이루어졌다. 선교의 로마적 성격은 다양하다. 중앙집권적 교회론의 대두와 거기서 유래되는 실천 조직의 발전으로, 16세기부터 20세기까지 세계 선교의 유일한 책임은 교황에게 있었다. 세계 선교는 교회의 지리적 확장으로만 이해되었다. 교황의 선교 책임은 현지 수도회의 방법론에 입각하여 구체적으로 행사되고 있었다. 오랫동안 선교 목적의 전문 수도 단체들이 로마의 (유일한) 중재자 역할을 해 왔다면, 중국의 정치·종교 상황 속에서 이 단체들은 로마의 사도적 목표를 이용하기도 침해하기도 했다. 수도회의 종교적·국가적 특정주의는 조화로운 활동을 억압했다. 중국 사회의 문화적 특수성 속에서 선교사들은 20세기의 정치와 종교를 이해하지 못했다. 이런 요인들이 중국 교회의 설립을 무한정 지연시켰다. 지역 사제단 승격, 시노드 회의 소집, 로마 사절 파견, 교계 제도 정립 등의 계획을 세울 때, 선교 주교들은 더러 건설적 제안도 했고 다른 주교들의 지지도 받았다. 로마는 실천을 기대했으나 유보 조건들이 나타났다. 어떤 계획은 초안에 그쳤고 또 어떤 계획은 영원히 잊혀져 갔다.

17~18세기 중국 선교지들 상호 간에, 그리고 로마와의 관계에서 소통의 어려움은 오해의 씨앗이 되곤 했다. 19세기 후반부터 교통 수단이 발달되었다고는 하나, 로마와 중국 선교지들 간에는 무엇보다 오해와 몰이해가 문제였다. 오해를 설명하는 과정에서조차 물리적 어려움이 생기곤 했다. 교황청은 미래의 중국 사제들을 위한 신학교 설립을 지시하고 선교지 책임자들이 이를 실현하려 했다. 그러나 이런 사안과, 지역 사제단의 필요성에 대한 배려나 실천적 조치는 분명 같은 비중으로 이해되지 않았다. 문제는, 성숙한 그리스도교 공동체는 로마 교회에 동화되어 선교의 선봉장 역할을 해야 하는가, 아니면 선교지에 봉사하는 조력자 역할에 만족해야 하는가였다. 로마가 선교사들에게 중국학을 공부하라고 한 것과 교회 책임자들이 의례 문제 해결은 교황의 몫이라고 생각한 것, 무엇이 더 교회 발전의 발목을 잡았는지는 따져 볼 일이다. 20세기 초, 특히 1902년 시베리아 횡단 철도가 완공되면서, 소통 문제에는 획기적인 변화가 있었다.

선교지에 대한 호교권과 그 특권을 수락한 후 오랜 시간이 지나서야, 교황청은 극동 가톨릭의 미래가 국가가 인정하는 현지 교회의 발전에 달렸다는 것을 이해하게 되었다. 하지만 그 방향의 발전은 직선적이 아니었다. 로마는 중국 애국회의 요구에 부응한 뒤에야, 외세를 배척하는 새로운 민족주의의 위험이 도사리고 있음을 의식했다. 로마는 원칙을 고수했다. 교회는 초국가적인 것으로서, 사제단은 새로운 정치적 적대 관계를 형성하지 않도록 경계해야 한다는 것이었다. 그러나 자제할 수만은 없는 구체적 상황도 있었다. 로마가 오랜 세월 정립해 놓은 종교 체계를 하루아침에 바꾸는 데, 서구 우월주의적 선교사 정신은 큰 장애로 대두되었다.

교황 레오 13세부터 비오 12세까지 로마의 선교 정책은 매우 중앙 집권적이었다. 목표는 선교국들을 서양 교회 공동체로 통합시키는 것이었다.[1] 현대에는 선교 책임의 분산이 로마 중심화와 함께 쌍곡선을 그린다. 교황 베네딕도 15세 재위 이래 선교지에 대한 로마의 책임과 병행하여, 그리스도교 백성의 참여를 중시하고 세계 선교 책임을 그리스도교 국가의 주교단과 사제단, 평신도에게 분담시키는 풍조가 확산되었다. 이 풍조는 중앙집권 조직을 우위에 두기는 하지만 선교 책임을 로마에게만 돌리지는 않는 교회론을 선포하며 지역 교회 간의 공동 협력을 지향했다. 이 협동 체제는 교황 비오 11세 때 정초되었고, 1957년의 회칙「피데이 도눔」*Fidei Donum*에 명시되었으며, 제2차 바티칸 공의회를 통해 공식 인준되었다. 지역 교회 간의 교회론적 쇄신과 협동은 오늘날 중국 교회가 매우 소중히 여기는 가치이자 지역 가톨릭 공동체와 세계 교회가 함께 추구해야 할 가치다.

 로마의 선교는 무엇보다 정치권과 연결되어 있었다. 트렌토 공의회 이후 정립된 최고 권한으로서의 교회 개념이 유럽권 밖에서 복음화를 독점한 포르투갈과 스페인의 선교권을 방해하지는 않았다. 로마는 18세기 초 외교 접촉 시도에 실패한 중국을 비롯, 여러 국가와 관계를 정상화하기 위해 꾸준히 노력했다. 19세기 중반부터 선교는 더 이상 독점되지 않았으나 또 다른 권력인 프랑스의 보호를 받고 있었다. 중국에서 선교사 수는 사실상 증가되기 시작했다. 그들은 몇 년 이내 지역 사제단 수를 초과하여 불균형을 이루었다. 프랑스는 선교를 영향력 행사의 수단으로 이용했다. 선교사들은 그들의 활동을 애국주의의 증거로 여겼다. 그들은 트렌토 공의회의 강력한 종교 모델을 발전시키기 위해 호교권을 활용했다. 마을 한복판의 성당과 신자들의 총책을 맡은 본당신부의 모습, 이것이 1920년까지 선교사들의 지배적인 모습이었다. 그러나 1920년 이후에는 좀 더 '사업가다운 신부'의 모습이 요구되었다. 시골 '사제 선교사'의 모습은 주로 19세기 프랑스 교회의 시골 본당 모델에서 영향을 받은 것이다.

 ◀¹ 메츨러 신부는 이 통합이 16세기 이래 교황들의 계획이었음을 상기시킨다. 참조: "The Vatican Secret Archives and Their Missionary Holdings", *Mission Studies*, 1990, t.7, 113.

호교권 제도가 소외된 중국의 소공동체들을 유지시켜 주었듯이 이 종교 모델은 신자들의 은둔 방식으로도 이용되었다. 제도적으로나 식민지라는 배경 속에서나 중국 사회, 특히 변화하는 중국 식자층과 접촉할 때 선교사가 적극적이어야 한다는 요구는 없었다. 선교사들은 가족 전체를 입교시키는 '줄낚시 방법'을 즐겨 사용했다. 그 명단은 로마에서도 열람할 수 있도록 통계화되어 있었다. 신앙의 내면화와 사회 전체에 대한 영향력은 여러 세대가 지난 후, 물질적 기반이 허락될 때, 실현되기를 기대하면서 우선은 '입교'가 먼저였다. 선교 활동은 무엇보다 신자 수의 증가가 우선이었다. 양차 세계대전 동안 교회 설립에 대한 선교학적 고찰은 사도적 일꾼들에게 별 감동을 주지 못했다. 그리스도의 몸이요 하느님의 백성인 교회에 대한 신학적 탐구는 유럽 전문가의 영향권에서 벗어나지 못하고 있었다. 따라서 참된 교회론적 선교 방식은 관심의 첫머리에 들지도 않았다. 신학과 미래의 선교사들이 실제로 받는 교육 간의 괴리, 그들의 수련기와 활동기 사이의 세대차가 너무 컸다. 물론 그들은 중국을 교회로 인도하고 교회를 중국에 토착화시키는 데 활동의 의미를 두었을 것이다. 와이스트J.-P. Wiest[2]가 지적하듯이 그 두 측면은 서로 대립되지도 않았으며 대부분 복음화와 서양화 사이에서 저절로 통합되었다. 다시 말해서 문화적 상이성 문제는 실제로 제기되지도 않았던 것이다.

사실 교회가 중국 사회와 접촉하는 데는 장애물이 많았다. 그것은 문화적·신학적·조직적·정치적 장애에서 비롯되는 복합적인 문제였다. 전통 중국 사회는 그리스도교를 파괴적 사교邪敎로 규정했고, 교회의 메시지는 엄격한 교의적 구조 속에서 제시되고 있었다. 선교사들은 그리스도교가 공공질서를 위협한다고 느끼는 중국인의 시각을 교정할 방법조차 생각

---

[2] 참조: *Maryknoll* …, 261.

해 내지 않았다. 17세기부터 오히려 중국인들이 그리스도교 복음에 대해 어느 정도 매력을 느끼고 있다고 자평했다. 사랑과 전례의 중요성, 그리스도교 윤리에서 그들이 혜택을 보고 있다고 생각했다. 십자가에서 죽으신 하느님 신앙은 학자들이 그리스도교를 수용하는 데 최대의 장애였을 것이다. 다양한 사상들이 서서히 스며들여 모든 전통 문화와 종교의 공통적 장애물이 제거되기만 기대할 뿐이었다.

　19세기 지도층에게 서양 종교는 거대한 트로이 목마 같았다. 그들 눈에는 정복 말고는 다른 것이 없어 보였다. 지도층의 또 다른 불만은 서양 종교가 (사회적·인도적으로) 가난한 이의 종교를 표방한다는 것이었다.

　중국 문화에 관한 선교사들의 무지는 대개 생경한 세계에 발 들여놓는 어려움에서 비롯된 것인데, 그중 제사 금지법이 특히 그러했다. 또 다른 장애는 이념적인 것으로서, 사제들이 해묵은 사제의 역할과 시골 그리스도교 공동체의 모델을 제시했기 때문이다. 그런 사고방식은 선교사들에게 아무 자극이 되지 못했을뿐더러 중국어 하나 제대로 해결하지 못하게 만들었다. 이 판국에 선교 조직은 20세기 민족주의와 반제국주의의 상징인 새로운 엘리트와 전혀 만날 준비가 되어 있지 않았던 것이다.

　새로운 상황에 대응하기 위해 로마가 충격 요법을 썼다. 교황 베네딕도 15세의 회칙 「막시뭄 일룻」이 반포된 것은 역사적 사건이었다. 이 문헌이 선교 노선의 근본적 전향에 첫 시동을 걸었기 때문이다. 각 선교지에서 로마로 보낸 정보에 근거해 작성된 문헌은 선교의 항구적 실천 요강이었다. 9명의 정보 제공자들은 일급 선교사들로, 전통적 사도직과는 색다른 실천 방안을 발전시켰다. 뱅상 레브 신부와 그의 동료들은 중국 평신도들에게 사도직 사명을 일깨워 주었다. 그들은 사회 지도층과 접촉하면서 호교권과는 거리를 두었다. 로마는 나름대로 활동 규정에 대한 보완책을 마련하고 있었다. 선교사들로 하여금 제1차 세계대전을 계기로 싹튼 민족주의적

대립을 막고 정정政情이 혼란한 중국의 민족적 각성을 확인시켜 주도록 했다. 교황은 적어도 7개월 동안 5·4 운동을 추적했다.

1920년을 기점으로 한 중국 교회의 발전은 1950년까지 세 단계로 전개되었다. 첫째 단계는 1922년부터 1933년까지로, 가히 교황 사절 '코스탄티니의 시대'라 부를 수 있겠다. 이때는 특히 중국인 초대 주교 6명이 탄생하여 현대 가톨릭의 중대 사건으로 기록되었다. 이 사건은 서양의 속박에서 벗어나려는 교회의 의지를 상징했다. 로마는 교황 사절 코스탄티니 주교 영향권의 중국 선교지들이 지역 민족주의로 인해 이탈되지 않을까 우려했다. 이 점에서, 1926년 중국인 새 주교 축성은 중국 정부와 관계를 도모하려는 특별한 정치적 행위로서 '코스탄티니적' 중요성을 띠었다. 이 결정은 그 무렵의 호교권 단절과도 맥락을 같이한다. 교회는 여기서 제국주의로부터의 자기 탈피 과정으로 돌입했다. 이 첫 단계에서 선교 개혁의 또 다른 양상이 부각되었다. 레브 신부에 이어 코스탄티니 주교도 교회가 중국 상류 사회에 침투하여 그리스도교적 방향을 제시하지 못했다는 사실에 큰 충격을 받았다. 교황 사절은 식자층과 교회의 근린 관계를 조성하기 위해 문화적 탈유럽화 프로그램을 시도했다. 그것은 중국적 그리스도교 예술을 장려하는 동시에 의례 문제를 매듭짓고 중국식 전례를 정착시키는 첫 조치들을 내리는 것이었다. 다소 자의적이고 독단적으로 보인 이런 노력들은 오랜 세월이 지난 후에야 결실을 맺게 되었다.

1934년부터 1940년까지의 이 쇄신은 민족주의적 노선으로 경도된 경향이 있었다. 로마는 실천에 대한 부담으로 유보적 태도를 취했다. 중국인 주교가 축성되었다고는 하지만 별로 지지받지 못하던 상황이었다. 그만큼 제도적 장애가 제거되지 못했다. 중국인 주교들은 소수인 데다가 유럽식 교육을 받았다. 그들은 복음화의 심층적 발전에 그리 의미 있는 영향을 주지 못했다.

1940년부터 1949년까지의 정치·종교적 싱황 속에서 당시 제도적·신학적 차원에서 어느 정도 희망을 가질 만한 운동들이 재개되었다.

그렇게 30년이 지난 뒤에야 중국 교회는 겨우 모양새를 갖추었다. 모든 것을 갖추기에는 아직 미흡했다. 그 후 반세기 동안 보여 준 그리스도교적 성실성만큼은 과거 선교 사업의 뚜렷한 가치를 인정하게 하는 훌륭한 사실로 자리 매김 했다. 오늘날 중국 가톨릭 신자 수는 1950년 수준에 머물러 있지만, 그들이 신앙 안에 더욱 성숙했다는 것은 여러 모로 자명해지고 있다.

오랜 기간의 오해와 몰이해 그리고 오류조차도 중국과 그리스도교 사이의 시대적 관계를 대변한다. 중국의 그리스도교 역사에 그런 격동만 있었던 것은 아니다. 그 모든 상황에도 불구하고 상호 관계가 정립되었고, 그리스도교의 보편성 문제도 오늘날 여전히 모범적 가치를 간직하고 있다. 우리는 지금 진정한 중국적 교회의 기원을 보고 있을 뿐이다. 이후의 일관된 발전은 베이징과 바티칸 간의 외교적 접근뿐 아니라 평화롭고 흥미진진한 상호 문화적 소통의 영역에서 더 심도 있게 진전될 것이다. 상호 문화적 소통이 없다면 그리스도교는 다시 한번 옛 중화제국에 사는 소중한 사람들과의 만남을 그리워할 것이 분명하다. 그리스도교 신앙의 관점에서, 보편적 목표의 현재화는 이 만남의 또 다른 근본 목적이 될 것이다.

부록

1950년경 중국 교회 조직 분포 상황

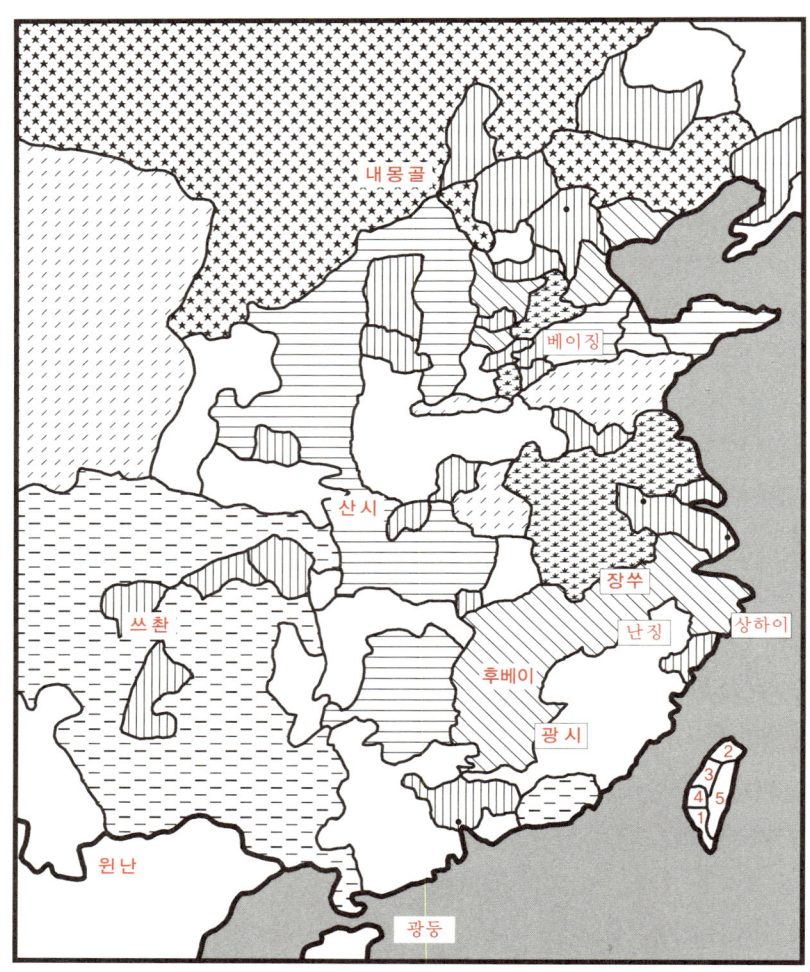

지도 해설

이 지도가 1950년경 중국 교회 구역의 전부는 아니다. 1949년 7월 총 146개였다. 전체를 명확하게 제시하기 어려워 넓은 지역(종종 교회 지역의 중요한 숫자)을 맡은 중국 사제단과 수도회들에게 위임된 곳만 추렸다. 이런 한계에도 불구하고 중국에는 15개국 30여 개 수도회가 활동하고 있었음을 상기하면, 조직의 다양성이 새삼 도드라져 보인다.

 중국 교구 사제단 담당 교구들(원칙적으로)

지도에는 25개 교구로 나타나 있으나 본문에는 35개 교구로 되어 있다. 일부 교구들이 중국 수도회(프란치스코회, 예수회, 라자로회, 도미니코회)에 위임되어 있었기 때문이다. 하지만 경우에 따라 그 교구들은 교구 사제단으로 이양되기도 했다. 상황의 이러한 유동성 때문에 정확히 명시하기가 어려운 것이다.

 프란치스코회 관할구(26)

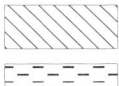 라자로회 관할구(12)

 파리 외방 선교회 관할구(11)

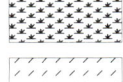 예수회 관할구(8)

 말씀의 선교 수도회(신언회) 관할구(8)

 마리아의 무염시태 수도회(성모 성심회) 관할구(6)

타이완

19세기부터 스페인 도미니코회 회원들이 이 섬에서 선교를 시작했다. 1913년 설정된 교회 행정구는 1949년 다음과 같이 분할되었다:
    1. 가오슝高雄 행정구(1949) [1961년 가오슝과 타이난 두 교구로 분할]
    2. 타이베이臺北 행정구(1950) [1952년 대교구 승격, 1961년 신주新竹 교구 설정으로 분할]
    3. 타이종臺中 행정구(1950) [1962년 교구 승격]
    4. 자이嘉義 행정구(1952) [1962년 교구 승격]
    5. 화롄花蓮 행정구(1952) [1963년 교구 승격]

교회 사업체 통계표(1924~1948)

연도	세례자 총계	세례자 성인	고아원 수	고아원 수용인원	병원과 진료소 수	병원과 진료소 수용인원	학교 수	학교 학생 수	신학교 대	신학교 소
1914										
1924	383,576	57,497	306	22,387	184	77,836		277,392	701	3,259
1925	384,499	64,586	311	20,815	184	63,269		343,671	711	2,566
1926	388,635	56,979	323	35,567?	204	97,778		313,955	761	3,285
1927	380,438	56,795	334	19,502	204	62,845		282,602	739	3,193
1928	364,521	43,490	337	18,649	212	63,140		267,768	722	3,635
1929	401,353	46,752	347	19,451	217	66,823		284,793	752	4,135
1930	412,080	50,586	375	21,390	209	73,187	11,036	295,426	765	4,285
1931	402,752	49,448	396	21,858	232	85,704	12,262	290,336	789	4,351
1932	489,300	58,075	379	21,714	254	82,228	12,510	326,456	757	4,040
1933	480,012	69,547	432	22,842	266	80,177	11,953	355,192	784	5,295
1934	499,744	82,145	392	24,220	245	80,000?	12,946	388,802	806	5,394
1935	565,792	96,680	402	26,224	233	95,303	13,720	415,323	802	5,927
1936	599,123	106,316	415	27,868	236	96,783	14,549	435,522	843	5,992
1937	576,348	89,267	416	28,841	267	104,255	15,876	432,903	819	5,975
1938	560,179	87,837	410	27,444	282	104,051	16,197	386,275	918	5,719
1939	585,705	106,789	423	28,163	325	102,165	15,789	443,461	898	5,114
1940	576,418	112,344	438	27,175	315	115,957	13,133	469,663	1,051	5,386
1941	522,996	83,094	409	24,137	331	103,703	13,632	457,683	1,078	5,624
1942	444,073	54,801	392	22,703	294	93,484	14,058	399,617	1,122	5,118
1946	378,384	40,981	355	20,686	288	75,967	12,739	360,583	1,073	4,143
1947	243,583	27,481	272	15,585	216	87,076	10,145	317,148	818	2,900
1948	238,693	28,768	254	15,696	216	85,980	7,336	319,444	797	2,705

[참조: J. Dehergne, L'Église de Chine au tournant, dans Bulletin de l'Université L'Aurore, sér.3, 1949, t.10, 752쪽]

중국 가톨릭 교육기관(1922~1948)

연도	학교 수	중고등학교와 대학교						대학교		
		남학교		여학교			총계	학생 수	가톨릭	비가톨릭
		가톨릭	비가톨릭	학교 수	가톨릭	비가톨릭				
1922~1923	(중인원 5,593명? 그중 대학생이 180명?)							392	72	320
1923~1924							15,341	368	?	?
1924~1925							15,631	521	?	?
1925~1926							14,571	736	?	?
1926~1927							19,646			
1927~1928	102	6,309	3,294		4,775	2,817	17,195	574	100?	474
1928~1929	104	5,924	5,287	29	2,486	2,246	15,943	904?	228	676
1929~1930	119	6,550	4,938	29	2,204	2,618	16,310	503	138	365
1930~1931	51	3,433	4,873	44	1,995	2,031	12,332	522	143	379
1931~1932	57	2,973	5,502	60	1,853	2,338	12,666	773	155	618
1932~1933	54	2,908	4,776	45	2,574	2,535	12,793	829	169	660
1933~1934	55	3,624	7,190	47	2,005	3,700	16,519	865	176	689
1934~1935	52	2,613	5,036	36	1,787	2,827	12,263	993	191	802
1935~1936	58	3,469	7,868	45	2,538	4,729	18,604	1,256	247	1,009
1936~1937	55	3,671	8,943	42	2,565	4,926	20,105	1,346	231	1,115
1937~1938	50	3,909	7,745	49	2,229	4,886	18,769	1,007	185	822
1938~1939	45	3,411	8,427	46	2,731	4,202	18,861	2,072	278	1,794
1939~1940	53	3,090	9,956	54	2,260	5,214	20,520	2,494	324	2,170
1940~1941	61	4,002	12,093	59	2,610	8,295	27,000	3,149	367	2,788
1941~1942	63	3,665	12,788	60	2,480	8,696	27,735	3,338	422	2,916
1945~1946	71	2,950	19,204	57	2,365	11,880	36,399	3,554	367	3,177
1946~1947	93	3,867	24,008	66	2,639	15,082	45,596	4,446	567	3,879
1947~1948	108	4,942	26,809	84	3,174	16,224	51,649	4,596	766	3,830

[참조: 앞서 인용한 J. Dehergne의 기사 753쪽]

참고문헌

중국 가톨릭 교회사와 관련된 원전과 연구 업적은 매우 풍성하다. 교화 목적의 문헌 자료 대부분(특히 40여 년 전에 발표된 것들)은 대개 사실史實 묘사에 치중한다. 학술서가 증가되기 시작했으나 중국어 원전에 접할 수 없다는 어려움이 크다. 이 목록은 현대에 국한하며, 입문서 구실에 만족할 수밖에 없다. 프랑스어 문헌을 중심으로 엮었다.

【중국사와 선교지 역사에 관한 개괄】

D. TWITCHETT et J.K. FAIRBANK (dir), *The Cambridge History of China*, t.X à XIII (pour la période 1800~1949) Cambridge 1978~1986.

J. GERNET, *Le monde chinois* (coll. "Destins du monde", 10) Paris 1972 (^{2}1980).

B. ARENS, *Manuel des missions catholiques* (coll. "Museum Lessianum, sect. missiologique", 3) Louvain 1925, et supplém. de 1932.

S. DELACROIX (dir.), *Histoire universelle des missions catholiques*, t.III: *Missions contemporaines: 1800~1957* (Paris 1958), le chapitre de A. RÉTIF, "L'avènement des jeunes Églises: Benoît XV, Pie XI, et Pie XII".

R. AUBERT, M.D. KNOWLES et L.J. ROGIER (dir.), *Nouvelle Histoire de l'Église, t.V: L'Église dans le monde moderne (1848 à nos jours)* (Paris 1975) le chapitre de J. BRULS, "Des missions aux jeunes Églises".

G. BUTTURINI, *Da una Chiesa "di missioni" ad una Chiesa "missionaria". Appunti per una storia delle missioni negli ultimi 150 anni* (coll. "Quaderni CUAMM", 16) Padoue 1985.

【중국 가톨릭 교회사】

Bibliographie: *Bibliotheca missionum*: pour la Chine de 1885 à 1950, les tomes XIII et XIV (1959~1961).

à compléter par la *Bibliografia missionaria*, 52 vol. parus entre 1935 et 1988. Voir aussi, spécialement pour la bibliographie en anglais, J.-P. WIEST, *Maryknoll in China*, Armonk 1988, 559-76.

Parmi les très nombreux périodiques d'époque (on trouvera un certain nombre de titres dans la *Bibliotheca missionum*), citons comme sources spécialement utiles: 1 / Les *Collectanea Commissionis synodalis. Dossiers de la Commission synodale*, publiés à Pékin de 1928 à 1947 et reproduits en microfiches (Bethesda, USA: CIS Academic Editions 1988) accompagnées d'un guide réalisé par J.-P. WIEST et comprenant surtout deux index par noms d'auteurs et par titres des articles. 2 / L'annuaire *Les missions de Chine et du Japon*, publié à Pékin par J.-M. PLANCHET, puis par les lazaristes du Peitang, de 1916 à 1941.

Un ouvrage fondamental: *Historiography of the Chinese Catholic Church. Nineteenth and Twentieth Centuries*. Éd. par J. HEYNDRICKX. Leuven: Ferdinand Verbiest Foundation 1994 (nombreuses études et informations sur les recherches en cours, par 46 auteurs).

J. BECKMANN, *Die katholische Missionsmethode in China in neuester Zeit (1842~1912)*, Immensee (Suisse) 1931.

K.S. LATOURETTE, *A History of Christian Missions in China*, New York ²1932.

H. BERNARD-Maître, notice *Chine* dans le *Dictionnaire d'histoire et de géographie écclésiastiques*, t.XII (1953) col. 693-730.

A. RÉTIF, "Les missions de Chine et de Corée", dans *Histoire universelle des missions catholiques*, t.III, 257-81.

C. Cary ELWES, *La Chine et la Croix. Essai d'histoire missionnaire*, trad. de l'anglais, Paris 1959.

L. WEI TSING-SING, *La politique missionnaire de la France en Chine, 1842~1856. L'ouverture des cinq ports chinois au commerce étranger et la liberté religieuse*, Paris 1960.

J. METZLER (dir.), *Sacrae Congregationis de Propaganda Fide memoria rerum*, t.III/1 (Rome - Fribourg - Vienne 1975), le chapitre de F. MARGIOTTI, "La Cina cattolica al traguardo della maturità", et t.III/2 (1976), le chapitre de J. METZLER, "Tätigkeit der Kongregation im Dienste der Glaubensverbreitung. 1922~1972".

【선교회사】

베네딕도회

H.-Ph. DELCOURT, *Dom Jehan Joliet (1870~1937). Un projet de monarchisme bénédictin chinois*, Paris 1988.

프란치스코회

G. RICCI et E. PORTA, *Storia della missione francescana e del vicariato apostolico del Hunan meridionale*, Bologne 1925.

T. SPIMPOLO, *La missione di Hankow dalle origini al 1953*, Chiampo 1962.

B. WILLEKE, "Wie die deutschen Franziskaner nach Schantung kamen", dans *Franziskanischen Studien*, 1981, t.63, 161-73.

C. DUJARDIN, *Missionering en moderniteit. De belgische minderbroeders in China, 1872~1940*, Leuven 1996.

예수회

F. BORTONE, *Lotte e trionfi in Cina. I Gesuiti nel Ciannan, nel Celi'e nel Couantun. Dal loro ritorno in Cina alla divisione del Ciannan in tre missioni independenti (1842~1922)*, Frosinone 1975.

J. LANGLAIS, *Les Jésuites du Québec en Chine (1918~1955)*, Québec 1979.

R. RENAUD, *Le diocèse de Süchow (Chine). Champ apostolique des Jésuites canadiens de 1918 à 1954*, Montréal 1982.

P. J. FLEMING, *Chosen for China: The Califonia Province Jesuits in China, 1928~1957: A Case Study in Mission and Culture*, 2 vol., Ann Arbor 1989.

라자로회

Mémoires de la Congrégation de la Mission, nouv. éd., 3 vol., Paris 1911~1912.

O. FERREUX, "Histoire de la Congrégation de la Mission en Chine (1699~1950)", dans *Annales de la Congrégation de la Mission*, 1963, t.127, 3-530.

메리놀회

J.-P. WIEST, *Maryknoll in China. A History, 1918~1955*, Armonk (NY) 1988.

예수 고난회

R. CARBONNEAU, "The Passionists in China, 1921~1929. An essay in mission experience", dans *The Catholic Historical Review*, 1980, t.66, 392-416;

성모 성심회

L. DIEU, *La mission belge en Chine*, Bruxelles 1942.

A. HANSSEN, "Les méthodes d'évangélisation des Pères de Scheut durant l'entre-deux-guerres en Mongolie", dans *Revue belge d'Histoire contemporaine*, 1986, t.17, 462-486.

J.-L. VAN HECKEN, *Les réductions catholiques du pays des Ordos* (coll. "Cahiers de la Nouvelle Revue de science missionnaire", 15) Immensee 1957.

거룩한 말씀의 회

R. HARTWICH, *Steyler Missionare in China. Beiträge zu einer Geschichte* (coll. "Studia Inst. Missiologici Soc. Verbi Divini", 32, 36, 40, 42) 4 vol., Bonn: Saint-Augustin 1983 et Nettetal 1985~1988.

K.J. RIVINIUS, *Weltlicher Schutz und Mission. Das deutsche Protectorat über die katholische Mission von Süd-Shantung* (coll. "Bonner Beiträge z. Kirchengeschichte", 14) Köln - Wien 1987.

【주요 인물】

C. COSTANTINI, *Con i missionari in Cina (1922~1933). Memorie di fatti e di idee*, 2 vol., Rome 1946~1947 (publ. en 1958).

Ultime foglie. Ricordi e pensieri, Rome 1953 (publ. en 1958). De larges extraits des deux ouvrages ont été publiés en français par J. BRULS, dans *Réforme des missions au XXe siècle*, Tournai - Paris 1960.

Sur le cardinal C. COSTANTINI: R. SIMONATO, *Celso Costantini tra rinnovamento cattolico in Italia e le nuove missioni in Cina* (coll. "Documenti e studi per la storia Concordiese", 4) Pordenone 1985.

G. BUTTURINI, *Alle origini del Concilio Vaticano secondo. Una proposta di Celso Costantini* (coll. "Storia, cultura, arte, economia", 10) Pordenone 1988.

L. JOLY, *Le christianisme et l'Extrême-Orient*, 2 vol., Paris 1907.

—, *Tribulations d'un vieux chanoine. Le problème des missions*, Paris 1908.

Sur le chanoine J. JOLY: M. CHEZA, "La personnalité du chanoine Léon Joly. Aux sources du pessimisme théologique d'une figure controversée", dans *Ephemerides Theologicae Lovanienses*, 1964, t.41, 453-73.

—, "Le chanoine Joly inspirateur du Père Lebbe? Un moment du débat sur la rénovation des méthodes missionnaires", dans *Revue théologique de Louvain*, 1983, t.14, 302-27.

Sur le Père LEBBE: L. LEVAUX, *Le Père Lebbe, apôtre de la Chine moderne (1877~ 1940)*, Bruxelles - Paris 1948.

J. LECLERCQ, *Vie du Père Lebbe*, Tournai - Paris 1955, 국역: 『멀리 울리는 뇌성』 성바오로출판사 1993; *Lettres du Père Lebbe* (choix et présentation par P. GOFFART et A. SOHIER, Tournai - Paris, 1960, 국역: 『뱅상 레브 신부 서간집』 수원 가톨릭대학 출판부, 1990.

Recueil des Archives Vincent Lebbe (publ. par Cl. SOETENS). cinq volumes parus dans la coll. "Cahiers de la Revue théologique de Louvain", 5, 7, 9, 12, 16, Louvain-la-Neuve 1982~1986.

Sur J. LO PA-HONG: J. MASSON, *Un millionnaire chinois au service des gueux. Joseph Lo Pa Hong*, Tournai - Paris 1950. Notice dans *Biographical Dictionary of Republican China*, t.II, 449-51.

P.C. LOU TSENG-TSIANG, *Souvenirs et pensées*, Bruges, 1945.

Sur dom LOU, deux notices: dans le *Biographical Dictionary* ⋯, t.II, 441-4, et de N.-N. HUYGHEBAERT, dans la *Biographie nationale* (belge), t.42, col.505-24.

Sur J. MA SIANG-PE (maliang): voir la notice du *Biographical Dictionary* ⋯, t.II, 470-3.

M. KROPP, "Ma Xiangbo (1840~1939) und die Modernisierung des Chinesischen Bildungswesens", dans *Monumenta Serica. Journal of Oriental Studies*, 1994, t.42, 397-443.

Sur le Père MANNA: voir ses "Osservazioni sul metodo moderno di evangelizzazione", publ. par G. BUTTURINI, dans *La fine delle missioni in Cina nell' analisi di Padre Manna*, Bologne 1979. et aussi: G.B. TRAGELLA, *Un'anima di fuoco. Paolo Manna*, Naples 1954.

P. CATRICE, *Le Père Paul Manna, fondateur de l'Union missionnaire du Clergé*, Paris 1965.

Sur le Cardinal G. VAN ROSSUM: J. Drehmanns, *Kardinaal van Rossum. Korte Levensschets*, Ruremonde 1935, et J. METZLER, dans *Sacrae Congreg. de Prop. Fide memoria rerum*, t.III/2, 303-12.

【중화 인민 공화국】

A. RÉTIF, dans *Hist. universelle des missions catholiques*, t.III, 276-80, avec plusieurs erreurs factuelles; J. METZLER, dans *Sacrae Congreg. de Prop. Fide memoria rerum*, t.III/2, 478-81.

R.W. GREENE, *Mon calvaire en Chine, trad. de l'américain*, Paris 1954; Fr. LEGRAND, "Pourquoi j'ai avoué", dans *La Revue nouvelle*, 11ᵉ année (1955) t.XXI, 33-46; D. VAN COILLIE, *J'ai subi le lavage de cerveau*, Paris - Bruges - Utrecht 1964.

Herder Korrespondenz 1986, n° 7, reproduite en traduction française dans

Échange France-Asie, 1986, n° 9.

P. GHEDDO, *Lettere di cristiani dalla Cina*, Bologne 1981, et D. TANG, "22 ans de captivité en Chine populaire. Mémoires", dans *Échange France-Asie* (Dossiers et documents), février 1990.

CHRONIQUES: J. LEFEUVRE, *Shanghai. Les enfants dans la ville* ⋯, Tournai - Paris ²1956 (pour la période de 1949 à 1955) et P. GHEDDO, *Lettere* ⋯, 9-20 (pour la période de 1949~1981). On trouve des analyses sur le christianisme en Chine depuis 1950 dans R. LAURENTIN, *Chine et christianisme. Après les occasions manquées*, Paris 1977.

G. ZIZOLA, *Dialogue de la Grande Muraille*, Paris 1988, plusieurs dossiers d'*Échange France-Asie* (Missions étrangères de Paris), dont deux de J. CHARBONNIER (1984, n° 2; 1988, n° 1).

J. HEYNDRICKX, "L'Église en Chine et le Saint-Siège", dans *Le Saint-Siège dans les relations internationales* (publ. sous la dir. de J.-B. d'Onorio), Paris 1989, 367-83.

R. DE GENDT, *A New Life for the Church in China*, Manille 1990. Voir aussi: F. FREI, "Zur Problematik der katholischen Kirche in China. China-Kolloquium in St. Augustin (11-13 nov.1987)", dans *Nouvelle Revue de science missionnaire*, 1988, t.44, 136-40.

PÉRIODIQUE EN FRANÇAIS: *Églises d'Asie*; *Études*; *L'actualité religieuse dans le monde*.

지명 표기 대조표
(원서의 프랑스어 표기, 한자)

가오슝(Kaohsiung, 高雄)
광둥(Kwangtung, 廣東)
광시(Kwangsi, 廣西)
구이양(Kaying, 桂陽)
구이저우(Kweichow, 貴州)

난탕(Nantang, 南堂)
난징(Nanjing, 南京)
난창(Nanchang, 南昌)
닝보(Ningpo, 寧波)
닝샤(Ningsia, 寧夏)

다퉁(Ta t'ing, 大同)

라오시카이(Lao-si-kai, 老西開)
러허(Jehol, 熱河)
루자후이(Lou-ka-wei, 盧家匯)
리시엔(Lihsien)

바오딩(Paoting, 保定)
베이탕(Peitang, 北堂)
베이징(Pékin, 北京)

산둥(Shantung, 山東)
산시(Shansi, 山西)
상하이(Shanghai, 上海)
쉐클룽(Sheklung)
쉬안화(Swanhwa, 宣化)
쉬자후이(Zi-ka-wei, 徐家匯)
시난(Shinan, 西南)
시엔시엔(Sien-Sien, 獻縣)
시완쯔(Siwanze, 西灣子)

신장(Hsinking, 新疆)
신주(Tsinchu, 新竹)
쑤저우(Suchow, 蘇州)
쓰촨(Szechwan, 四川)

안궈(Ankow, 安國)
양자핑(Yangkiaping, 楊家坪)
옌산(Yen-Shan, 陰山)
옌안(Yenan, 延安)
옌저우(Yenchow)
완시엔(Weihsien, 萬縣)
융핑(Yungping, 永平)
우저우(Wuchow, 梧州)
웨이후이(Weihwei, 衛輝)
우창(Wuchang, 武昌)
윈난(Yunnan, 雲南)
이창(Ichang, 宜昌)

자오시엔(Chohsien, 趙縣)
자이(Kiayi, 嘉義)
장난(Kiangnan, 江南)
장먼(Jiangmen, 江門)
장시(Kiangsi, 江西)
장쑤(Kiangsu, 江蘇)
저장(Chekiang, 浙江)
정딩(Chengting, 正定)
조쓰(Zo-se)
즈리(Tcheli, 直隸)
지난(Tsinan, 濟南)
지닝(Shunking, 集寧)
지린(Kirin, 吉林)

차란(Chala, 冊蘭)
청두(Chengtu, 成都)

충칭(Chung-king, 重慶)
취푸(Suifou, 曲阜)
칭다오(Tsingtao, 青島)

쿤밍(Kongmoon, 昆明)

타이난(Tainan, 臺南)
타이베이(Taipei, 臺北)
타이위안(Taiyüan, 太原)
타이저우(Taichow, 太州)
타이종(Taichung, 臺中)
톈진(Tientsin, 天津)
퉁위안(Tungyuen, 通源)

펀양(Fenyang, 汾陽)
푸젠(Fukien, 福建)
푼지(Punchi)
핑량(Pingliang, 平涼)

하이먼(Haimen, 海門)
한양(Hanyang, 漢陽)
한커우(Hankow, 漢口)
허난(Honan, 河南)
화롄(Hwalien, 花蓮)
황푸(Hwampoa, 黃埔)
후난(Hunan, 湖南)
후베이(Hupei, 湖北)
훙둥(Hungtung, 洪洞)